राष्ट्र निर्माण में आदिवासी

अनबाउंड स्क्रिप्ट का उपक्रम

राष्ट्र निर्माण में आदिवासी : डॉ. जितेंद्र मीणा

प्रथम संस्करण : अगस्त, 2025

द्वितीय संस्करण : अगस्त, 2025

© डॉ. जितेन्द्र मीणा

चित्रांकन © अनबाउंड स्क्रिप्ट

ISBN : 978-93-48497-10-9

प्रकाशक : अनबाउंड स्क्रिप्ट
2/41, अंसारी रोड,
दरियागंज, दिल्ली - 110002

वेबसाइट : www.unboundscript.com
ई-मेल : books@unboundscript.com
फोन नं. : 011-35807601

RASHTRA NIRMAN MEIN ADIVASI
Written by Dr. Jitendra Meena

मुद्रक : यश प्रिंटोग्राफ़िक्स, नोएडा, उ.प्र.

मूल्य : ₹ 249/-

सर्वाधिकार सुरक्षित; लेखक/प्रकाशक की अनुमति के बिना
इस पुस्तक के अंशों का उपयोग नहीं किया जा सकता।

डॉ. जितेन्द्र मीणा

अनुक्रम

भूमिका

भारत की ऐतिहासिक विरासत का आधार नर्मदा और सिंधु नदी के किनारे बसी हुई वे आदिवासी बस्तियाँ थीं, जिन्होंने इस महान सभ्यता को जन्म दिया। आदिवासी भारत के मूलवासी हैं- प्रथम नागरिक। आदिवासियों के बिना न भारत होता, न इसका ऐसा गौरवपूर्ण इतिहास। ऐसे में आदिवासी पुरखों के योगदान की चर्चा के बिना एक राष्ट्र के रूप में भारत के निर्माण की प्रक्रिया को नहीं समझा जा सकता है। औपनिवेशिक गुलामी एवं सामंती व्यवस्था से आज़ादी, स्वायत्तता, सांस्कृतिक परंपराओं, धार्मिक मान्यताओं और प्राकृतिक संसाधनों की रक्षा के लिए आदिवासियों[1] ने न केवल सशस्त्र विद्रोह किए, बल्कि संविधान सभा में भारत के भविष्य की रक्षा के लिए लोकतांत्रिक मूल्यों की वकालत भी की। इसलिए जब 'हम भारत के लोग' एक राष्ट्र के तौर पर अपनी आज़ादी का अमृत महोत्सव मना रहे हैं तो ऐसे में राष्ट्र के निर्माण की प्रक्रिया को पूर्ण रूप से समझने के लिए भारत के आदिवासियों के योगदान को लोगों के सामने लाना ज़रूरी है।

---

1 *आदिवासी शब्द उन समुदायों और उनके वंशजों के लिए इस्तेमाल किया जाता है, जिन्होंने भारतीय उपमहाद्वीप में सबसे पहले इंसानी बस्तियाँ बसाई थीं। आदिवासी शब्द अंग्रेज़ी के 'एबोरिजिनल' शब्द का समानार्थी है। भारतीय संविधान में आदिवासी की जगह अनुसूचित जनजाति और एबोरिजिनल के स्थान पर शिड्यूल ट्राइब शब्द का इस्तेमाल किया गया है।*

आदिवासी विदेशी साम्राज्यवाद और देसी सामंतवाद के ख़िलाफ़ भारत की आज़ादी के आंदोलन के अगुआ थे। संविधान सभा में आदिवासियों के प्रभावशाली हस्तक्षेप ने भारत को समावेशी और एक मज़बूत राष्ट्र बनाने में भी अपना महत्त्वपूर्ण योगदान दिया। सदियों से इस देश के प्राकृतिक संसाधनों- जल, जंगल, ज़मीन, पेड़-पौधे, नदी, पहाड़ की रक्षा का जो बीड़ा उन्होंने उठाया था, वह आज भी बदस्तूर जारी है। वे आज भी भारत के निर्माण में अपनी अहम भूमिका अदा कर रहे हैं। वे आदिवासियत के मूल्यों- समानता, सहयोग, सामंजस्य, सामूहिकता और सह-अस्तित्व पर आधारित समाज निर्माण में लगे हुए हैं।

भारतीय सभ्यता, जिसकी नींव आदिवासियों द्वारा रखी गई थी, की सबसे बड़ी ख़ासियत उसकी सह-अस्तित्व की भावना है। लिहाज़ा बाहरियों ने जब भी इस भूमि पर कदम रखा, वे यहीं के होकर रह गए। इस तरह एक विशिष्ट संस्कृति के निर्माण की प्रक्रिया चलती रही। 17वीं सदी के आरंभ में भारत में यूरोपीय व्यापारियों का प्रवेश हुआ, जिनका उद्देश्य इससे पहले आये लोगों से भिन्न, व्यापार और मुनाफ़ा था। लंदन के व्यापारियों के एक समूह ने 1600 ई. में ब्रिटिश ईस्ट इंडिया कंपनी की स्थापना की और ब्रिटिश राजशाही ने एक चार्टर के माध्यम से इसकी अनुमति प्रदान की।

ब्रिटिश राजशाही द्वारा ईस्ट इंडिया कंपनी की स्थापना का मुख्य उद्देश्य एशिया महाद्वीप और प्रशांत महासागर में व्यापारिक गतिविधियों के माध्यम से मुनाफ़ा कमाना था और इस क्षेत्र में मसालों के व्यापार पर स्पेनी और पुर्तगाली व्यापारियों के एकाधिकार को ख़त्म करना था। यूरोप में बढ़ती प्रतिस्पर्धा और वर्चस्व की लड़ाई में ब्रिटेन ख़ुद को आर्थिक तौर पर मज़बूत बनाना चाहता था। तत्कालीन समय में खेती का अतिरिक्त व्यापार ही आर्थिक प्रगति का मुख्य स्रोत था। लिहाज़ा मुग़ल बादशाह जहाँगीर के साथ व्यापारिक समझौते के बाद ब्रिटिश कंपनी मसाले, कपास, रेशम, नील का व्यापार करने लगी थी। कुछ ही समय में मद्रास और कलकत्ता अंग्रेज़ों की व्यापारिक और राजनैतिक गतिविधियों के मुख्य केंद्र बन गए।

मुग़ल बादशाहों की कमज़ोरी, बंगाल के नवाब सिराजुद्दौला के ख़ज़ांची सेठ महताब चंद और सेनापति मीर जाफ़र के लालच ने अंग्रेज़ों को प्लासी की लड़ाई में जीत दिलाई। बक्सर की लड़ाई में बंगाल के नवाब मीर क़ासिम, मुग़ल बादशाह शाह आलम द्वितीय और अवध के नवाब शुजाउद्दौला को हराकर ब्रिटिश कंपनी ने अपनी राजनैतिक सत्ता की नीव रखी। कंपनी ने अपने व्यापारिक स्वरूप को औपनिवेशिक ताक़त में तब्दील कर दिया। व्यापारिक कंपनी के सैन्य शक्ति में परिवर्तन के पीछे उनके साम्राज्यवादी स्वार्थ छिपे हुए थे। दोनों युद्धों में कंपनी को भाड़े पर सेना उपलब्ध कराने का कार्य ब्रिटिश राजशाही ने किया था। हालाँकि कंपनी के चार्टर के अनुसार उसे केवल व्यापारिक गतिविधियों की छूट थी, लेकिन अब वह शासन करने लगी थी।

18वीं सदी के अंत तक भारत में शोषण, दमन और लूट पर आधारित अंग्रेज़ी शासन व्यवस्था ने अपनी स्थायी जगह बना ली थी। राजा और प्रजा के संबंधों पर आधारित व्यवस्था की जगह शोषक और शोषित की व्यवस्था ने ले ली। स्थानीय कृषि अर्थव्यवस्था का स्थान मुनाफ़े पर आधारित बाज़ारू और पूँजीवादी वैश्विक अर्थव्यवस्था ने ले लिया। खाद्यान फसलों की जगह वाणिज्यिक फसलों ने ले ली। बंगाल, बिहार, उड़ीसा के दीवानी और 1772 में फ़ौजदारी मामले अंग्रेज़ों के अधीन हो गए। वारेन हेस्टिंग्स ने बंगाल के गवर्नर के तौर पर प्रशासनिक ज़िम्मेदारी निभानी शुरू कर दी। राजस्व संग्रहण के लिए एक नये पद 'जिला कलेक्टर' का गठन किया गया। कलेक्टरी व्यवस्था ने भारत में अंग्रेज़ों की पकड़ को मज़बूत बनाया। आज़ादी के बाद भी यह प्रशासनिक इकाई भारतीय शासन व्यवस्था का आधार बनी हुई है।

औपनिवेशिक दौर में ब्रिटिश ईस्ट इंडिया कंपनी ने रेगुलेटिंग एक्ट[2], पिट्स इंडिया एक्ट[3], अदालती व्यवस्था, सहायक संधि, राज्य हड़प नीति, रेलवे का विकास, नहर, सड़क इत्यादि के माध्यम से न केवल अंग्रेज़ी साम्राज्य

---

2 *ब्रिटिश संसद द्वारा 1773 में। यह भारत में कंपनी की गतिविधियों को निर्धारित करने के लिए था।*

3 *इसके जरिए ब्रिटिश संसद ने भारत में कंपनी के कब्ज़े को ब्रिटिश संपत्ति स्वीकार किया।*

का विस्तार किया बल्कि उसे स्थायित्व भी प्रदान किया। ऐसी परिस्थिति में अंग्रेज़ी नीतियों से आदिवासी भी अछूते नहीं रह सकते थे। अंग्रेज़ों की तीन महत्त्वपूर्ण नीतियों- भू-राजस्व नीति, वन क़ानून और आपराधिक जनजाति क़ानून ने भारत के सभी आदिवासियों को प्रत्यक्ष और अप्रत्यक्ष तौर पर प्रभावित किया। देश का कोई भी समुदाय; चाहे वह जिस क्षेत्र में रहता रहा हो, इन नीतियों से प्रभावित हुआ। इन्हीं नीतियों ने भारत में आदिवासियों के परम्परागत सामाजिक, आर्थिक, राजनैतिक और सांस्कृतिक ढाँचे को नष्ट करने का कार्य किया। लिहाज़ा देश के हर आदिवासी समुदाय ने अलग-अलग समय में अंग्रेज़ी नीतियों के ख़िलाफ़ बग़ावत की।

भू-राजस्व नीतियाँ

औपनिवेशिक दौर में ब्रिटिश राजशाही और कुलीन वर्ग की वैचारिकी का अध्ययन करें तो हमें इन भू-राजस्व नीतियों का आधार समझ आता है। 16वीं-17वीं सदी के अंग्रेज़ी समाज में नस्लीय श्रेष्ठता के दावे किए जा रहे थे। इसके माध्यम से वे अपनी कारगुजारियों को न्यायोचित ठहरा रहे थे। अपने को दूसरे समाजों के मुकाबले श्रेष्ठ समझने लगे थे। इसे 'व्हाइट मैन बर्डन' कहा गया। उन्हें लगता था कि 'गोरे लोगों की ज़िम्मेदारी है कि वे इस दुनिया के असभ्य (अश्वेत) लोगों को सभ्य बनाएँ'। अंग्रेज़ इसी समझ से अश्वेतों पर गोरों के शासन को नैतिक तौर पर जायज़ समझते थे। उन्होंने अपने उपनिवेशित क्षेत्र में शासक और शासित के मध्य की दूरी को बरकरार रखा। गोरे अधिकारियों और अश्वेत जनता के मध्य वैवाहिक संबंध की शुरुआती दौर में पाबंदी थी, बाद में भी ये न के बराबर देखने को मिला। जबकि इसके पूर्व भारतीय समाज में वैवाहिक संबंधों को साम्राज्य विस्तार का सबसे बड़ा हथियार माना जाता था। लेकिन एशिया से लेकर अफ्रीका तक अंग्रेज़ अपने आपको नस्लीय तौर पर श्रेष्ठ शासक के रूप में देख रहे थे।

18वीं सदी के उत्तरार्ध में कंपनी के अधिकारी प्राच्यवादी विचारकों से प्रभावित थे। वे भारतीय परंपराओं, रीति-रिवाजों, शास्त्रों, धर्म ग्रंथों के आधार पर ही शासन करना चाहते थे। इसके लिए उन्होंने भारतीय

धार्मिक ग्रंथों का अध्ययन किया। भारतीय भाषाओं का ज्ञान प्राप्त किया। 'एशियाटिक सोसायटी ऑफ़ बंगाल' की स्थापना की ताकि ब्रिटिश अधिकारियों को 'भारतीय' आधार पर प्रशिक्षित किया जा सके। लेकिन 19वीं सदी के आरंभ में प्राच्यवादियों की जगह ईसाई मिशनरियों ने ले ली। इनका उद्देश्य 'बर्बर, पिछड़े और मूर्तिपूजक' समाज को ईसाइयत के माध्यम से 'सभ्य और आधुनिक' बनाना था। ये भारत में अंग्रेज़ी शासन को वैध ठहराते थे। इन्होंने चर्च और अंग्रेज़ी शिक्षा के माध्यम से भारतीयों को पश्चिम से अवगत कराया। आदिवासी क्षेत्रों में इनका प्रभाव सर्वाधिक था। उन्नीसवी सदी के तीसरे दशक में इनकी जगह उपयोगितावादियों ने ले ली। इन्होंने यूरोप के ज्ञान-विज्ञान और तौर-तरीक़ों से भारत पर शासन करना प्रारंभ किया। इसके लिए इन्होंने भारत में 'अंग्रेज़ी शिक्षा' और 'क़ानून के शासन' की वकालत की। ये भारत को पश्चिमीकरण के मूल्यों पर आगे ले जाना चाहते थे। इसके लिए इन्होंने भारत में पश्चिमी शिक्षा को बढ़ावा दिया और क़ानून के नाम पर शासन करना प्रारंभ किया।

ब्रिटिश राज की वैचारिकी चाहे जैसी भी रही हो, लेकिन इन सभी का उद्देश्य भारत में अंग्रेज़ी साम्राज्य का भारतीय संसाधनों पर नियंत्रण, उनका दोहन, मुनाफ़ा और अंग्रेज़ी सामानों के लिए बाज़ार तैयार करना था। इससे उलट भारत में आदिवासी समुदाय एकमात्र ऐसा समुदाय था, जो सदियों से प्राकृतिक संसाधनों की रक्षा करता आ रहा था।

भारत में ब्रिटिश ईस्ट इंडिया कंपनी के शासन की स्थापना के बाद अधिकाधिक मुनाफ़ा कमाना कंपनी का प्रमुख कार्य था। इसके पूर्व भारतीय अर्थव्यवस्था का प्रमुख आधार कृषि था। कंपनी ने मुग़ल काल में ही व्यापार पर अपना एकाधिकार स्थापित कर लिया था। ब्रिटेन को व्यापार में चुनौती देने वाली फ्रांसीसी[4], पुर्तगाली[5], डच कंपनियाँ अलग-अलग वज़हों से अब इस व्यापारिक दौड़ से बाहर हो चुकी थीं। ऐसे में कृषि और व्यापार दोनों पर ही इनका एकाधिकार स्थापित हो गया।

---

4 *ब्रिटेन और फ्रांस के मध्य हुए सात वर्षीय युद्ध (1756-63) में हार के बाद पेरिस संधि के तहत फ्रांसीसी ईस्ट इंडिया कंपनी के व्यापार पर रोक लगा दी गयी और पांडिचेरी के अतिरिक्त तमाम हिस्से अंग्रेज़ों को दे दिए गए।*

5 *मुग़ल बादशाहों और मराठों से टकराव ने पुर्तगालियों की स्थिति को कमजोर कर दिया था।*

कंपनी ने राजस्व की अधिकाधिक वसूली के लिए विभिन्न प्रकार के प्रयोग किए। सर्वप्रथम कंपनी ने इस कार्य हेतु अधिकारी नियुक्त किए। बंगाल के गवर्नर वारेन हेस्टिंग्स ने 1772 में इजारेदारी[6] व्यवस्था की शुरुआत की। जिला कलेक्टरों को कर संग्राहक बनाया गया। नीलामी में सर्वाधिक बोली लगाने वाले ज़मींदार को भू-राजस्व वसूली का कार्य एक निश्चित समय के लिए दिया जाता था। ज़मींदार अधिकाधिक कर वसूली करने लगे थे। लेकिन इजारेदारी ब्रिटिश कंपनी की उम्मीदों के मुताबिक़ मुनाफ़ा नहीं दे पा रही थी और न ही अधिक उत्पादन बढ़ा रही थी। राजस्व का बड़ा भाग ज़मींदार के पास रह जाता था और ज़मींदार खेती में उत्पादन भी नहीं बढ़ा पा रहे थे। ऐसे में कंपनी रेशम और कपास के व्यापार के भरोसे नहीं रह सकती थी।

बंगाल के नये गवर्नर लॉर्ड कार्नवालिस ने शुरुआती प्रयोगों के बाद वर्ष 1793 ई. में बंगाल, बिहार और उड़ीसा में 'स्थायी बंदोबस्त'[7](इस्तमरारी) को लागू किया। अंग्रेज़ों ने भूमि सर्वेक्षण और उत्पादन का औसत निकालकर नीलामी के माध्यम से भू-राजस्व का निर्धारण किया। सबसे बड़ी बोली लगाने वाले ज़मींदार को राजस्व वसूली के अधिकार दिए गए। इसका फ़ायदा ये हुआ कि मालगुज़ारी हमेशा के लिए निर्धारित हो गयी। कंपनी के साथ समझौते के बाद ज़मींदार किसानों से अधिकाधिक लगान वसूल करने लगे थे। "1790 में बारह बड़े ज़मींदार घराने बंगाल के राजस्व का 53% कंपनी को देते थे, शेष हिस्सा छोटे ज़मींदारों के पास था।"[8]

किसानों ने बढ़े हुए भू-राजस्व के भुगतान के लिए नये तरीक़े अपनाये। ज़मींदारों ने भी भू-राजस्व की अधिकाधिक वसूली के लिए ग़ैर कृषि कार्यों में शामिल लोगों को स्थायी तौर पर कृषि कार्यों में लगाना शुरू किया। इसके लिए उन्होंने 'नयी ज़मीन' की तलाश शुरू की। लिहाज़ा बंगाल, बिहार और उड़ीसा के आदिवासी बाहुल्य जंगली और पहाड़ी क्षेत्रों में ज़मींदारी व्यवस्था शुरू हो गयी। भारतीय इतिहास में यह पहली बार था जब आदिवासी क्षेत्रों

---

6 *इजारेदारी व्यवस्था में भू-राजस्व का निर्धारण नीलामी के माध्यम से सर्वोच्च बोली से होता था।*

7 *लॉर्ड कार्नवालिस ने बंगाल प्रेसीडेंसी में राजस्व देने वाले ज़मींदारों को भूस्वामी स्वीकार किया। किसान उस ज़मीन पर बटाईदार हो गया।*

8 शेखर बंधोपाध्याय: प्लासी से विभाजन तक, ओरिएंट लॉन्गमैन, नई दिल्ली, पृ. सं.91

पर प्रत्यक्ष नियंत्रण स्थापित करने के प्रयास शुरू किए गए। आदिवासी क्षेत्रों में भी ज़मींदारी व्यवस्था शुरू हो गयी। स्थायी बंदोबस्त में कंपनी के साथ समझौते के अनुसार जब तक ज़मींदार नीलामी से तय राजस्व निर्धारित समय सीमा के भीतर देता रहेगा, तब तक ज़मींदार ही ज़मीन का मालिक रहेगा। उसे ज़मींदारी गिरवी रखने, बेचने अथवा उसे किराए पर देने के अधिकार कंपनी की तरफ़ से प्राप्त थे। ज़मींदार की मौत के बाद उसके उत्तराधिकारियों को भी समान अधिकार प्राप्त थे। भुगतान में असफल होने पर कंपनी ज़मींदारी किसी नये मालिक को दे सकती थी। स्थायी बंदोबस्त व्यवस्था ने ज़मीन को 'निजी संपत्ति' बना दिया और ज़मींदार को उसका 'क़ानूनी मालिक'।

ज़मीन के निजी संपत्ति की अवधारणा के रूप में उदय का मुख्य कारण ब्रिटेन में 17वीं-19वीं सदी में चल रहे 'इन्क्लोज़र मूवमेंट' (सामूहिक/चारागाह/अनुपयोगी भूमि को घेरकर एक व्यक्ति की निजी संपत्ति बना देना), पूंजीवादी अर्थव्यवस्था, औद्योगिक विकास और राज्य द्वारा बनाये गए क़ानून थे। फ़्रांस की क्रांति के बाद से ज़मीन को निजी संपत्ति के रूप में स्वीकार किया जाने लगा था। तत्पश्चात् ब्रिटिश संसद के इन्क्लोज़र एक्ट के तहत भू-स्वामी के पास ज़मीन की क़ानूनी और आर्थिक मिल्कियत थी। जिनके पास ज़मीन के मालिकाना हक़ के क़ानूनी दस्तावेज़ नहीं थे, उन ज़मीनों को अंग्रेज़ी हुकूमत ने छीन कर निजी व्यक्तियों की संपत्ति बना दिया। सरकार ने ज़मीन को बेचना, किराये पर देना, गिरवी रखना, उपयोग करना, विरासत में देने का पूर्ण अधिकार भू-स्वामी को दे दिया। भू-स्वामी के इस अधिकार की रक्षा की ज़िम्मेदारी ख़ुद राज्य पर थी। ज़मीनों का सर्वेक्षण और क़ानूनी दस्तावेज़ीकरण भी इसी दौर में शुरू हुआ। ज़मीन को निजी संपत्ति बनाने का मुख्य उद्देश्य अधिक उत्पादन, अधिक राजस्व, खेती के लिए नयी ज़मीन की तलाश तथा जंगल व पहाड़ी क्षेत्रों से भी भू-राजस्व जुटाना था।

भारत में ज़मीन की निजी संपत्ति की अवधारणा से अंग्रेज़ों को कृषि में सुधार और अधिक राजस्व की उम्मीद थी। काफ़ी हद तक उन्हें सफलता भी मिली। लेकिन एक तरफ़ ज़मीन के परम्परागत संरक्षक अब बटाईदार

अथवा भूमिहीन मज़दूर बन गए थे। दूसरी तरफ़ ज़मींदारों के रूप में अंग्रेज़ों को 'भू-स्वामी' के रूप में एक नया सहयोगी वर्ग मिल गया। सन् 1799 और 1812 के क़ानूनों में ज़मींदारों की स्थिति को मज़बूत करते हुए "लगान का भुगतान न करने की स्थिति में, ज़मींदार अदालत की अनुमति के बिना भी किसान की संपत्ति ज़ब्त कर सकते हैं"[9], का अधिकार प्रदान किया गया। मध्यकाल में ज़मींदारों को केवल राजस्व-वसूली के अधिकार प्राप्त थे, वे मालिक नहीं थे। स्थायी बंदोबस्त में परंपरागत जोतदार- किसान और आदिवासी, अब ज़मींदारों पर निर्भर हो गए। वे मालिक की जगह किरायेदार, बटाईदार रह गए थे। कंपनी, पुलिस, न्यायालय सभी अंग्रेज़ों के अधीन थे, सभी ने ज़मींदारों के हितों की रक्षा की। जोतदार के पक्ष में कोई नहीं था।

मद्रास प्रेसीडेंसी में भू-सर्वेक्षण के बाद 1792 में अंग्रेज़ अधिकारी एलेक्जेंडर रीड ने रैयतवाड़ी व्यवस्था को तमिलनाडु और कर्नाटक के सीमावर्ती क्षेत्र- बड़ामहल में लागू किया। इस व्यवस्था में कंपनी ने गाँव की मालगुज़ारी निर्धारित की। तत्पश्चात् उसमें रैयत (किसान) का हिस्सा निर्धारित कर दिया। 1803 में मराठों के साथ संधि के बाद इसे गुजरात के कुछ हिस्सों में लागू किया गया। 1820 में टॉमस मुनरो ने मद्रास प्रेसीडेंसी, तत्पश्चात् असम, सिंध और कुर्ग क्षेत्र में इसे लागू किया। इस व्यवस्था में बिचौलिया की भूमिका अदा कर रहे ज़मींदारों को पूर्णतः हटा दिया गया। भू-स्वामित्व रैयत (किसान) को दिया। रैयतवाड़ी ने ज़मीन की निजी स्वामित्व की अवधारणा को अधिक मज़बूती दी। अब मालिकाना हक़ ज़मींदारों के छोटे वर्ग के पास नहीं, किसान के पास था। ज़मीनों के पट्टे जारी किए गए, राजस्व के नकद भुगतान तक रैयत के पास ज़मीन का मालिकाना हक़ था। भुगतान न करने की स्थिति में ज़मीन छोटे किसानों से बड़े किसान, साहूकार, सरकारी कर्मचारियों, सौदागरों, बैंकरों, महाजनों, व्यापारियों इत्यादि के कब्ज़े में चली गयी। जिसके पास भी अंग्रेज़ों को ज़मीन का नकद राजस्व देने की क्षमता थी, वे सब अब नये भू-स्वामी थे। ये लोग बाहरी थे, इनका उद्देश्य मुनाफ़ा कमाना था। ज़मीन इनके लिए

---

9 शेखर बंधोपाध्याय; प्लासी से विभाजन तक, ओरिएंट लॉन्गमैन, नई दिल्ली, पृ. सं.92

व्यापार का हिस्सा थी। ज़मीन से इनका वो जुड़ाव नहीं था, जो परम्परागत काश्तकार और आदिवासियों का था।

गंगा यमुना के मध्य और पश्चिमोत्तर सीमांत क्षेत्रों में मुग़लिया दौर के कुलीन ताल्लुकेदारों के पास भी राजस्व वसूली के अधिकार थे। ये राज्य के साथ समझौता करके वसूली करते थे। इनके पास भी ज़मीनों पर मालिकाना हक़ था। अंग्रेज़ों ने इस व्यवस्था को शुरुआती दौर में जारी रखा। सन् 1833 के रेगुलेशन के अनुसार अंग्रेज़ अधिकारी आर.एम. बर्ड और जेम्स टॉमसन ने भू-सर्वेक्षण के उपरान्त संभावित उपज का दो तिहाई हिस्सा राजस्व के रूप में निर्धारित किया और महालबाड़ी व्यवस्था शुरू की। अब कंपनी ने राजस्व समझौता, ज़मींदार, ताल्लुकेदार, रैयत को छोड़कर, सीधे महाल (गाँवों के समूह) के साथ किया। राजस्व अदायगी न करने पर ज़मीन सूदखोरों, सौदागरों, महाजनों, व्यापारियों और ग़ैर खेतिहर, ग़ैर आदिवासी समूहों के पास चली गयी। अंग्रेज़ों ने पंजाब, महाराष्ट्र और मध्य भारत में इसे लागू किया गया।

भू-राजस्व नीतियों ने तीन समूहों (ज़मींदार, रैयत और ख़रीददार) को भूमि पर निजी स्वामित्व प्रदान किया। स्थायी बंदोबस्त में ज़मींदारों को ज़मीन का मालिक घोषित किया गया। ख़रीदने, बेचने, गिरवी रखने का हक़ भी उन्हें दिया गया था। रैयतवाड़ी व्यवस्था में कंपनी ने सीधे किसानों को ही ज़मीनों पर मालिकाना हक़ दे दिया था। महालवाड़ी व्यवस्था में भूमि धारकों को ज़मीन पर मालिकाना हक़ दिया गया। राजस्व भुगतान न करने पर भू-स्वामित्व के हस्तांतरण और दस्तावेज़ीकरण ने निजी संपत्ति की अवधारणा को जनमानस में स्थापित कर दिया। “1928-29 में भारत में खेती योग्य भूमि के 19% पर स्थायी बंदोबस्त, 29% पर महालबाड़ी और 52% पर रैयतवाड़ी व्यवस्था थी।”[10]

अंग्रेज़ों ने भू-राजस्व व्यवस्था में पट्टेदारी से संबंधित क़ानूनों का निर्माण किया। इन क़ानूनों ने कृषि भूमि के स्वामित्व, अधिकार और काश्तकारी के परंपरागत तौर-तरीक़ों को प्रभावित किया। बंगाल काश्तकारी अधिनियम,

---

10 शेखर बंधोपाध्याय; प्लासी से विभाजन तक, ओरिएंट लॉन्गमैन, नई दिल्ली, पृ. सं.104

1859 ने ज़मींदारों और रैयतों के बीच किराये और अधिकारों को तय किया। ज़मींदारों द्वारा की जा रही राजस्व वसूली को क़ानूनी वैधता प्रदान की गयी। रैयतों को बिना कारण ज़मीन से हटाये जाने का प्रावधान था। ज़मीन पर स्थायी अधिकार (ऑक्यूपेंसी राइट्स) केवल उन्हीं को दिया गया जो न्यूनतम 12 वर्षों से एक ही ज़मीन पर खेती कर रहे थे। बंगाल काश्तकारी अधिनियम, 1885 ने किराये की दरों पर नियंत्रण लगाया। पट्टेदार ज़मीन के बँटवारे और उपयोग के लिए स्वतंत्र थे। पट्टेदारों को ही ज़मीन का स्वामी माना गया। भूमि अधिग्रहण अधिनियम, 1894 और अन्य क़ानूनों के कारण भूमि का क़ानूनी रिकॉर्ड, पंजीकरण, ट्रांसफर इत्यादि शुरू हुआ। भूमि को निजी संपत्ति, ऋण का साधन और बाज़ारू वस्तु बना दिया गया।

औपनिवेशिक दौर से पूर्व की अर्थव्यवस्था "जीवन निर्वाह की सोच पर आधारित थी। कठिन परिस्थितियों में उनकी बुनियादी आवश्यकताओं के लिए पर्याप्त पैदावार छोड़ दी जाती थी। औपनिवेशिक दौर में ये समझौता रद्द हो गया। औपनिवेशिक दौर में भारतीय अर्थव्यवस्था को विश्व पूँजीवादी व्यवस्था में खींचने की ब्रिटिश मुहिम और पूँजीवादी कृषि के विकास के प्रयासों ने अनेक मिसालों में खेतिहर संबंधों पर विनाशकारी प्रभाव डाला। भूमि से संपत्ति के अधिकार और फलस्वरूप एक भूमि-बाज़ार के सृजन के कारण प्रथा सम्मत उत्पादक संबंधों की जगह अनुबंध ने ले ली। व्यवसाय बढ़ा तो धीरे-धीरे खिराज की जगह अधिशेष ही वसूली का प्रमुख रूप हो गया।"[11]

अंग्रेज़ी शासन के पूर्व भारत में भूमि का अंतिम मालिक राजा/बादशाह/नवाब था। लेकिन किसान जोतदार के साथ मालिकाना हक़ भी रखते थे। मंदिरों या धार्मिक उद्देश्यों से ज़मीन दान देने का चलन था। जागीरदार, ज़मींदार, मनसबदार, सूबेदार के पास केवल राजस्व वसूली का हक़ था। औपनिवेशिक समय में इन संबंधों को पूर्णतः बदल दिया गया। भूमि को निजी संपत्ति बनाने से यह हुआ कि कोई भी राजस्व देने वाला व्यक्ति भू-

11 शेखर बंधोपाध्याय; प्लासी से विभाजन तक, पृ. सं.104

स्वामी हो सकता था। इन्हीं कारणों से आदिवासियों के ज़मीन और जंगल के परंपरागत और सामूहिक अधिकारों को पहली चुनौती मिली। अब भू-स्वामियों को चुनौती देने का मतलब था अंग्रेज़ी साम्राज्य को चुनौती देना।

औपनिवेशिक दौर में ज़मीन के निजी संपत्ति बनने, पट्टेदारी, सर्वेक्षण और दस्तावेज़ीकरण ने आदिवासियों को सर्वाधिक नुकसान पहुँचाया। भारतीय आदिवासी समाज में निजी संपत्ति की कोई अवधारणा ही नहीं थी। तमाम प्राकृतिक संसाधनों की रक्षा, संरक्षण, उपयोग की ज़िम्मेदारी आदिवासी समुदायों की थी। आदिवासी किसी भी प्राकृतिक संसाधन के मालिक/स्वामी नहीं बल्कि संरक्षक थे। आदिवासी समाज की पारंपरिक भूमि व्यवस्था समुदाय आधारित थी। प्रकृति के नियमों के अनुकूल थी। अंग्रेज़ों ने इसे व्यक्तिगत संपत्ति में बदल दिया। औपनिवेशिक दौर में भूमि को निजी संपत्ति बनाए जाने से आदिवासियों को बहुत नुकसान हुआ।

1. **पारंपरिक एवं सामूहिक भूमि व्यवस्था का अंत :** पारंपरिक तौर पर आदिवासियों में प्राकृतिक संसाधन समुदाय, गाँव, कबीले का होता था। लेकिन अंग्रेज़ों ने निजी संपत्ति का क़ानूनी हक़ दिया। अब कोई भी व्यक्ति पैसा/राजस्व देकर भू स्वामी बन सकता था। इन्हीं क़ानूनों के सहारे ग़ैर-आदिवासियों ने अंग्रेज़ों के संरक्षण में आदिवासियों कि ज़मीनों पर कब्ज़ा करना शुरू किया। ज़मींदार, साहूकार, महाजन, व्यापारी, सरकारी अधिकारी इत्यादि इन क्षेत्रों में ज़मीनों के मालिक बन गए।

2. **आदिवासियों का भू-स्वामित्व से वंचित होना :** मालिकाना हक़ की यह अंग्रेज़ी प्रक्रिया आदिवासियों के लिए एकदम अजनबी थी। आदिवासियों में न तो अंग्रेज़ी भाषा की समझ थी, और न क़ानूनों का ज्ञान। वे पंजीकरण और दस्तावेज़ीकरण के कारण अपनी ही ज़मीनों पर अतिक्रमणकारी बन गए। वे लगातार भू-स्वामित्व से वंचित होते चले गए। अंग्रेज़ों से नजदीकियों का फ़ायदा उठाकर ग़ैर-आदिवासियों ने भी आदिवासियों की ज़मीनों पर कब्ज़ा कर लिया।

3. **साहूकारों और महाजनों के जाल में फँसना :** आदिवासी समाजों में लेन-देन के लिए मुद्रा प्रणाली नहीं बल्कि वस्तु-विनिमय की परंपरा थी। वे वस्तु-विनिमय या सोना-चाँदी में ही लेन-देन कर रहे थे। आदिवासी क्षेत्रों में ग़ैर-आदिवासियों के क़ानून लागू नहीं थे। आदिवासी बाहुल्य क्षेत्रों से गुजरने पर सुरक्षा शुल्क राहदारी[12], चुंगी[13] वसूल की जाती थी। औपनिवेशिक दौर में अंग्रेज़ों ने भू-सर्वेक्षण के बाद राजस्व की नकद वसूली पर जोर दिया। आदिवासियों के पास राजस्व के भुगतान के लिए नकदी की अनुपलब्धता थी। राजस्व भुगतान के लिए आदिवासियों ने साहूकारों और महाजनों से कर्ज़ लेना शुरू किया। वे अब नये जाल में फँस गए। कर भुगतान न करने पर उनकी ज़मीन ज़ब्त कर ली गयी। उन्हें अपनी ही पैतृक ज़मीन से बेदखल कर दिया गया और मालिक से मज़दूर बना दिया गया। सदियों से ज़मीन को उपयोगी बनाने वाला, उसका का संरक्षक आदिवासी अब भूमिहीन था।

4. **विस्थापन :** जंगल और ज़मीन से विस्थापित आदिवासी अब ग़ैर-आदिवासी क्षेत्रों में आजीविका की तलाश में पलायन करने लगे थे। लिहाज़ा उनका पारंपरिक जीवन, सांस्कृतिक पहचान, धार्मिक

---

12 *विभिन्न प्रकार के चुंगी कर और उपकर, जिन्हें सामान्यतः 'राहदारी' कहा जाता था, उन मार्गों पर नियंत्रण रखने वाले विभिन्न प्राधिकरणों द्वारा वसूले जाते थे। ऐसा प्रतीत होता है कि ये कर प्रायः ले जाए जा रहे माल के मूल्य के अनुपात में लिए जाते थे।* – इरफ़ान हबीबः द एग्रेरियन सिस्टम ऑफ द मुग़ल इंडिया 1556–1707, ऑक्सफोर्ड यूनिवर्सिटी प्रेस, 2014,पृ. सं.- 74

13 *कैप्टन ब्राउन (हिल कोर) ने यह प्रस्ताव रखा कि सरदारों की इस प्रणाली को मान्यता दी जाए और शांति एवं व्यवस्था की रक्षा हेतु उनकी सेवाएँ ली जाएँ। पहाड़ी लोगों के साथ सभी व्यवहार सरदारों और माँझियों के माध्यम से ही किए जाएं, और मैदानों के निवासियों के साथ संपर्क को बढ़ावा देने हेतु पहाड़ियों की सीमा पर बाज़ार स्थापित किए जाएँ । जिन सरदारों के टप्पे (परगना की उप-इकाई) सार्वजनिक मार्ग से सटे हुए थे, उन्हें छापेमारी रोकने के लिए वज़ीफ़े दिए जाएँ।*– एल.एस.एस.एस. ओ'माली: बंगाल डिस्ट्रिक्ट गजेटियर्स – संथाल परगना, पश्चिम बंगाल डिस्ट्रिक्ट गजेटियर्स, उच्च शिक्षा विभाग, पश्चिम बंगाल सरकार, 1999, पृ. सं. 44

मान्यताएँ, पुरखों की विरासत, आजीविका के साधन और आदिवासी पहचान खो गयी। औपनिवेशिक दौर से लेकर वर्तमान तक इन क़ानूनों के चलते लगातार आदिवासियों का विस्थापन जारी है।

5. **जंगल पर हमला :** आदिवासी सभ्यता की शुरुआत से जंगलों का उपयोग कर रहे थे। वे उसके संरक्षक थे। एक से दूसरी पीढ़ी को उसके संरक्षण की ज़िम्मेदारी विरासत में देते आ रहे थे, लेकिन अंग्रेज़ों ने आदिवासी और जंगल के बीच में क़ानून की दीवार खड़ी कर दी। भू-सर्वेक्षण और भू-राजस्व नीति के बाद अंग्रेज़ों ने जंगलात की ज़मीनों को 'फॉरेस्ट एक्ट 1865, 1878, 1927' के माध्यम से सरकार की निजी संपत्ति घोषित कर दिया। आदिवासियों के जीवन का दूसरा सबसे बड़ा आधार जंगल; इन क़ानूनों के माध्यम से छीन लिया। जंगलों को आरक्षित, अनारक्षित, सुरक्षित, चरागाह इत्यादि में वर्गीकरण किया गया। जंगल में बिना अनुमति के प्रवेश और उपयोग को अपराध घोषित कर दिया गया।

6. **आज़ादी की बुनियाद :** भू-राजस्व और जंगल नीतियों के कारण औपनिवेशिक दौर में सौ से अधिक बगावतें अंग्रेज़ी हुकूमत और उनके सहयोगी राजाओं, ज़मींदारों, महाजनों, साहूकारों के ख़िलाफ़ हुए थे। भारत का शायद ही ऐसा कोई हिस्सा रहा हो, जहाँ आदिवासियों ने विद्रोह न किया हो। औपनिवेशिक दौर में हर दशक में आदिवासियों के संघर्ष को देखा जा सकता है। इसका परिणाम ये हुआ कि आदिवासी कुछ हद तक अपनी स्वायत्तता बचाने और आज़ादी के आंदोलन की बुनियाद रखने में सफल हुए।

अंग्रेज़ों द्वारा ज़मीन और जंगल को निजी संपत्ति में तब्दील करना केवल प्रशासनिक निर्णय नहीं था, बल्कि यह आदिवासियों के सामाजिक, आर्थिक, सांस्कृतिक, धार्मिक, राजनैतिक और आदिवासी मूल्यों पर सबसे बड़ा हमला था। अंग्रेज़ी नीतियों के कारण आदिवासियों के एक बड़े हिस्से

का ज़मीन और जंगल से रिश्ता टूट गया। वे विस्थापन, ग़रीबी और भुखमरी के लपेटे में आ गए। विस्थापित आदिवासियों को कुली और मज़दूर बनाकर उनका शोषण किया जा रहा था। उन्हें चाय बागानों, रेल परियोजनाओं और खनन क्षेत्रों में जबरन मज़दूरी हेतु भेजा गया। सस्ते गिरमिटिया मज़दूर के तौर पर भारत के बाहर अंग्रेज़ी उपनिवेशों में भी भेजा गया।

जंगल नीति : जंगल और ज़मीन आदिवासी जीवन का मूल आधार है। बगैर जंगल को नुक़सान पहुँचाए ज़रूरतों को पूरा करने के लिए जंगल काफ़ी है। भारतीय उपमहाद्वीप में अंग्रेज़ी हुकूमत की स्थापना तक जंगलों में बाहरी दखल नहीं के बराबर था। यदि कोई ज़रूरत पड़ी भी, तो स्थानीय आदिवासियों के साथ आपसी सामंजस्य के बाद उपयोग में लाया जा सकता था। औपनिवेशिक दौर में औद्योगिक ज़रूरत को पूरा करने और मुनाफ़े को बढ़ाने के लिए जंगल, कृषि के बाद दूसरा सबसे बड़ा स्थायी स्रोत था। कृषि भूमि के बाद जंगलों का दोहन शुरू हो गया था। जंगल पर आदिवासियों के दावों को 'मालिकाना हक़' के क़ानूनी कागज़ातों के अभाव में छीन लिया गया और 'वैध' दस्तावेज़ों के अभाव में अतिक्रमणकारी[14] घोषित कर दिया गया।

अंग्रेज़ों ने अपनी साम्राज्यवादी, रणनीतिक और आर्थिक आवश्यकताओं की पूर्ति के लिए ज़मीन और जंगल का दोहन शुरू किया था। अंग्रेज़ों ने स्कॉटलैंड और आयरलैंड के अनुभवों के आधार पर जंगलों को साफ़ कर स्थायी खेती को बढ़ावा दिया। झूम खेती पर प्रतिबंध लगाया। पहाड़ी, बंजर और अन्य प्रकार की अनुपयोगी ज़मीनों पर भी स्थायी खेती की शुरुआत कर राजस्व वसूलना शुरू कर दिया था। स्थायी खेती से आदिवासियों को नियंत्रण में रखना प्रशासनिक दृष्टि से आसान था। उनकी गतिविधियों पर रोक लगाई जा सकती थी। दूसरी तरफ़ 18वीं सदी के उत्तरार्ध में ब्रिटिश कारख़ानों में लकड़ी की माँग बहुत ज़्यादा बढ़ गई थी।

---

14 *अतिक्रमण शब्द ब्रिटिश सरकार द्वारा प्रयुक्त क़ानूनी शब्द है। यह जंगल अथवा ऐसी कोई भी ज़मीन, जिसके मालिकाना हक़ के वैध दस्तावेज़ किसी व्यक्ति/समाज के पास नहीं हैं, ऐसी भूमि के इस्तेमाल करने वाले को अतिक्रमणकारी कहा गया। आज़ादी-पूर्व और आज़ादी के बाद के दौर में अतिक्रमणकारियों के दायरे में आदिवासी सर्वाधिक आए।*

जहाज़ निर्माण, ब्रिज निर्माण, कारखानों में ईंधन के तौर पर लकड़ी की माँग तेज़ हो गई थी। अंग्रेज़ों ने भारतीय जंगलों को ब्रिटिश ज़रूरतों को पूरा करने और राजस्व के स्रोत के तौर पर देखा। वे वनोपज से भी मुनाफ़ा कमाना चाहते थे।

अंग्रेज़ों द्वारा वन विभाग को क़ानूनी तरीक़े से स्थापित करने का उद्देश्य- 1. औद्योगिक और रेल की ज़रूरत के लिए लकड़ी की आपूर्ति सुनिश्चित करना। 2. जंगलों से राजस्व वसूलना 3. जंगलों को वैज्ञानिक तरीके (ब्रिटिश ज़रूरतों के अनुसार) से प्रतिबंधित किया, ताकि उनका अधिक कुशलता से उपयोग किया जा सके, 4. आदिवासी एवं परंपरागत रूप से जंगल में निवासरत समूहों के वनों के उपयोग और परंपरागत सामूहिक अधिकारों से रोकना था।

ब्रिटिश सरकार ने जंगलों पर नियंत्रण रखने, उनका दोहन और राजस्व के लिए वर्ष 1864 में जंगल विभाग (इंपीरियल फॉरेस्ट डिपार्टमेंट) की स्थापना की। जर्मनी के वनस्पति विज्ञानी डाईट्रिक ब्रांडिस को भारत का प्रथम वन महानिरीक्षक नियुक्त किया गया। भारत में पहली रेल लाइन 1837 में मद्रास में कच्चे माल की ढुलाई के लिए चलाई गई थी। आज़ादी के समय 55000 किलोमीटर का रेल नेटवर्क था। रेल के कारण लकड़ी की बढ़ती माँग को पूरा करने के लिए अंग्रेज़ों ने जंगलों पर नियंत्रण स्थापित किया। इस दौर में रेल के स्लीपर, डिब्बे, स्टेशन, गोदाम के निर्माण के लिए वनों की कटाई शुरू हुई। और ईंधन के लिए सागवान, साल, शीशम, चीड़, देवदार की लकड़ी की बढ़ती माँग के चलते गढ़वाल, कुमाऊँ और दोआब क्षेत्र के जंगलों को साफ़ कर दिया गया। स्थानीय शासकों ने भी इसका फ़ायदा उठाया। उन्होंने जंगल किराए पर देना अथवा बेचना शुरू कर दिया।

अंग्रेज़ों द्वारा भारत में पहला वन अधिनियम, 1865 में बनाया गया। इसके तहत सरकार किसी भी भूमि को सरकारी वन घोषित कर सकती है और उसका प्रबंधन सरकार के हाथ में होगा। अंग्रेज़ों ने स्वीकार किया कि सामूहिक, साझी, सामुदायिक भूमि पर राज्य को असीमित अधिकार होने चाहिए। एक्ट ने जंगल पर सरकार के नियंत्रण को मज़बूत किया।

आदिवासियों के अधिकारों को 'सीमित' कर दिया और भविष्य में उनके परंपरागत अधिकारों को मान्यता देने की संभावनाओं को लगभग नकार दिया।

अंग्रेज़ी सरकार ने 1865 के वन अधिनियम की कमियों को दूर करने और जंगल पर पूर्ण नियंत्रण के लिए 'वन अधिनियम, 1878' पारित किया। नये अधिनियम ने जंगल को आरक्षित, संरक्षित और ग्रामीण चरागाह में बाँट दिया। आरक्षित क्षेत्र- व्यावसायिक और इमारती लकड़ी के उत्पादन के लिए इंपीरियल फॉरेस्ट विभाग के नियंत्रण में रखे गए। इनमें आदिवासियों और स्थानीय लोगों के परम्परागत अधिकारों को पूर्णतः समाप्त कर दिया गया। संरक्षित क्षेत्र- राज्य नियंत्रित क्षेत्र था। ये व्यापार की दृष्टि से महत्त्वपूर्ण थे लेकिन वनोपज और सीमित दायरों में उपयोग की इजाजत दी गई। ग्रामीण वन ऐसे क्षेत्र थे जहाँ चरागाह विकसित थे। चरागाह को ठीक से परिभाषित नहीं किया गया। कहने का अर्थ है कि जंगल अब राज्य के नियंत्रण में थे।

वन अधिनियम, 1878 के अनुसार "राज्य द्वारा जंगल की ज़मीन पर केवल उसी व्यक्ति के अधिकार को मान्यता दी जाएगी, जो अपने दावे के पक्ष में कोई क़ानूनी दस्तावेज़ पेश करेगा। यदि लोग ऐसा करने में असमर्थ हैं तो उस ज़मीन पर उनका हर अधिकार स्वतः ही ख़त्म हो जाएगा। आदिवासियों को जंगल पर अधिकार देने की जगह उनसे क़ानूनी दस्तावेज़ की माँग कर अंग्रेज़ों ने जंगल को राज्य की निजी संपत्ति बना दिया। इस प्रक्रिया से जंगल के संसाधनों पर आदिवासियों का अधिकार ख़त्म हो गया।"[15] औपनिवेशिक शासन के पूर्व में जल, जंगल, ज़मीन और अन्य प्राकृतिक संसाधनों पर निजी मालिकाना हक़ के क़ानूनी दस्तावेज़ों की परंपरा आदिवासी क्षेत्रों में नहीं थी। लिहाज़ा अंग्रेज़ों को अपने दावे के पक्ष में क़ानूनी दस्तावेज़ पेश करने चाहिए थे। अर्थात् आदिवासी परंपराओं के आधार पर अपना दावा करना चाहिए था लेकिन उन्होंने उन आदिवासियों से दस्तावेज़ माँगे थे, जिन्होंने इस उपमहाद्वीप में सभ्यता की शुरुआत की, मानव बस्तियाँ बसाईं और इन जंगलों का संरक्षण करते आ रहे थे।

---

15 कमल नयन चौबे; जंगल की हक़दारी राजनीति और संघर्ष, वाणी प्रकाशन, दिल्ली, 2015, पृ. सं. 23

'क़ानून का शासन' के नाम पर अंग्रेज़ों ने आदिवासियों और जंगल के परंपरागत निवासियों के दावों को लगभग समाप्त कर अपने दावों को क़ानूनी मान्यता प्रदान की। आदिवासियों के अस्तित्व, विरासत, सांस्कृतिक और आर्थिक आधार को लगभग ख़त्म कर दिया। वन अधिनियम, 1878 के अनुसार आरक्षित वन क्षेत्र 14000 वर्ग मील[16] था। वर्ष 1900 में वह बढ़कर 81,400 वर्ग मील[17] हो गया। अंग्रेज़ी सरकार ने राज्य संरक्षित जंगल को भी चुपके से आरक्षित जंगलों में परिवर्तित कर दिया तथा आदिवासियों और स्थानीय लोगों का प्रवेश निषेध कर दिया। इस क्षेत्र में वनोपज के उपयोग को क़ानूनन अपराध घोषित कर दिया गया। सामंतों, ज़मींदारों और मालगुजारों के निजी वन क्षेत्र (मध्य प्रांत के जंगल का 20%) को 'संरक्षण और काश्तकार (उपभोक्ता) अधिकार' के नाम पर वन विभाग ने अपने नियंत्रण में ले लिया।

वर्ष 1927 में नया वन अधिनियम लागू किया गया। इसमें राज्य के अतिरिक्त किसी के भी द्वारा 'जंगल से लकड़ी काटने, भूमि सुधार करने अथवा जिसे राज्य, वन संसाधनों को नुकसान पहुँचाने वाली गतिविधि माने' को अपराध घोषित कर दिया। इस अधिनियम में वन विभाग के अधिकारियों की शक्तियों को बढ़ा दिया गया। नये वन अधिनियम में स्पष्ट तौर पर कहा गया कि "कोई भी व्यक्ति वन में निजी संपत्ति का दावा इस आधार पर नहीं करेगा कि वह वहाँ पर निवासरत है। कोई भी व्यक्ति इस आधार पर भी निजी संपत्ति का दावा नहीं कर सकता है कि उसके पूर्वज उस स्थान पर बहुत पहले से रहते आये हैं। ऐसे लोगों का जंगल के उत्पादों पर भी कोई अधिकार नहीं होगा।"[18]

---

16 वन अधिकार अधिनियम, 2006, 9 अप्रेल 2025, https://hindi.idronline.org/article/van-adhikar-adhiniyam-fra-kya-hai/

17 *1890 में आरक्षित वन क्षेत्र 56000 वर्ग मील और संरक्षित क्षेत्र 20,000 वर्ग मील था। लेकिन एक दशक बाद आरक्षित वन क्षेत्र बढ़कर 81,400 वर्ग मील हो गया और संरक्षित वन क्षेत्र घटकर 8300 वर्ग मील रह गया।* कमल नयन चौबे: जंगल की हक़दारी राजनीति और संघर्ष, वाणी प्रकाशन, दिल्ली, 2015, पृ. सं. 70

18 कमल नयन चौबे; जंगल की हक़दारी राजनीति और संघर्ष, वाणी प्रकाशन, दिल्ली, 2015, पृ. सं. 67

नये अधिनियम में किसी भी सामूहिक भूमि अथवा वन भूमि को सरकारी भूमि में बदलने का अधिकार भी सरकार को दिया गया। यदि कोई व्यक्ति इस तरह की किसी भी ज़मीन पर तीन महीने की समय सीमा के अंतर्गत अपना मालिकाना हक़ का दावा क़ानूनी दस्तावेज़ों के साथ नहीं करता है तो भूमि सरकार की मानी जाएगी। अंग्रेज़ सरकार सार्वजनिक उद्देश्य (आज़ादी के बाद राष्ट्रीय हितों) की पूर्ति के नाम पर किसी भी निजी ज़मीन का अधिग्रहण कर सकती थी। 1867 में 'इंपीरियल फॉरेस्ट सर्विस' की शुरुआत हुई ताकि व्यवस्थित तरीके से जंगल पर नियंत्रण स्थापित हो। अंग्रेज़ों ने प्रथम विश्व युद्ध के दौरान अपनी निर्माण संबंधी ज़रूरतों को पूरा करने के लिए भारत में 'टिम्बर ब्रांच' और द्वितीय विश्व युद्ध में 'टिंबर डायरेक्ट्रेट' की स्थापना की।

आदिवासी समुदाय पूर्णतः जंगल पर निर्भर थे। अंग्रेज़ों द्वारा अपने साम्राज्यवादी हितों की पूर्ति के लिए आदिवासियों के सामूहिक, सामुदायिक और परंपरागत अधिकारों को नकार दिया गया। दूसरी तरफ़ वन विभाग एक दमनकारी संस्था के रूप में उभरकर सामने आया। औपनिवेशिक नीतियों ने कृषि-भूमि और वन-भूमि को विभाजित कर दिया। वनों में आदिवासियों के प्रवेश और पालतू पशुओं को चराने पर प्रतिबंध लगा दिया गया। झूम खेती की समाप्ति ने जंगल के पारिस्थितिकी तंत्र को नष्ट कर दिया। वन संरक्षण और प्रबंधन के परंपरागत तरीक़ों की जगह ब्रिटिश आर्थिक आवश्यकताओं की पूर्ति और साम्राज्य विस्तार को प्राथमिकता दी गयी।

वन क़ानूनों ने सरकार को जंगल का मालिक बना दिया। आदिवासियों को अतिक्रमणकारी घोषित कर दिया। लिहाज़ा उन्हें आदिवासियों के विरोध का सामना करना पड़ा। अंग्रेज़ इन प्रतिरोधों को क़ानूनी और प्रशासनिक समस्या मनाते थे इसलिए उन्होंने इसे सैन्य ताक़त से कुचलने का प्रयास किया। लेकिन यह न तो क़ानूनी समस्या थी और न प्रशासनिक। यह पूर्णतः आदिवासियों के परंपरागत अधिकारों और अस्तित्व तथा अंग्रेज़ी नीतियों का टकराव था। ग़ैर आदिवासियों की तरह आदिवासी कभी अंग्रेज़ी सत्ता का हिस्सेदार नहीं बने। इसलिए अंग्रेज़ों ने उन्हें राज्य-विरोधी घोषित किया।

उनके क्षेत्रों में ग़ैर-आदिवासियों को लाकर बसाया गया। पुलिस चौकियाँ खोली गईं। विरोध करने पर गाँव जला दिए गए। गिरफ़्तारी हुई, फाँसी दी गयी, पूरे कबीले को 'क्रिमिनल' घोषित कर दिया गया। इसके बावजूद वे राजा, महाराजा, नवाब, सामंत, ज़मींदार, साहूकार, महाजनों की तरह अंग्रेज़ों के वफ़ादार नहीं बने। एक तरफ़ अंग्रेज़ों ने वन भूमि पर कब्ज़ा किया और आदिवासियों को उससे बेदखल किया। दूसरी तरफ़ आदिवासी क्षेत्रों का सीमांकन (शिड्यूल एरिया) किया और अलग श्रेणी (शिड्यूल ट्राइब) का गठन किया। शिड्यूल डिस्ट्रिक्ट एक्ट, 1874 के तहत आदिवासी बाहुल्य क्षेत्रों को 'बहिष्कृत' (एक्सक्लूड) की श्रेणी में रखा गया ।

क्रिमिनल ट्राइब

विक्टोरियाकालीन ब्रिटेन(1837-1901) में अपराध और अपराधियों के प्रति नस्लीय और वर्गीय नफ़रत विकसित हो रही थी। यह दौर ब्रिटेन में राजनैतिक, आर्थिक और सांस्कृतिक परिवर्तनों का था। अपराध को सिर्फ़ क़ानूनी उल्लंघन ही नहीं बल्कि नैतिक पतन माना जाता था। ग़रीब, बेरोजगार, खानाबदोश जातियों, भिखारियों, वेश्याओं को नैतिक तौर पर कमजोर, चरित्रहीन, आपराधिक प्रवृत्ति का और डेंजरस क्लास (ख़तरनाक वर्ग) माना गया था। जबकि अमीर व्यक्ति के अपराध को भटकाव माना जाता था। इस दौर में 'हैबिचुअल ऑफ़ेंडर' (आदतन अपराधी) वे लोग थे जो बार-बार अपराध कर रहे थे। इसमें वे लोग ज़्यादा शामिल थे जो राज्य की नीतियों का लगातार विरोध कर रहे थे।

ब्रिटिश कुलीनों के मध्य यह धारणा विकसित होने लगी थी कि कुछ लोग अथवा समूह जन्मजात अपराधी होते हैं- इन्हें ख़तरनाक समूह (डेंजरस क्लास) कहा गया। इन्हें समाज के लिए गंभीर ख़तरा मानते हुए पुलिस निगरानी और सुधार गृहों में डालने की बात की गई। चोरी जैसे अपराध के लिए इन्हें फाँसी दी जाने लगी। सश्रम कारावास की सज़ा सामान्य थी। अपराध को राज्य की प्रतिष्ठा से जोड़कर देखा जाने लगा। समाज में ग़रीब, घुमंतुओं और कमजोर तबकों को संदेह और भय की दृष्टि से देखा जाने लगा था।

इतालवी मनोविज्ञानी और आधुनिक अपराधशास्त्र के जनक सेसरे लॉम्ब्रोसो ने अपनी पुस्तक 'द क्रिमिनल मैन' में 'अपराध का जैविक सिद्धांत' प्रतिपादित किया। उनके अनुसार "लोगों का एक अलग जैविक वर्ग होता है, जो अपराध की ओर प्रवृत्त होता है। इन लोगों में आदिम विशेषताएँ दिखाई देती हैं। ये विकास के क्रम में ग़ैर-अपराधियों के मुक़ाबले 'आदिम स्थिति' थे। इसी वज़ह से वे जंगली और अनियंत्रित हो गए। तत्कालीन समाज में वे नहीं ढल सके और अपराध की ओर मुड़ गए।"

लॉम्ब्रोसो के अनुसार "अपराध की प्रवृत्ति आनुवंशिक तौर पर विरासत में मिलती है, इसे शारीरिक बनावट से पहचाना जा सकता है। चोर की विशेषताएँ- भावपूर्ण चेहरा, शारीरिक निपुणता और छोटी आँखें। हत्यारे की विशेषता- ठंडी कंचे जैसी निगाहें, लाल आँखें, बड़ी नाक। यौन अपराधियों की विशेषताएँ- मोटे होंठ और बाहर निकले कान। महिला अपराधी- नाटी, काले बाल, छोटा सर। लॉम्ब्रोसो के अनुसार अपराधियों को उनकी आपराधिक गतिविधियों के लिए दोषी नहीं ठहराया जा सकता है, क्योंकि उनका व्यवहार शरीर विज्ञान द्वारा निर्धारित होता है।"[19]

लॉम्ब्रोसो के अनुसार अपराधी पाँच किस्म के होते हैं। जन्मजात अपराधी- ये लोग विकास के आदिम स्तर पर अटके हुए हैं और इनमें जन्म से ही अपराध करने की प्रवृत्ति होती है। विक्षिप्त/ मनोविकृत/ पागल अपराधी- ये वे लोग हैं, जो मानसिक बीमारी या दुर्बलता के कारण अपराध करते हैं। अवसरवादी अपराधी- ये वे होते हैं, जो किसी विशेष परिस्थिति या अवसर मिलने पर अपराध करते हैं। भावुक अपराधी- किसी भावावेश, गुस्से अथवा नफ़रत के कारण अपराध करते हैं। आदतन अपराधी- ये लोग अपराध को अपनी जीवन शैली बना लेते हैं और बार-बार अपराध करते हैं।

इतालवी अपराध विज्ञानी एनरिको फेरी ने भी अपराधियों के सामाजिक, आर्थिक और मनोवैज्ञानिक पहलुओं का अध्ययन किया। अपनी पुस्तक 'क्रिमिनल सोशियोलॉजी' में उन्होंने बताया कि अपराध के लिए अपराधी

---

19 एलिजाबेथ ब्रुक्स; सेसरे लॉम्ब्रोसो: थ्योरी ऑफ़ क्राइम, क्रिमिनल मैन एंड अताविज्म, https://simplypsychology.org, 8 फरवरी, 2023

की मनोवैज्ञानिक स्थिति, भाषा/बोली, लिखावट, प्रतीक, साहित्य, कला, अनैतिकता इत्यादि ज़िम्मेदार है। इन्होंने भी अपराधियों को- जन्मजात अपराधी, आदतन अपराधी, विक्षिप्त अपराधी, आकस्मिक अपराधी और भावावेशी अपराधी में बाँटा।

इन्हीं तर्कों से ब्रिटिश सरकार द्वारा 1824 में 'वैग्रेंसी एक्ट' (आवारागर्दी अधिनियम) के तहत भिखारियों, खानाबदोशों, बेरोजगारों, ठगों और सार्वजनिक स्थानों पर सोने वालों को प्रतिबंधित कर दिया गया। इनके लिए कारावास के प्रावधान किए गए। इस एक्ट के बाद ख़तरनाक वर्ग की अवधारणा को मज़बूती मिलने लगी थी। आवारागर्दी अधिनियम ने मज़दूरों, ग़रीबों और कमजोरों को सरकारी नियंत्रण में लाने की वकालत की। ख़तरनाक वर्ग की अवधारणा ने सम्पूर्ण समूह/समुदायों को अपराधी घोषित करने के विचार की नींव रखी।

ब्रिटेन में औद्योगीकरण के बाद बढ़ते असंतोष के कारण 'ख़तरनाक वर्गों' की तरफ़ से हो रही कथित हिंसा और अपराध को रोकने के लिए ब्रिटिश संसद ने 'आदतन अपराधी अधिनियम, 1869' पारित किया। अधिनियम का उद्देश्य 'उन व्यक्तियों पर निगरानी रखना था जो कि अपराधों के लिए कुख्यात थे और बार-बार अपराध करते थे। अपराधों की पुनरावृत्ति को रोकना, अपराधियों की पहचान, निगरानी, नियंत्रण रखना अधिनियम का उद्देश्य था। अधिनियम के अनुसार ऐसे लोगों का पुलिस थानों में पंजीकरण अनिवार्य था; नियमित उपस्थिति देना, एक स्थान से दूसरे स्थान पर आने-जाने के पूर्व सूचना देना, अनुमति लेना अनिवार्य था। ऐसा न करने की सज़ा जेल या सश्रम कारावास थी। इस अधिनियम के अनुसार पुलिस किसी भी व्यक्ति को 'आदतन अपराधी' घोषित कर सकती थी। डेंजरस क्लास और हैबिचुअल ऑफ़ेंडर की अवधारणा को औपनिवेशिक और पूँजीवादी व्यवस्था ने गरीबी, आवारगी और ख़ानाबदोश जीवन से जोड़ कर देखा था। ब्रिटिश कुलीन वर्ग इनके प्रति पूर्वाग्रह से ग्रसित था। उन्हें जन्मजात अपराधी और समाज-विरोधी मानता था। ये पूर्वाग्रह जन्म, नस्ल, समूह, वर्ग आधारित थे।

भारत में 'क्रिमिनल ट्राइब एक्ट, 1871' को लागू करने के पीछे अपराधियों के प्रति सामाजिक मानसिकता तथा प्रशासनिक माँग थी। ब्रिटिश अधिकारी अब तक स्वीकार कर चुके थे कि कुछ समुदाय जन्मजात अपराधी होते हैं। आदिवासियों और घुमंतू समुदायों को 'जन्मजात अपराधी' मानकर पूरे गाँव को अपराधी घोषित कर दिया गया। विद्रोही क़िस्म के लोगों के लिए 'गून/गुंडा' शब्द का इस्तेमाल किया जाने लगा। अंग्रेज़ अधिकारियों, कर्मचारियों और स्थानीय सहयोगियों द्वारा उन्हें चोरी के इल्ज़ाम में फँसाना, गिरफ़्तार करना एक सामान्य कार्य था। भारत में अंग्रेज़ सरकार इन ख़तरनाक वर्गों (खानाबदोश, आदिवासियों) की निगरानी और नियंत्रण अपने पास रखना चाहती थी।

भारत में क्रिमिनल ट्राइब एक्ट का क़ानूनी आधार 'आवारागर्दी अधिनियम और आदतन अपराधी अधिनियम' थे। भारत में ब्रिटिश सरकार और उनके देसी सहयोगी आदिवासियों, घुमंतू समुदायों, परंपरागत जंगल वासियों, पहाड़ी के समुदायों के प्रति शंकाग्रस्त रहते थे, क्योंकि इन समुदायों के साथ शासक वर्गों का कोई प्रत्यक्ष संबंध नहीं था। आदिवासी प्राचीन काल से ग़ैर-आदिवासियों से अलग रह रहे थे, वे साम्राज्य विस्तार में नहीं लगे थे। उनकी भाषा, संस्कृति, धर्म, मान्यताओं, परंपराओं और विरासत से ग़ैर-आदिवासी (स्थानीय शासक, सूदखोर, व्यापारी और अंग्रेज़) पूर्णतः अनभिज्ञ थे। यही 'अनभिज्ञता', अजनबीपन भारत के आदिवासियों को क्रिमिनल ट्राइब एक्ट के दायरे में ले गया। इसके लिए आदिवासी ज़िम्मेदार नहीं थे, लेकिन उन्हें सज़ा मिली। भारत में भी अपराध और अपराधी का निर्धारण नस्लीय, जातीय, धार्मिक और वर्गीय आधार पर कर दिया गया।

इस एक्ट को लागू करने का एक और कारण यह भी था कि प्लासी की लड़ाई के बाद से आदिवासियों ने अंग्रेज़ी साम्राज्य को गंभीर चुनौती पेश की थी। आदिवासियों की गुरिल्ला तकनीक का अंग्रेज़ी सेना मुक़ाबला करने में असमर्थ थी। अंग्रेज़ों के मन में डर पैदा हो गया था। इसलिए आदिवासियों पर 'नियंत्रण और निगरानी' रखने के लिए एक जगह स्थायी रूप से बसाने के प्रयास किए गए ताकि पंजीकरण के बाद पुलिस थानों के नियंत्रण में रखा

जा सके। भील विद्रोह, संथाल हूल, जहाजपुर की मीणा बगावत, 1857 में आदिवासियों की भूमिका, टंट्या भील के नेतृत्व में अंग्रेज़ी शासन को मिल रही चुनौतियों को देखते हुए, अंग्रेज़ आदिवासियों को भविष्य के लिए संभावित ख़तरे के रूप में देख रहे थे। ब्रिटिश सरकार ने दावा किया कि समाज को डाकुओं, चोरों, ठगों से बचाने के लिए यह सामूहिक दंड और निगरानी का एक हथियार है।

'क्रिमिनल ट्राइब एक्ट, 1871' के अनुसार कुछ विशेष जातियाँ, समूह अथवा समुदाय जन्मजात आपराधिक प्रवृत्ति के होते हैं। ऐसे चिह्नित लोगों को इस अधिनियम के तहत निगरानी और नियंत्रण के लिए आपराधिक समूहों की सूची में डाल दिया गया। वयस्क सदस्यों के लिए पुलिस थानों में पंजीकरण और निश्चित दिन उपस्थिति अनिवार्य कर दी गयी। एक स्थान से दूसरे स्थान पर जाने या घर में किसी अतिथि के आने की सूचना पुलिस को देना अनिवार्य था। इनके उल्लंघन पर सज़ा का प्रावधान था। पुलिस को सूचीबद्ध समुदायों के किसी भी व्यक्ति की गिरफ़्तारी, पूछताछ और तलाशी का सम्पूर्ण अधिकार था। इस अधिनियम में 1911, 1924 और 1936 में संशोधन किये गये।

वर्ष 1947 में मद्रास विधानसभा ने 'आपराधिक जनजाति अधिनियम, 1924 (संशोधन 1943, 1945)' को रद्द करते हुए, राज्य के 44 समुदायों को मुक्त (डिनॉटिफ़ाइड) कर दिया। बंबई प्रेसीडेंसी में भी इस अधिनियम को पूर्व में ही समाप्त किया जा चुका था। औपनिवेशिक शासन की समाप्ति और आज़ादी के बाद भारत की अंतरिम सरकार द्वारा एम. अनंतशयनम अयंगर की अध्यक्षता में गठित 'द क्रिमिनल ट्राइब एक्ट इंक्वायरी कमेटी 1949-50' की रिपोर्ट के अनुसार ब्रिटिश भारत के 127 समुदाय इस सूची में शामिल थे। समिति की सिफारिशों के आधार पर इन सभी को 'डिनॉटिफ़ाइड' किया गया। अंग्रेज़ों ने भारत की तरह यूरोप में जिप्सी (रोमानी लोग) लोगों के ख़िलाफ़ क़ानून बनाये थे। दक्षिण अफ्रीका में नस्लीय आधार पर अश्वेत लोगों की निगरानी के लिए 'परमिट व्यवस्था/पास क़ानून' लागू किया गया था। अमेरिका में अश्वेतों के लिए 'स्लेव कोड' क़ानून बनाये गए थे। लेकिन धीरे-धीरे सब ख़त्म हो गये।

आज़ादी के अगुआ

भारत में ब्रिटिश शासन का प्रतिरोध विभिन्न वर्गों ने भिन्न तरीक़ों से किया। एक तरफ़ भारत के स्थानीय शासकों ने छोटी-मोटी लड़ाइयों के बाद संधि कर ली और अंग्रेज़ों के 'ख़ास सहयोगी' बन गए। कुलीन वर्ग और सवर्ण तबके ने उनके दफ्तरों में बाबूगिरी का काम शुरू कर दिया, अंग्रेज़ी सेना में भर्ती हो गए और जो बच गए वे पश्चिमी मूल्यों से भारतीय समाज का निर्माण करने लगे और 'सुधारक' बन गए। राजाओं, मुग़ल बादशाहों, नवाबों के दरबार के लाभार्थी अंग्रेज़ी दरबार में लाभ लेने लगे। पुरानी व्यवस्था का लाभार्थी समूह अंग्रेज़ों के यहाँ भी लाभार्थी था। लेकिन आदिवासी और किसानों का रवैया इनके एकदम विपरीत था। "भारतीय समाज का कुलीन जब पश्चिम की नैतिक समालोचनाओं का जवाब देने के लिए अपने समाज को अंदर से बदलने की खातिर धार्मिक और सामाजिक सुधारों का श्रीगणेश कर रहा था तब ग्रामीण समाज उपनिवेशी शासन के आरोपण का जवाब बिल्कुल अलग ढंग से दे रहा था।"[20]

आदिवासी सदियों से स्वतंत्र जीवन यापन कर रहे थे। उनकी अपनी एक सामाजिक, आर्थिक और राजनैतिक व्यवस्था थी जो कि बाहरी प्रभावों से मुक्त थी। लेकिन अंग्रेज़ी साम्राज्य की स्थापना के बाद क़ानूनों ने आदिवासियों की सत्ता और संसाधनों पर उनके कब्ज़े को सीधे चुनौती दी थी। भू-राजस्व नीतियों के कारण ग़ैर आदिवासियों ने नीलामी में राजस्व वसूली और भूमि पर मालिकाना हक़ का अधिकार ले लिया। लगान में वृद्धि ने ग़ैर-आदिवासियों को इन इलाकों में पैर जमाने का मौक़ा दिया। आदिवासी क्षेत्रों में इनके प्रवेश ने सामाजिक, आर्थिक, राजनैतिक और सांस्कृतिक ढाँचे को पूर्णतः बदल दिया। आदिवासियों का शोषण शुरू हो गया। इस दौर में ज़मींदार, सूदखोर, महाजन और सौदागरों के पास आदिवासियों की ज़मीनों का हस्तांतरण होता रहा। अंग्रेज़ी क़ानूनों ने 'नये मालिकों' के नाम दस्तावेज़ जारी करना शुरू कर दिया। 'क़ानून के शासन' की अवधारणा ने इन 'अंग्रेज़ी दस्तावेज़' को आदिवासियों के हजारों साल

20 शेखर बंधोपाध्याय; प्लासी से विभाजन तक, पृ. सं. 173

के दावों से ज़्यादा महत्त्वपूर्ण और क़ानूनी माना। अंग्रेज़ों द्वारा जारी इन क़ानूनी काग़ज़ातों ने आदिवासी दुनिया को हमेशा के लिए बदल दिया। आदिवासियों की ज़मीनों पर परम्परागत सामुदायिक अधिकार और संरक्षण का हक़ हमेशा के लिए छीन लिया गया।

ग़ैर-आदिवासियों के ज़बरदस्ती कब्ज़े और अंग्रेज़ी 'मालिकाना' हक़ को आदिवासियों ने सशस्त्र चुनौती पेश की। हथियारबंद लड़ाई आदिवासी परंपरा का हिस्सा थी। आदिवासी सदियों से इसी तरीक़े से अपना और अपने संसाधनों का बचाव करते आ रहे थे। लेकिन औपनिवेशिक दौर में स्थितियाँ एकदम बदल गयी थीं। आदिवासियों का मुकाबला दुनिया के सबसे ताक़तवर साम्राज्य, उसकी व्यवस्था, फौज, पुलिस, क़ानून, कोर्ट-कचहरी, उनके स्थानीय सहयोगी एजेंट (राजा, महाराजा, सामंत, ज़मींदार, साहूकार, महाजन, सूदखोर), दलालों और मुख़बिरों से था।

भारत में अंग्रेज़ी शासन की स्थापना से लेकर आज़ादी तक, सम्पूर्ण भारत वर्ष में 150 से अधिक बार देश के आदिवासियों ने अपना प्रतिरोध दर्ज़ कराया। भारतीय इतिहास में यह पहली और आखिरी बार था जब किसी साम्राज्य के ख़िलाफ़ इतना लंबा सशस्त्र संघर्ष इस विशालकाय भू-भाग में चला हो। आदिवासियों के अतिरिक्त भारत के किसी भी समाज ने इतना लंबा संघर्ष अंग्रेज़ों के ख़िलाफ़ नहीं किया।

आदिवासियों के इन प्रतिरोधों की आवाज़ को अंग्रेज़ और उनके स्थानीय एजेंटों ने संयुक्त सैन्य कार्यवाहियों से कुचलने का प्रयास किया। गाँवों में आग लगा दी गयी। पूरे समुदाय को अपराधी घोषित कर दिया गया। आदिवासी पुरखों में बहुतों को फाँसी दी गयी। कई जगह तोप के मुँह पर बाँधकर उड़ा दिया गया। कइयों को जेल में धोखे से जहर दे दिया गया। कई लोगों को गोली मार दी गयी। लेकिन आदिवासियों ने अंग्रेज़ों की गुलामी स्वीकार नहीं की। उन्होंने अंग्रेज़ों का एजेंट या सहयोगी होने का धब्बा अपने ऊपर नहीं लगने दिया। उन्होंने देश और आदिवासी समाज की आज़ादी के लिए क़ुर्बानी का रास्ता अपनाया। औपनिवेशिक भारत में आदिवासियों के तीर जंगल में बज रहे नगाड़ों की आवाज़ की तरह सुनाई देते हैं।

संविधान सभा

आदिवासियों, किसानों, जनवादी शक्तियों और कांग्रेस के सामूहिक लंबे और साझे संघर्ष के फलस्वरूप द्वितीय विश्वयुद्ध की समाप्ति के बाद कैबिनेट मिशन योजना के अंतर्गत दिसंबर,1946 में कुल 389 सदस्यीय (निर्वाचित -292, रियासत प्रतिनिधि-93, चीफ़ कमिश्नर एरिया-4) भारतीय संविधान सभा का गठन किया गया। एक लाख जनसंख्या पर एक प्रतिनिधि का प्रावधान था। तत्कालीन समय में आदिवासियों की कुल आबादी भारतीय उपमहाद्वीप की जनसंख्या का लगभग दस प्रतिशत थी। लेकिन संविधान सभा में मात्र 16 आदिवासी थे।[21] इनमें 10 निर्वाचित, 5 नामित और एक रियासत प्रतिनिधि थे।

संविधान सभा में आदिवासी मसलों के लिए ग़ैर आदिवासी गोपीनाथ बारदोलाई के नेतृत्व में 'पूर्वोत्तर सीमांत (असम) जनजातीय और बहिष्कृत क्षेत्र उपसमिति' और ए. वी. ठक्कर के नेतृत्व में 'बहिष्कृत एवं आंशिक रूप से बहिष्कृत क्षेत्र उप समिति' का गठन किया गया। जेजेएम निकोलस रॉय को पूर्वोत्तर के लिए गठित समिति और जयपाल सिंह को मध्य भारत के लिए गठित समिति का सदस्य बनाया गया।

संविधान सभा की तीन साल लंबी चर्चाओं के बाद यह परिणाम निकल कर आया- संविधान के अनुच्छेद 334 के तहत लोकसभा और राज्य विधानसभाओं में अनुसूचित जनजाति के लिए आरक्षित सीटों का प्रावधान। संविधान के अनुच्छेद 335 के अनुसार अनुसूचित जनजातियों के लिए

---

21 *निर्वाचित सदस्य : जयपाल सिंह मुंडा- बिहार, देवेंद्र नाथ सामंत मुंडा-बिहार, फूलभान शाह गोंड-मध्य प्रांत, बोनिफ़ास लाकड़ा उरांव-बिहार, जेम्स जॉय मोहन निकोलस रॉय ख़ासी-असम, रूपनाथ ब्रह्मा बोडो-असम और धरणीधर बासु मतारी बोडो-असम।*

संविधान सभा की पूर्वोत्तर समिति में नामित सदस्य : मयांग नोकचा नागा, टी अलीबा इम्ती नागा, श्री केजोहाल नागा और श्री खोलसेलों नागा।

संविधान सभा में आदिवासी रियासत प्रतिनिधि- ठाकुर राम प्रसाद पोटाई गोंड- कांकेर।

विभाजन के बाद पाकिस्तान जाने वाले आदिवासी सदस्य- स्नेह कुमार चकमा, चकमा-चटगाँव वर्तमान बांग्लादेश (नामित)। ख़ान अब्दुल ग़फ़्फ़ार ख़ान, कबाइली- सीमांत प्रांत, ख़ान मोहम्मद जोगेजाई पख़्तून-बलूचिस्तान, ख़ान अब्दुल समद पख़्तून-बलूचिस्तान

सरकारी नौकरियों में आरक्षण का प्रावधान है। संविधान के अनुच्छेद 244 में अनुसूचित क्षेत्रों और अनुसूचित जनजातियों के प्रशासन और नियंत्रण की चर्चा की गई है। संविधान में भारत के आदिवासी बाहुल्य क्षेत्रों को ट्राइबल क्षेत्र और अनुसूचित क्षेत्र में बाँट दिया गया। अनुसूची छः को पूर्वोत्तर भारत और अनुसूची पाँच को आंध्र प्रदेश, तेलंगाना, उड़ीसा, छत्तीसगढ़, गुजरात, हिमाचल प्रदेश, झारखंड, मध्यप्रदेश, राजस्थान और महाराष्ट्र में लागू किया गया। दोनों अनुसूचियों में आदिवासियों को राज्यपाल के भरोसे छोड़ दिया गया। आदिवासियों को संविधान सभा से परंपरागत अधिकारों और प्राकृतिक संसाधनों पर हक़ मिलने की उम्मीद थी लेकिन उसकी जगह उन्हें 'आरक्षण' दे दिया गया। जंगल पर कब्ज़े की जगह सरकारी योजनाओं में 'छूट' दे दी गई।

आज़ादी के बाद

भारत में औपनिवेशिक शासन की समाप्ति के बाद संविधान सभा की ज़िम्मेदारी थी कि अंग्रेज़ों द्वारा लागू किए गए तमाम क़ानूनों, व्यवस्थागत दिक़्क़तों, नीतिगत प्रावधानों को समाप्त किया जाता। नये सिरे से भारत के पुनर्गठन की प्रक्रिया प्रारंभ होती। लेकिन ऐसा हुआ नहीं। आज़ाद भारत में अंग्रेज़ी क़ानूनों ने नयी शक्ल अख्तियार की और आदिवासियों की स्थिति जैसी की तैसी बनी रही। आदिवासियों के परंपरागत अधिकारों की जगह सरकारी 'छूट' ने ले ली। साम्राज्यवादी हितों का स्थान 'राष्ट्रीय हित' ने ले लिया। राष्ट्रीय हित के नाम पर आदिवासियों के परंपरागत और सामुदायिक हक़ की कुर्बानी दे दी गई।

औपनिवेशिक दौर में ही ज़मीन को निजी संपत्ति और जंगल को राज्य की संपत्ति घोषित कर दिया गया था। आज़ादी के बाद इसमें कोई तब्दीली नहीं आयी। "औपनिवेशिक दौर में जंगल का उपयोग साम्राज्यवादी हितों के लिए किया गया। उत्तर-औपनिवेशिक दौर में राष्ट्रीय विकास के लिए इनका दोहन किया जा रहा है। ऐसे में देश के दूसरे भागों की तरह जंगल में भूमि

सुधार क़ानून लागू नहीं किया गया। जंगल में निजी संपत्ति के अधिकार को स्वीकार नहीं किया गया।"[22]

आज़ादी के बाद भूमि सुधार क़ानूनों के अंतर्गत 12 वर्ष या उससे अधिक समय से खेती कर रहे लोगों को भूमि पर मालिकाना हक़ दिया गया। लेकिन यह शर्त आदिवासियों के संबंध में जंगल पर लागू नहीं की गयी। आदिवासी अपनी ही पुरखाई ज़मीन पर अतिक्रमणकारी घोषित कर दिए गए। आदिवासियों को जंगल और उसके प्राकृतिक संसाधनों पर निजी अथवा सामूहिक मालिकाना हक़ सरकारों ने नहीं दिया। विकास कार्यों के नाम पर जब सरकारों द्वारा आदिवासियों की ज़मीनें छीनी गईं तब उन्हें भू-स्वामी न होने के चलते मुआवजा भी नहीं दिया गया।

विकास परियोजनाओं के नाम पर आदिवासियों का विस्थापन जारी है। आज़ादी के बाद से 1990 तक (उसके बाद के आंकड़े अनुपलब्ध हैं) के विस्थापितों में आधी से अधिक आबादी आदिवासियों की है।[23] महानगरों में निवासरत आदिवासियों की लगभग आधी आबादी गरीबी रेखा के नीचे

22 कमल नयन चौबे: जंगल की हक़दारी राजनीति और संघर्ष, वाणी प्रकाशन, दिल्ली, 2015, पृ. सं. 20

23 1951-1990 के दौरान भारत में विकास परियोजनाओं में विस्थापित

परियोजना का प्रकार	कुल विस्थापित (लाख)	कुल %	विस्थापितों में जनजाति(लाख)	कुल % (जनजाति)
बाँध	164.0	77	63.21	38.5
खनन	25.5	12	13.30	52.2
उद्योग	12.5	5.9	3.13	25.0
वन्यजीवन	6.0	2.8	4.5	75.0
अन्य	5.6	2.3	1.25	25.0
कुल	213.0	100	85.39	40.0

स्रोत: एस. एन. त्रिपाठी: "भारत में आदिवासी विस्थापन: उखड़ी हुई ज़िंदगियों की त्रासदी और हसदेव के दिल के लिए संघर्ष," सोसाइटी एंड कल्चर डेवलपमेंट इन इंडिया, खंड 4, अंक 1, 2024, पृ. सं.- 169-183

जीवनयापन कर रही है।[24] आदिवासी समुदाय जो पहले आत्मनिर्भर थे, अब सरकारी राशन और नेताओं के भाषण पर ज़िंदा हैं।

संवैधानिक प्रावधानों और क़ानूनों के बावजूद प्राकृतिक संसाधनों पर आदिवासियों के अधिकारों को मान्यता नहीं दी गयी। 'राष्ट्रीय वन नीति संकल्प, 1952' के अनुसार राष्ट्र हित के नाम पर स्थानीय समुदायों को वन प्रबंधन से अलग थलग रखने की नीति को वैधता दी गयी। कहा गया कि "किसी भी जंगल के फायदे से सम्पूर्ण राष्ट्र को सिर्फ़ इसलिए वंचित नहीं किया जा सकता है क्योंकि संयोगवश कोई गाँव एक जंगल के नज़दीक है।" अंग्रेज़ी हुकूमत के दौर से लेकर वर्तमान तक तमाम वन नीतियों के बावजूद आज देश के कुल भू-भाग के 24% हिस्से पर जंगल है[25] और इसका 60% क्षेत्र आदिवासी बाहुल्य जिलों के अंतर्गत है और यह आदिवासी जिलों के 37.54% भू-भाग को ढके हुए है।

औपनिवेशिक दौर में आदिवासियों, खानाबदोश समूहों और चरवाहा समुदायों के लिए वन क़ानून मृत्यु के घोषणा पत्र के समान थे। वन विभाग इन समूहों के लिए फाँसी देने वाले जल्लाद के रूप में सामने आया। प्राकृतिक जंगलों की जगह अब वैज्ञानिक वानिकी (व्यापारिक और मुनाफ़ेदार पेड़-पौधों व इमारती लकड़ी) ने ले ली। आदिवासियों को ज़बरदस्ती झूम खेती से अलग किया गया। आदिवासियों के जंगल में शिकार पर पाबंदी लगाकर 'गोरे साहबों' और 'राजाओं, सामंतों' के खेल, मनोरंजन और हैसियत दिखाने के लिए शिकारगाह तैयार किए गए। दूसरी तरफ़ 'वन्य जीव संरक्षण

24 *योजना आयोग के गरीबी अनुपात के अनुमानों के अनुसार, ग्रामीण क्षेत्रों में अनुसूचित जनजातियों की गरीबी रेखा से नीचे रहने वाली जनसंख्या का प्रतिशत 2004-05 में 62.3% से घटकर 2011-12 में 45.3% हो गया।* स्रोत: प्रेस सूचना ब्यूरो, भारत सरकार, जनजातीय कार्य मंत्रालय, 8 दिसंबर 2014

25 *कुल भौगोलिक क्षेत्रफल के प्रतिशत के रूप में वन क्षेत्र की दृष्टि से शीर्ष पाँच राज्य हैं: मिज़ोरम (84.53%), अरुणाचल प्रदेश (79.33%), मेघालय (76.00%), मणिपुर (74.34%) और नागालैंड (73.90%)।* स्रोत: फॉरेस्ट सर्वे ऑफ इंडिया रिपोर्ट 2021, पर्यावरण, वन और जलवायु परिवर्तन मंत्रालय, भारत सरकार

अधिनियम' से शिकार किए जा रहे जानवरों के संरक्षण के नाम पर फ़िर से जंगल को लूट लिया गया। बंजर ज़मीनों को भी राज्य की संपत्ति घोषित कर दिया गया।

औपनिवेशिक शासन की समाप्ति के बाद भी इस स्थिति में कोई परिवर्तन नहीं आया। वन विभाग और वन क़ानून उसी तरह लागू रहे। आदिवासियों को मालिकाना हक़ देने की जगह सरकार ने उनके 'कल्याण' के लिए 'छूट' दी। औपनिवेशिक दौर में अंग्रेज़ी नीतियों के ख़िलाफ़ सैकड़ों आंदोलनों के बावजूद 'भारत सरकार' ने वन विभाग को जंगल का मालिक बना दिया। आदिवासियों को अंग्रेज़ी फ़ॉरेस्ट क़ानून के हवाले छोड़ दिया गया।

वर्ष 2006 में भारतीय संसद ने आदिवासियों को निवास करने, सामाजिक, सांस्कृतिक ज़रूरतों को पूरा करने और आजीविका के लिए खेती योग्य भूमि पर पट्टे जारी करने हेतु 'अनुसूचित जनजाति और अन्य परंपरागत वन निवासी (वन अधिकारों की मान्यता) अधिनियम, 2006' पास किया गया। वनाधिकार अधिनियम के लागू होने के 17 वर्षों के बाद भी 50% दावों को भी स्वीकृति नहीं मिली। भारत में आदिवासियों की आबादी लगभग तेरह करोड़ है। भारत सरकार में जनजाति मंत्री विश्वेशर टुडू ने संसद में बताया कि "वनाधिकार क़ानून, 2006 के तहत अक्टूबर, 2023 तक देशभर के 45,70,932 आदिवासियों ने मालिकाना हक़ के दावे (व्यक्तिगत और सामुदायिक) के लिए आवेदन किया है। उनमें से मात्र 23,43,009 दावों (22,29,013 व्यक्तिगत और 1,13,996 सामुदायिक) स्वीकृत किए गए। इन दावों में 1,80,70,577 एकड़ वन भूमि (47,96,364 पर व्यक्तिगत और 1,32,74,213 पर सामुदायिक) पर पट्टे दिए गए।

अस्वीकार किए गए दावों के संबंध में सुप्रीम कोर्ट ऑफ़ इंडिया ने 13 फरवरी, 2019 को राज्य सरकारों को आदेश दिया कि "उन सभी व्यक्तियों, परिवारों, समूहों, समुदायों को बेदख़ल किया जाए, जिनके दावों को अस्वीकार किया जा चुका है। इसके अतिरिक्त भारतीय वन सर्वेक्षण विभाग को निर्देश

दिया कि वे 'अतिक्रमण' का सैटेलाइट सर्वे करें, और बेदखली के पहले और बाद की स्थिति का रिकॉर्ड रखें।" देशभर में आदिवासियों के विरोध के बाद 28 फरवरी, 2019 को सुप्रीम कोर्ट ने बेदखली के अपने आदेश पर रोक लगा दी। मार्च, 2024 में केंद्रीय पर्यावरण मंत्रालय द्वारा 'राष्ट्रीय हरित अधिक्रमण' (एनजीटी) को भेजी रिपोर्ट के अनुसार देश के 25 राज्यों और केंद्र शासित प्रदेशों में 13,05,668 एकड़ वन भूमि अतिक्रमण के अधीन थी।

सरकारी कागज़ों में जिसे अतिक्रमण कहा जा रहा है, ये वही आदिवासियों की परंपरागत भूमि है, जो कभी भी किसी भी राज्य के अधीन नहीं थी। किसी भी सरकार का उस पर कोई अधिकार नहीं था। अंग्रेज़ों ने कानूनों और सैन्य ताक़त के दम पर छीन लिया था। संविधान सभा के सदस्यों और भारत सरकार को आदिवासियों की अंग्रेज़ों द्वारा बेईमानी और ताक़त के बल पर छीनी गयी इस ज़मीन पर मालिकाना हक़ देना था। लेकिन आदिवासियों के साथ धोखा किया गया।

देश को अंग्रेज़ी उपनिवेशवाद से आज़ादी मिली, लेकिन आदिवासियों को उनके बनाये क़ानूनों से नहीं। आज़ादी के बाद भी आदिवासियों को अंग्रेज़ी क़ानूनों द्वारा नियंत्रित किया जाता रहा। आज जिस ज़मीन को सरकारी भूमि बताया जा रहा है, दरअसल वह सदियों से आदिवासियों के संरक्षण में थी जिन्होंने इस ज़मीन को रहने योग्य, खेती योग्य बनाया था; संरक्षित किया था। आज उन्हीं आदिवासियों को भारत सरकार अंग्रेज़ों की तरह अतिक्रमणकारी कह रही है। इन क्षेत्रों में निवासरत आदिवासी अब सरकारी अधिकारियों, वन विभाग की दया पर निर्भर हैं।

आज़ादी के बाद यह उम्मीद थी कि आदिवासी समुदायों को परंपरागत अधिकार, सामाजिक सम्मान और संवैधानिक संरक्षण मिलेगा। संवैधानिक प्रयासों के बावजूद, आदिवासियों के प्रति समाज और सरकार की दृष्टि में अनेक पूर्वग्रह बने रहे। उन्हें 'पिछड़ा' या 'असभ्य', मान लिया गया। 'विकास की दौड़ में पीछे छूटे हुए लोग' माना गया। विकास की इस अवधारणा को

पश्चिम से आयात किया गया, जिसे आदिवासी अंग्रेज़ी दौर में ही नकार चुके थे। उनकी स्वायत्त संस्कृति, परंपरा और जीवनशैली को, जो आदिवासी मूल्यों पर आधारित थी, आज़ाद भारत में भी पिछड़ेपन की निशानी समझा गया। "मुख्यधारा" में शामिल करने के नाम पर उनकी संस्कृति, भाषा और पहचान को मिटाने की कोशिश की गयी। विकास परियोजनाओं में उन्हें "स्थानांतरित" या "पुनर्वासित" करने का असफल प्रयास किया गया, लेकिन उनकी स्वायत्तता की उपेक्षा हुई।

आदिवासी पहचान को मिटाने का प्रयास हुआ, उन्हें 'वनवासी' कहकर उनकी स्वतंत्र धार्मिक और सांस्कृतिक पहचान को दबाने का प्रयास हुआ। संविधान में आरक्षण के प्रावधानों के बावजूद नीतियों का संचालन ग़ैर-आदिवासी नौकरशाही ने किया।[26]

भारत का आदिवासी समुदाय देश की प्राचीनतम संस्कृतियों और जीवन पद्धतियों को ज़िंदा रखे हुए हैं। लेकिन आज के तेज़ी से बदलते सामाजिक, आर्थिक और राजनीतिक परिदृश्य में आदिवासी समाज अनेक जटिल चुनौतियों का सामना कर रहा है। इन चुनौतियों ने उनकी पहचान, संस्कृति और अस्तित्व तक को संकट में डाल दिया है। खनन, औद्योगिक

---

26 *928 निदेशक और उससे ऊपर के पदों में से केवल 13 प्रतिशत (120 अधिकारी) अनुसूचित जाति/अनुसूचित जनजाति (SC/ST) श्रेणी से हैं, जबकि आरक्षण नीति के अनुसार 208 अधिकारियों की नियुक्ति होनी चाहिए थी। इन दोनों वर्गों के लिए कुल 22.5 प्रतिशत आरक्षण है (SC के लिए 15 प्रतिशत और ST के लिए 7.5 प्रतिशत)। वरिष्ठता स्तर बढ़ने के साथ-साथ यह प्रतिशत 15.52 प्रतिशत से घटकर मात्र 4.8 प्रतिशत रह जाता है — निदेशक स्तर से लेकर सचिव स्तर तक। केंद्र सरकार में 87 सचिवों में से केवल 4 सचिव (4.8 प्रतिशत) ही मंत्रालयों और विभागों में SC/ST वर्ग से हैं। इसी तरह, SC/ST श्रेणी से केवल 12 अतिरिक्त सचिव और 25 संयुक्त सचिव हैं, जबकि स्वीकृत पद क्रमशः 90 और 242 हैं। उप सचिव/निदेशक स्तर पर, SC/ST वर्ग से 79 अधिकारी (15.52 प्रतिशत) कार्यरत हैं, जबकि कुल पदों की संख्या 509 है।* स्रोत: 1 अगस्त 2023, द प्रिंट, https://theprint.in/india/house-panel-flags-low-sc-st-representation-in-top-govt-posts-as-low-as-4-8-against-22-5-quota/1695602/

परियोजनाओं, सड़कों, बाँधों के नाम पर आज भी आदिवासियों की ज़मीन छीनी जा रही है। आदिवासी भाषाएँ, बोलियाँ (जैसे संथाली, मुंडारी, गोंडी, भीली, मीणी इत्यादि) धीरे-धीरे लुप्त हो रही हैं।

शहरीकरण के कारण आजीविका के साधन ख़त्म हो रहे हैं। मज़दूरी करने के लिए शहरों की ओर पलायन बढ़ रहा है। आदिवासियों को उनकी पहचान खोकर 'मुख्यधारा' में शामिल होने का दबाव डाला जाता है। इससे संस्कृति का क्षरण और मानसिक असुरक्षा पैदा होती है। आदिवासी क्षेत्रों में बड़े उद्योग और खनन को विकास का नाम दिया जाता है, जबकि इससे प्राकृतिक संसाधनों की लूट और आदिवासियों की पर्यावरण आधारित जीवनशैली नष्ट हो रही है।

औपनिवेशिक दौर में ग़ैर-आदिवासी नज़रिया

औपनिवेशिक शासन के ख़िलाफ़ कांग्रेस के नेतृत्व में चल रहे आंदोलन में आदिवासियों के सवालों को जगह नहीं दी गयी। कांग्रेस और मुस्लिम लीग के आंदोलन में आर्थिक मदद का एक हिस्सा इन्हीं आदिवासी शोषकों-दिकुओं से आ रहा था। इतना ही नहीं कई जगहों पर आदिवासियों के ख़िलाफ़ राजाओं का साथ दिया गया।[27] कांग्रेस के नेताओं ने अहिंसा की नीति का हवाला देते हुए आदिवासी आंदोलनों से दूरी बना ली। उदाहरण के तौर पर 1922 में सिरोही के आंदोलनरत 'भीलों द्वारा सिरोही रियासत

27 *गांधी जी ने 23 मार्च, 1940 को हरिजन अंक में लिखा- "जहाँ तक उनकी जनता का संबंध है, राजाओं को उन पर असीमित नियंत्रण प्राप्त है। वे उन्हें अपनी इच्छानुसार बंदी बना सकते है एवं यहाँ तक कि उनको मार भी सकते है। किंतु मैं उन्हें इसके लिए दोषी नहीं मानता। इन राज्यों के ये मामले ब्रिटिश व्यवस्था का परिणाम हैं । इसलिए उन्होंने ये स्पष्ट कर दिया था कि अधिक से अधिक इन शासकों के तरीक़ों व उपायों की कटु आलोचना की जा सकती है। देशी राज्य स्वतंत्र भारत में अपने राज्यों को रख सकेंगे ।"* स्रोत: डॉ बृजकिशोर शर्मा: राजस्थान में किसान एवं आदिवासी आंदोलन, राजस्थान हिंदी ग्रंथ अकादमी, जयपुर, 2008, पृष्ठ- 110

को कर न देने पर गांधी जी ने पत्र लिखकर भीलों से कर देने की अपील की।[28] इसका मुख्य कारण यह था कि सिरोही के दीवान 'रमाकांत मालवीय' तत्कालीन कांग्रेस नेता मदन मोहन मालवीय के पुत्र थे। रमाकांत मालवीय ने गांधी जी को पत्र लिख कर आंदोलन के बारे में बताया, तो गांधी जी ने भीलों से कर देने की अपील की थी।[29] जबकि चंपारण किसान आंदोलन में गांधी जी ने किसानों के साथ करों के बहिष्कार का नारा दिया था।

आदिवासी आंदोलनों के प्रति कांग्रेस और लीग का नजरिया नज़रअंदाज़ करने वाला था। आदिवासी आंदोलनों को कांग्रेस और लीगी नेताओं ने न तो कभी सहयोग दिया और न कभी उनकी माँगों की चर्चा की गयी। 1930 के दशक तक भारतीय कुलीन और सवर्ण तबके की ब्रिटिश सरकार में गहरी आस्था थी। वे उसका हिस्सेदार बनना चाहते थे। लिहाज़ा आदिवासियों की माँगों को न तो खुलकर उठा सके और न आंदोलनों में साथ दे सके; न कभी अंग्रेज़ों की आलोचना कर सके। जबकि आदिवासियों की लड़ाई देश और अपनी मातृभूमि की रक्षा के लिए थी।

कांग्रेस के नेता सवर्ण और कुलीन वर्गों के थे। उन्हें आदिवासी समाज और उनके ज़मीन और प्राकृतिक संसाधनों के साथ रिश्तों की कोई समझ नहीं थी। मुस्लिम लीग, हिंदू महासभा, राष्ट्रीय स्वंयसेवक संघ के एजेंडे में

---

28 *गांधी जी यंग इंडिया में- "वे अपनी सभी समस्याएँ राज्य के अधिकारियों के समक्ष प्रस्तुत कर दें एवं कभी हथियार न उठाएँ। यदि वे उस कर का भुगतान रोकना चाहते हैं जिसे वे अधिक समझते हैं तो यह उनका अधिकार है, किंतु मनमानी करना कभी अधिकार नहीं है।" स्रोत:* डॉ बृजकिशोर शर्मा: राजस्थान में किसान एवं आदिवासी आंदोलन, राजस्थान हिंदी ग्रंथ अकादमी, जयपुर, 2008, पृ. सं. 108

29 *राष्ट्रीय नेता मदनमोहन मालवीय के पुत्र रमाकांत मालवीय सिरोही राज्य के दीवान थे। उन्होंने आदिवासी आंदोलन को नियंत्रित करने के लिए अपने पिता के नाम का भी उपयोग किया। संभवतः वह आदिवासियों के प्रति उदारता भी रखते हों किंतु यह उनके वर्गहित के विपरीत था। रमाकांत मालवीय ने मामले को निपटाने के लिए महात्मा गांधी व विजय सिंह पथिक तक अपनी इच्छा व्यक्त की। विजय सिंह पथिक ने इस मामले में कोई भी मदद करने से स्पष्ट इनकार कर दिया था जबकि गांधीजी ने रमाकांत मालवीय की भारी सहायता की। स्रोत:* डॉ बृजकिशोर शर्मा: राजस्थान में किसान एवं आदिवासी आंदोलन, राजस्थान हिंदी ग्रंथ अकादमी, जयपुर, 2008, पृ. सं.108

आदिवासी कहीं नहीं थे। भारतीय कम्युनिस्ट पार्टी की रुचि भी आदिवासियों की जगह किसान आंदोलनों में ज़्यादा थी, लिहाज़ा वारली आदिवासी आंदोलन को छोड़कर आदिवासियों की माँगों में उनकी रुचि न के बराबर दिखती है।

अंग्रेज़ों ने भारतीय समाज को औपनिवेशिक हितों, नस्लीय श्रेष्ठता और प्रशासनिक सुविधाओं के आधार पर वर्गीकृत किया। आदिवासियों को एक असभ्य, हिंसक और अविकसित वर्ग के रूप में देखा गया। ये पूर्वग्रह न केवल प्रशासनिक नीति में, बल्कि इतिहास, जनगणना, क़ानून और शिक्षा जैसे क्षेत्रों में भी गहरे उतर गए। आदिवासियों को 'असभ्य और बर्बर' समझा गया। आदिवासियों के विद्रोह को 'अराजक', 'हिंसक', और 'क़ानून-विरोधी' कहा गया। उनके सांस्कृतिक और भूमि-अधिकारों की लड़ाई को पहचानने की बजाय उसे क़ानून-व्यवस्था की समस्या के रूप में दर्शाया गया।

इतिहास लेखन

इतिहास लेखन किसी भी राष्ट्र की बुनियाद को मज़बूत करने का सबसे बढ़ा साधन है। भविष्य का निर्माण भी इसी बुनियाद पर संभव है लेकिन यदि बुनियाद में ही बेईमानी हो जाए तब स्थिति विकट हो जाती है। भारतीय इतिहास लेखन में आदिवासी समुदायों को या तो नज़रअंदाज़ किया गया या फ़िर उन्हें 'हाशिए' पर दर्ज़ किया गया। परंतु आदिवासी इतिहासकारों ने इतिहास लेखन के मठाधीशों को चुनौती दी है। आदिवासी इतिहासकारों ने अपने पुरखों के योगदान और राष्ट्र निर्माण में उनकी भूमिका को दर्ज़ किया है। उनका उद्देश्य ग़ैर-आदिवासी इतिहासकारों की बेईमानी को उजागर करना भी है।

इतिहास लेखन की 'मुख्यधारा' में आदिवासी समुदायों की अनुपस्थिति रही है। लेकिन अब आदिवासी विमर्श के उभार के साथ इतिहास लेखन में आदिवासियों की भूमिका, जीवन-दृष्टि, संस्कृति और प्रतिरोध को दर्ज़ किया जा रहा है। आदिवासी समाज अपनी सांस्कृतिक पहचान, सामाजिक अस्मिता, भाषा, रीति-रिवाज, परंपराओं और जीवनशैली को बचाए रखने के लिए संघर्ष कर रहा है, जिसे तथाकथित 'मुख्यधारा' अक्सर नज़रअंदाज़

करती है। आदिवासियों का संघर्ष जल, जंगल, ज़मीन और प्राकृतिक संसाधनों को लेकर भी है। लिखित स्रोतों की कमी के बावजूद आदिवासी अपने सामुदायिक अनुभव और दृष्टिकोण को दर्ज़ कर रहे हैं।

राष्ट्रवादी इतिहास लेखन का शहर और सवर्ण केंद्रित दृष्टिकोण रहा है। राष्ट्रवादी इतिहासकारों ने केवल कांग्रेस के नेतृत्व में चल रहे आंदोलनों को ही 'स्वतंत्रता संग्राम' माना। किसान और आदिवासी प्रतिरोध को केवल उपनिवेश- विरोधी संघर्ष के रूप में स्वीकार किया, लेकिन एक बेईमानी की। इन्होंने अंग्रेज़ों के स्थानीय एजेंटों को एक तरह से 'निर्दोष' की तरह पेश किया। ग़ैर-आदिवासियों- साहूकारों, महाजनों, सामंतों, ज़मींदारों, राजाओं द्वारा आदिवासियों पर किए गए जुर्म को नज़रअंदाज़ किया। आज़ादी के बाद ये सभी राजनैतिक दलों के सदस्य बनने के बाद 'राष्ट्रवादी' बन गए।

मार्क्सवादी इतिहासकारों ने वर्ग-संघर्ष की दृष्टि से आदिवासी विद्रोहों को देखा, परंतु उनकी सांस्कृतिक विशिष्टता को कम स्थान दिया। आदिवासी इतिहासकार अब आदिवासी प्रतिरोध को सामंती, उपनिवेश विरोधी ही नहीं बल्कि आदिवासी अस्मिता की लड़ाई, संसाधनों पर सामूहिक अधिकारों, आदिवासियत के मूल्यों और राष्ट्र निर्माण की प्रक्रिया के रूप में देख रहे हैं।

आदिवासी इतिहासकार अपने इतिहास को मौखिक स्रोतों, लोक-गाथाओं, गीतों और प्रतीकों के माध्यम से संरक्षित कर रहे हैं। उन्हें ऐतिहासिक तथ्यों की तरह महत्त्व दे रहे हैं और इतिहास को लिखित दस्तावेज़ों की सीमाओं से बाहर ले जा रहे हैं। असल में वे आदिवासी इतिहास में अब केवल राजनीतिक घटनाओं को ही नहीं, बल्कि उनकी सांस्कृतिक, सामाजिक और धार्मिक मान्यताओं, परंपराओं को भी समेट रहे हैं। आदिवासी धर्म, रीति-रिवाज, देवी-देवता और सामाजिक संरचनाओं का अध्ययन कर रहे हैं। ये इतिहासकार अब आदिवासी समाज को इतिहास की 'वस्तु' नहीं बल्कि 'विषय' बना रहे हैं। ये ख़ुद अपने इतिहास के लेखक और व्याख्याकार बन रहे हैं। इनकी आत्मकथाएँ, स्थानीय इतिहास लेखन और आदिवासी लेखकों की कृतियाँ इतिहास की पुनर्रचना कर रही हैं।

आदिवासी इतिहास लेखन एक परिवर्तनकारी दृष्टिकोण लेकर आया है। यह आदिवासी इतिहास को केवल शासकों और राजाओं का वृत्तांत मानने की बजाय, राष्ट्र निर्माण की प्रक्रिया के रूप में देख रहा है। यह विमर्श इतिहास में न्याय, समावेशिता और बहु-दृष्टिकोण को स्थापित करता है, जिससे इतिहास अधिक व्यापक और जनोन्मुख बनता है।

'राष्ट्र निर्माण में आदिवासी' भारत के एक राष्ट्र के रूप में उदय के लिए आदिवासी पुरखों द्वारा दी गई कुर्बानियों का जीवंत दस्तावेज़ है। यह पुस्तक आदिवासियों से अक्सर पूछे जाने वाले उस सवाल- 'आपने इस देश के लिए क्या किया है'? का जवाब है। यह किताब सरकारी फाइलों में अतिक्रमणकारी घोषित कर दिए गए उन आदिवासियों का लेखा-जोखा है, जो इस देश के मूल मालिक हैं। यह किताब उन आदिवासियों की है, जो 'धर्म-पूर्वी' हैं, लेकिन वर्तमान समय में जिन्हें धर्म की सीमाओं में बाँधने का प्रयास किया जा रहा है। यह पुस्तक विकास के नाम पर विस्थापन के शिकार आदिवासियों की लड़ाई का दस्तावेज़ है, जिन्होंने औपनिवेशिक दौर में अपनी मातृभूमि की रक्षा के लिए 150 से अधिक बार सशस्त्र संघर्ष किया था। यह किताब राष्ट्र निर्माण में आदिवासियों के योगदान की कहानी है।

इस वादे के साथ, अब यह किताब आपके हाथ में कि जिन नायकों की कहानी यहाँ नहीं दे पाया, उनके लिए अगली किताब लिखूँगा।

डॉ. जितेन्द्र मीणा

दूसरा संस्करण

पहले संस्करण को पाठकों का जैसा प्रेम मिला उसी का परिणाम है कि इतनी जल्दी दूसरा संस्करण प्रकाशित होने जा रहा है। पहले संस्करण में जो गलतियाँ रह गई थीं, उन्हें इसमें सुधारने की भरसक कोशिश की गई है।

डॉ. जितेन्द्र मीणा

विश्व आदिवासी दिवस, 2025

तिलका मांझी

अमेरिकी उपन्यासकार हावर्ड फ़ास्ट ने 'स्पार्टाकस' उपन्यास के माध्यम से 73 ई. पू. में रोमन गुलामों के विद्रोह के नायक स्पार्टाकस को आदिविद्रोही के रूप में स्थापित किया था।[1] लेकिन भारत में आदिवासियों को न सिर्फ़ उनके हक़-हुकूक से बल्कि उनकी कुर्बानी और संघर्ष को भी इतिहास की किताबों से बेदखल करने के प्रयास किए गए। इसकी वज़ह साफ़ है, आदिवासियों ने उन्हें शोषक की तरह देखा और निरंतर उनके दमन और लूट का विरोध किया। नाइजीरिया के उपन्यासकार चिनुआ अचेबे ठीक लिखते हैं- "जब तक शेरों के अपने इतिहासकार नहीं होंगे, तब तक शिकार के इतिहास में शिकारियों का महिमा मंडन किया जाता रहेगा।"[2] इसी तरह जब तक आदिवासियों के अपने इतिहासकार नहीं होंगे तब तक आदिवासियों को इतिहास की किताबों से बेदखल किया जाता रहेगा।

औपनिवेशिक दौर में अंग्रेज़ और ग़ैर-आदिवासी (सवर्ण, कुलीन, महाजन, साहूकार, ज़मींदार, राजा इत्यादि) गठजोड़ आदिवासियों के जल, जंगल, ज़मीन पर कब्ज़े की लालच में एक साथ थे। अंग्रेज़ों के जाने के बाद यह गठजोड़ सवर्ण, कुलीन, पूँजीपति और सरकार के बीच बना, जो अब भी बना हुआ है। आपसी फ़ायदे और संसाधनों पर कब्ज़े के लिए बने इस गठजोड़ के ख़िलाफ़ आदिवासियों का यह संघर्ष सिंधु घाटी सभ्यता के उत्तरार्ध में आर्यों के आगमन से लेकर आज तक अनवरत चल रहा है।

18वीं सदी के उत्तरार्ध में ब्रिटिश ईस्ट इंडिया कंपनी के शासन की स्थापना के बाद पहला सबसे ताक़तवर विद्रोह तिलका मांझी के नेतृत्व में पहाड़िया आदिवासियों की तरफ़ से किया गया। इसीलिए भारत में अंग्रेज़ी शासन और ग़ैर-आदिवासियों के शोषण और दमन के ख़िलाफ़ मुक्ति संग्राम के प्रथम लड़ाका और आदि-विद्रोही होने का श्रेय तिलका मांझी को जाता है।

---

1 हिंदी में इसका अनुवाद आदिविद्रोही के नाम से ही हुआ है।

2 *एक कहावत है- जब तक शेरों के अपने इतिहासकार नहीं होंगे, शिकार की कहानी हमेशा शिकारी की महिमा करेगी। यह बात मुझे बहुत बाद में समझ आई। जब मैंने यह समझा, तो मुझे लेखक बनना पड़ा। मुझे वह इतिहासकार बनना पड़ा। यह किसी एक आदमी का काम नहीं है। यह किसी एक व्यक्ति की ज़िम्मेदारी नहीं है। लेकिन यह ऐसा काम है जो हमें करना होगा, ताकि शिकार की कहानी में शेरों का दुख, उनका संघर्ष- और यहाँ तक कि उनकी बहादुरी भी- दर्ज़ हो सके।*- चिनुआ अचेबे, द पेरिस रिव्यू, अंक 133, शीतकालीन 1994

पहाड़िया आदिवासियों ने राजमहल की पहाड़ियों से लेकर संथाल परगना तक 1771-1791 के मध्य अंग्रेज़ों और उनके स्थानीय सहयोगियों के विरुद्ध यह विद्रोह किया था। हालाँकि बहुसंख्य भारतीय इतिहासकारों ने बेईमानी की। उन्होंने इतिहास की किताबों में अंग्रेज़ी हुकूमत के ख़िलाफ़ प्रथम विद्रोह के रूप में 1857 और विद्रोही के तौर पर मंगल पांडे दर्ज़ किया है। इतिहासकारों ने अपने पूर्वग्रहों के चलते इस बात को नज़रअंदाज़ किया कि अंग्रेज़ों के ख़िलाफ़ बग़ावत का पहला झंडा आदिवासियों ने उठाया था। 1770 के भीषण अकाल के बाद से ही आदिवासी सरदारों ने अंग्रेज़ी खजानों, अनाज गोदामों और डाक को लूटकर आम लोगों में बाँटना शुरू कर दिया था।

18वीं सदी के उत्तरार्ध में बिहार, बंगाल और झारखंड में ब्रिटिश हुकूमत की स्थापना के पूर्व पहाड़िया आदिवासी आदिम अवस्था में थे। पहाड़िया आदिवासी संथाल परगना, भागलपुर, मुंगेर, हजारीबाग, राजमहल, खड़गपुर के इलाके- जिसे जंगल तराई के नाम से जाना जाता है- में निवास करते थे। माल/मलेर पहाड़िया, राजमहल पहाड़ी के दक्षिण- पूर्वी हिस्सों में जबकि सौरिया पहाड़िया शाखा राजमहल के उत्तरी भाग में निवास करती थी।

पहाड़िया समुदाय मुख्यतः आखेटक, खाद्य संग्राहक, झूम खेती एवं वनोपज- लकड़ी, फल, फूल, पत्ते, जड़ी-बूटी पर निर्भर थे। जंगल, ज़मीन और प्राकृतिक संसाधनों पर उनका पारंपरिक अधिकार था। यही आदिवासियों की जीविका का साधन और जीवन का आधार था। गाँव के मांझी के ऊपर समुदाय की एकता को बनाए रखने और आपसी विवादों को सुलझाने की ज़िम्मेदारी होती थी।

भारत में अंग्रेज़ी हुकूमत की स्थापना के पूर्व मैदानी इलाक़ों के ज़मींदार, सामंत, राजा आदिवासी पहाड़िया सरदारों को नियमित नजराना भेजते थे।[3] व्यापारी उस भू-भाग से व्यापार करने के लिए शुल्क देते थे। इसके एवज में आदिवासी सरदारों द्वारा जान-माल की सुरक्षा की गारंटी दी जाती थी।

---

3 *संथाल क्षेत्रों में मुग़ल सेनाओं का कभी औपचारिक रूप से प्रवेश नहीं हुआ और पहाड़िया व संथाल जनजातियाँ मुख्यतः अपने पारंपरिक जीवन-यापन के तरीके को जारी रखते रहे, जो कि बिहार के उन मुखियाओं से संवाद के ज़रिये संभव हुआ जो मुग़ल प्रत्यक्ष शासन के स्थान पर वहाँ का नियंत्रण संभालते थे।* इन अ ट्रिस्ट विद द ट्राइब्स: अ कंपैरिजन ऑफ़ स्टेट- ट्राइबल रिलेशन इन प्री-कोलोनियल एंड कोलोनियल इंडिया, सग्निक भट्टाचार्य- https://www.researchgate.net/publication/342726355

दोनों पक्षों के मध्य यह अलिखित समझौता नाज़ुक कड़ी थी[4], जो एक-दूसरे को जोड़े हुए थी।

अंग्रेज़ी साम्राज्य की स्थापना के पूर्व पहाड़िया आदिवासियों ने किसी भी राजसत्ता की अधीनता स्वीकार नहीं की थी। मुग़ल बादशाह से लेकर, बंगाल के नवाबों तक कोई भी आदिवासियों के ख़िलाफ़ सफल नहीं हो पाया था; न ही किसी राज्य के साथ इनके प्रत्यक्ष सम्बन्ध थे। ये पहाड़ों और जंगल के बीच, प्रकृति की गोद में, शांति से अपना जीवन जी रहे थे।

सर्वप्रथम अंग्रेज़ी हुकूमत ने स्थानीय और ग़ैर-आदिवासी ज़मींदारों के साथ मिलकर आदिवासी क्षेत्रों की एकांतता को भंग करना शुरू किया। उन्होंने आदिवासी बाहुल्य इलाकों के नज़दीक की उपजाऊ ज़मीनों पर कब्ज़ा करना शुरू किया। आदिवासी सदियों से इन ज़मीनों को बाहरी हस्तक्षेप से बचाते आ रहे थे। वे किसी भी स्थिति में बाहरी लोगों को ये ज़मीन जोतने देने के पक्ष में नहीं थे। इन संघर्षों में पहाड़िया आदिवासियों को अपनी भौगोलिक स्थिति के कारण सफलता मिलती रही, जिसके कारण प्रतिरोध जारी रहा।

प्लासी एवं बक्सर की लड़ाई में ब्रिटिश ईस्ट इंडिया कंपनी की जीत और इलाहाबाद की संधि के तहत दीवानी अधिकार प्राप्त हो गए। राजस्व वसूली, भूमि बंदोबस्त और संपत्ति विवाद इत्यादि मामले उनके अधीन आ गए। इसी के साथ लूट और दमन का चक्र शुरू हो गया। 1769 में छोटानागपुर और संथाल परगना को भी इसमें शामिल कर दिया गया था।

---

4 चूँकि जनजातियों का बड़े राजनीतिक ढाँचे (जैसे औपनिवेशिक राज्य, कुतुबशाही या मुग़ल साम्राज्य) से संबंध मूल रूप से अप्रत्यक्ष था, इसलिए यह मान लेना उपयुक्त है कि शासन परिवर्तन के बावजूद यह पैटर्न कम से कम 15वीं शताब्दी से स्थिर बना रहा। अतः इन अंतःक्रियाओं के इन स्वरूपों का अध्ययन करके हम खोंड जनजातियों और व्यापक राज्य के बीच 'सामान्य' प्रकार के द्वंद्वात्मक संबंधों की झलक पा सकते हैं।

ये संबंध उस समय पूरी तरह से अनुष्ठानिक रूप में प्रकट होते थे और राजा स्थानीय बलिपूजन अनुष्ठानों को संरक्षकता देकर जनजातियों और उनके मुखियाओं की सत्ता को स्वीकार करता था। लेकिन जब ब्रिटिश सत्ता सर्वोच्च हुई, तो ये संबंध टूट गए और जो जनजातियाँ पहले 'मित्र' मानी जाती थीं, वे अब 'प्रजा' बन गईं। स्रोत: इन अ ट्रिस्ट विद द ट्राइब्स: अ कंपैरिजन ऑफ़ स्टेट- ट्राइबल रिलेशन इन प्री-कोलोनियल एंड कोलोनियल इंडिया, सग्निक भट्टाचार्य- , https://www.researchgate.net/publication/342726355

दीवानी अधिकारों के आधार पर ही अंग्रेज़ों ने ज़मीनों पर अपना मालिकाना हक़ जताना शुरू कर दिया था। जबकि कंपनी को अंग्रेज़ महारानी की तरफ़ से केवल व्यापार करने की इजाज़त थी, शासन की नहीं। कंपनी ने कोर्ट ऑफ़ डायरेक्टर्स के आदेश के अनुसार इस क्षेत्र में दस साल के लिए ज़मींदारी बंदोबस्त कर दिया था। परिणामस्वरूप पड़ोसी क्षेत्रों के ज़मींदार और आदिवासी सरदारों के बीच समझौते के अवसर लगभग समाप्त हो गए। सन् 1772 तक फ़ौजदारी (आपराधिक) मामले भी अंग्रेज़ी कंपनी के अधीन आ गये।

कंपनी ने ज़मींदारों और जोतदारों को जंगल काटकर स्थायी खेती करने के आदेश दिए। स्थायी कृषि का विस्तार और व्यापारिक फसलों का उत्पादन नए मुनाफ़ाखोरी पर आधारित समाज के निर्माण के लिए अनिवार्य शर्त थी। लिहाज़ा 18वीं सदी के उत्तरार्ध में झूम खेती के स्थान पर स्थायी कृषि का भारत में तेज़ी से विकास और विस्तार हुआ। अंग्रेज़ों और ग़ैर-आदिवासियों द्वारा यह कार्य आदिवासियों को तथाकथित रूप से 'सभ्य बनाने'[5] और आधुनिक समाज के निर्माण के नाम पर किया जा रहा था।

भूमि-बंदोबस्त, ग़ैर-आदिवासियों के प्रवेश और नयी प्रशासनिक व्यवस्था ने दामिन-ए-कोह के सामाजिक, सांस्कृतिक, आर्थिक और राजनैतिक संतुलन को गड़बड़ा दिया। सन् 1769-70 के अकाल ने संकट को अधिक गहरा कर दिया। खाद्यान्न संकट और बाहरी हस्तक्षेप ने पहाड़ी और दुर्गम भू-भागों में रह रहे आदिवासियों के समक्ष नयी चुनौती पेश की। नये गठजोड़ और नयी व्यवस्था के विरुद्ध भारतीयों की तरफ़ से दिया जाने वाला पहला संगठित और हथियारबंद प्रतिरोध पहाड़िया आदिवासियों की तरफ़ से हुआ जिसका मुख्य उद्देश्य अंग्रेज़ी हुकूमत और ग़ैर-आदिवासियों के बढ़ते हुए प्रभाव को समाप्त करना तथा खाद्यान्न संकट को दूर करना था।

---

5 *रुडयार्ड किपलिंग अपनी कविता 'व्हाइट मैन्स बर्डन' में कहते हैं-*

गोरे व्यक्ति का बोझ उठाओ
अपनी संतति में से श्रेष्ठतम को भेजो
अपने पुत्रों को निर्वासन दो,
ताकि वे तुम्हारे बंदियों की सेवा करें;
भारी जुए तले प्रतीक्षा करें
घबराई, जंगली भीड़ों पर
तुम्हारे नए पकड़े गए, रूठे हुए लोग,
आधे शैतान, आधे बच्चे।

अंग्रेज़ों, ज़मींदारों, साहूकारों के इस क्षेत्र में प्रवेश से आदिवासियों के मध्य टकराव बढ़ने लगा था। कंपनी ने देसी सहयोगियों की मदद से आदिवासियों के ख़िलाफ़ सैन्य दमन तेज़ कर दिया था, ताकि आदिवासियों को ब्रिटिश हुकूमत के अधीन लाया जा सके। प्राकृतिक संसाधनों, जल, जंगल, ज़मीन और मानवीय संसाधनों पर कब्ज़ा किया जा सके। परिणामस्वरूप आदिवासियों ने मैदानी इलाकों में हमले करना शुरू कर दिया।

अंग्रेज़ों ने जंगल महल क्षेत्र में राजस्व की वसूली के लिए ज़मींदारी व्यवस्था आरम्भ कर दी। उन्होंने ज़मींदारों के माध्यम से आदिवासी सरदारों को लालच और सैन्य दमन का भय दिखाकर अपने पक्ष में करना शुरू कर दिया। उन्होंने अपनी उपजाऊ और कृषि भूमि का एक हिस्सा पहाड़िया सरदारों को देने का निश्चय किया।

बंगाल के गवर्नर वारेन हेस्टिंग्स ने 1772 में राजस्व वसूली और प्रशासनिक ज़िम्मेदारियों के लिए 'कलेक्टरी व्यवस्था' की शुरुआत की। ब्रिटिश संसद द्वारा पारित रेगुलेटिंग एक्ट-1773 के तहत कलेक्टरों को राजस्व वसूली के साथ सैन्य शक्तियाँ भी दे दी गईं। ताकि अंग्रेज़ी कंपनी की पकड़ को मजबूत बनाया जा सके। कंपनी ने रॉबर्ट ब्रुक नामक अंग्रेज़ अधिकारी का क्षेत्र विस्तार करते हुए राजमहल, खड़गपुर और भागलपुर को मिलाकर के एक मिलिट्री कलेक्टरी नवम्बर, 1773 में गठित की।

"वारेन हेस्टिंग्स ने 1772 में कंपनी के पहाड़िया आदिवासियों का दमन और उनका सफाया करने के लिए 800 सिपाहियों की एक सशस्त्र सेना (जंगल तराई) का गठन कप्तान रॉबर्ट ब्रुक के नेतृत्व में किया। इसे दक्षिणी मुंगेर और भागलपुर में विद्रोही ज़मींदारों, पहाड़ी लुटेरों (आदिवासियों) का दमन कर अंग्रेज़ी शासन की स्थापना की ज़िम्मेदारी दी गई थी। अंग्रेज़ी सेना ने विद्रोही आदिवासियों के बच्चों और पत्नियों को गिरफ़्तार करके मैदानी इलाक़ों में स्थायी खेती के लिए बसाया।"[6]

कप्तान रॉबर्ट ब्रुक ने आदिवासियों के ख़िलाफ़ सैन्य दमन की नीति अपनायी। सैन्य दमन की यह नीति मैदानी इलाक़ों में रह रहे लोगों के ख़िलाफ़ सफल रही। लेकिन यह नीति आदिवासियों- पहाड़ियों के छापामार संघर्ष के ख़िलाफ़ असफल रही। ऐसे में कंपनी के अधिकारियों ने लालच, डर और बहलाने फुसलाने की नीति का अनुसरण किया।

---

6 बंगाल डिस्ट्रिक्ट गज़ेटियर; संथाल परगना, पृ. सं.- 43-44

नयी नीति के तहत कंपनी अधिकारियों ने पहाड़िया सरदारों और गाँव वालों को अंग्रेज़ी कैंपों में बुलाकर उन्हें उपहार, नकदी, अनाज देना, सम्मान देने के नाम पर पगड़ी पहनाना शुरू किया। आदिवासी बाहुल्य क्षेत्र की जनसांख्यिकी को बदलने के लिए मैदानी भागों के ग़ैर-आदिवासियों-ज़मींदारों, व्यापारियों, महाजनों को स्थायी रूप से बसाने के लिए इन क्षेत्रों में बसाया गया और इस उद्देश्य में अंग्रेज़ सफल रहे। [7]

कैप्टन रॉबर्ट ब्रुक (1772-74) के बाद कैप्टन जेम्स ब्राउन (1774-78) ने जंगल तराई इलाके में लालच, भय और बँटवारे की नीतियों का विस्तार करते हुए इन क्षेत्रों में ईस्ट इंडिया कंपनी के सेवानिवृत, घायल, बीमार और विकलांग सैनिकों और पूर्व नौकरशाहों को 'इनवैलिड जागीर'[8] के नाम से ज़मीन देना शुरू किया। इनवैलिड जागीर की नीति का मुख्य उद्देश्य पहाड़िया आदिवासियों और अंग्रेज़ों के मध्य एक बफर जोन (तटस्थ क्षेत्र) बनाना था।

सामाजिक ढाँचे में हस्तक्षेप करते हुए शांति स्थापित करने के लिए पहाड़िया सरदारों के उत्तराधिकारियों को कंपनी ने आधिकारिक मान्यता प्रदान करना शुरू किया। कुछ को सार्वजनिक रास्तों पर पुरानी चौकी बंदी (चुंगी) की व्यवस्था में बहाल कर दिया, इनके ऊपर सरकार ने थानेदार नियुक्त किए। पूर्व निर्धारित स्थानों पर हाट (साप्ताहिक बाज़ार) लगाने की अनुमति दी जाने लगी। बदले में मुचलके (शपथ पत्र) भरवाये गए, जिनमें अंग्रेज़ों के प्रति वफादार रहने का वादा कराया गया। ऑगस्टस क्लीवलैंड के इन क्षेत्रों में कलेक्टर बनने के बाद आदिवासियों ने अपना पुराना विद्रोही रूख अख्तियार कर लिया था।

---

7 *"राज्य के आदिवासी क्षेत्रों में पचास प्रतिशत भूमि ग़ैर-आदिवासी आबादी के कब्ज़े में है, जो कि 'ट्राइबल रिजर्व फॉरेस्ट एक्ट' का उल्लंघन है, लेकिन सरकार ने इसके विरुद्ध कोई कार्रवाई नहीं की है," यह कहना है योजना आयोग के पूर्व सदस्य बी.एन. युगंधर का।* स्रोत:https://www.newindianexpress.com/cities/hyderabad/2011/Jul/10/50-of-tribal-lands-in-occupation-of-non-sts-270092.html, 17 May 2012

8 *बंगाल प्रेसीडेंसी में अंग्रेज़ कंपनी की सेवा के बदले यूरोपियन अधिकारियों को इनवैलिड जागीर पेंशन और मुआवजे के तौर पर दी गई। इन्हें ज़मीनों पर राजस्व वसूली का अधिकार भी दिया गया।*

ऑगस्टस क्लीवलैंड (1754-1784) को पहाड़िया आदिवासी चिलमिल साहब के नाम से जानते थे। ये ईस्ट इंडिया कंपनी में बतौर पत्र-लेखक नियुक्त हुए। चचेरे भाई सर जॉन शोरे (गवर्नर जनरल ऑफ़ बंगाल-1793-98) और वारेन हेस्टिंग्स (गवर्नर जनरल ऑफ़ बंगाल 1772-85) से नजदीकियों के चलते 1771 में सेलेक्ट कमेटी ऑफिस में बतौर असिस्टेंट पद पर नियुक्त हुए। 1773 में राजमहल कलेक्टर के असिस्टेंट, 1774 में मुर्शिदाबाद में राजस्व परिषद् में असिस्टेंट, 1776 में भागलपुर मजिस्ट्रेट के असिस्टेंट नियुक्त किए गए और 1779 में भागलपुर कलेक्टर-मजिस्ट्रेट के रूप में पदोन्नत कर दिए गए। अंततः उन्हें दीवानी अदालत में जज बना दिया गया।

भागलपुर कलेक्टर ऑगस्टस क्लीवलैंड ने 'लालच और भय' की नीति को विस्तार देते हुए आदिवासी सरदारों[9], नायब और माँझियों को पेंशन देकर कंपनी पर आश्रित बनाने का प्रयास शुरू किया। उन्हें पेंशन के बदले क्षेत्र की सम्पूर्ण जानकारी अंग्रेज़ों को देनी थी। 1780 तक लगभग 47 आदिवासी सरदारों ने भय, भूख (अकाल के चलते अनाज संकट) और लालच में अंग्रेज़ों से पेंशन लेने पर अपनी सहमति दी। "ऑगस्टस क्लीवलैंड ने मात्र 9 महीने में 40 स्थानीय पहाड़िया सरदारों को पैसा, अनाज और कपड़ों के बदले सेना में भर्ती किया था।"[10] आदिवासी समुदायों ने ऐसे लोगों का सामाजिक बहिष्कार करना शुरू कर दिया।

अंग्रेज़ कलेक्टर ने पेंशन के जाल में जकड़े इन पहाड़िया सरदारों की सैन्य क्षमता और युद्ध कला का इस्तेमाल अंग्रेज़ी साम्राज्य को मजबूती देने और विस्तार करने के लिए किया था और इन्हें "हिल रेंजर्स" (अनियमित सेना) में भर्ती किया गया। आदिवासियों के जिन समूहों और सरदारों ने अंग्रेज़ों को चुनौती दी, उनके ख़िलाफ़ हिल रेंजर्स का इस्तेमाल कलेक्टर ने किया। यह प्रयोग काफी सफल भी रहा। आदिवासियों को आदिवासियों के ख़िलाफ़ इस्तेमाल किया।

---

9 *पहाड़िया आदिवासी परगना और टप्पास में विभाजित थे l इनके मुखिया को सरदार कहा जाता था और उनके सहायक को नायब l*

10 रेजिनाल्ड हेबर नरेटिव ऑफ़ अ जर्नी थ्रो द अपर प्रोविन्सेस ऑफ़ इंडिया, फॉर्म कलकत्ता टू बॉम्बे(1824-25), लंडन

ईस्ट इंडिया कंपनी के सर्वोच्च अधिकारियों ने इस क्षेत्र पर अपनी प्रभुसत्ता स्थापित करने के लिए हिल रेंजर्स को नियमित सेना बना दिया था। लेफ्टिनेंट थॉमस शॉ को इसका मुखिया और भागलपुर को सेना का मुख्यालय बनाया गया। कुछ समय बांद इसका नाम 'भागलपुर हिल रेंजर्स" कर दिया गया। 1857 के प्रतिरोध के बाद इसे भंग कर दिया गया था। वर्ष 1782 में 'हिल असेंबली' का गठन किया गया जो कि 1827 तक प्रशासनिक और आपराधिक मामलों की छानबीन करती थी। भागलपुर हिल रेंजर्स के सिपाहियों के बच्चों के लिए एक अंग्रेज़ी स्कूल खोला गया। 1832 में एक नयी प्रशासनिक इकाई 'दामिन ए कोह'[11] का गठन राजमहल के पहाड़ी क्षेत्र में किया गया।

तमाम प्रयासों के बावज़ूद अंग्रेज़ी हुकूमत की सभी योजनाएँ बेकार साबित हुई क्योंकि आदिवासियों ने इन क्षेत्रों में किसी बाहरी व्यक्ति को खेती नहीं करने दी, न ख़ुद की। लिहाज़ा अंग्रेज़ों ने सैन्य शक्ति के बल पर पेंशन याफ़्ता सरदारों को मैदानी क्षेत्रों में बसने के लिए मजबूर किया। अंग्रेज़ों ने आदिवासी समुदाय के आंतरिक मामलों में बाहरी हस्तक्षेप को बढ़ावा देना शुरू कर दिया था। दिकुओं के प्रवेश, राजस्व उगाही और इनवैलिड जागीर के माध्यम से बफ़र ज़ोन/मध्यवर्ती क्षेत्र बनाने की अंग्रेज़ी नीति ने आदिवासी आंदोलन की नींव तैयार की।

लालच एवं भय की नीति ने आदिवासी समाज को बाँटना शुरू कर दिया था। अंग्रेज़ी प्रभुसत्ता स्वीकार करने वाले सरदारों से राजस्व वसूल नहीं किया जाता था लेकिन बाकियों से वसूली की जाती थी। तिलका मांझी ने इन नीतियों का विरोध किया। भागलपुर में बनचरीजोर नामक स्थान पर अंग्रेज़ों पर हमला करके संघर्ष की शुरुआत की। अंग्रेज़ी खजाने और गोदामों को लूट कर आदिवासियों में बाँट दिया गया।

तिलका मांझी का जन्म वर्तमान झारखंड राज्य के संथाल परगना में स्थित राजमहल पहाड़ियों के मध्य स्थित सिंगारसी पहाड़ नामक गाँव में 11 फरवरी, 1750 हुआ था। उनके पिता सुगना मुर्मू गाँव के मुखिया (मांझी) थे। अंग्रेज़ी दस्तावेज़ों में उन्हें जोराह[12] के नाम से दर्ज़ किया गया है। स्थानीय पहाड़िया भाषा में तिलका शब्द का अर्थ गुस्सैल अथवा लाल

---

11 *वर्तमान झारखंड का साहिबगंज, पाकुड़, गोड्डा, दुमका, देवघर और जामताड़ा का क्षेत्र शामिल है।*

12 जौराह (बंगाल डिस्ट्रिक्ट गज़ेटियर; संथाल परगना, पृ. सं. 48)

आँख वाला व्यक्ति होता है और गाँव के मुखिया को मांझी कहा जाता था। पहाड़िया आदिवासियों में तिलका और जबरा नाम काफी प्रचलित है।

कुछ साहित्यिक स्रोतों, रिपोर्ट्स में तिलका मांझी के नाम का ज़िक्र ज़रूर मिलता है लेकिन उनके योगदान का विस्तार से विवरण नहीं। गीतों, कहानियों, जनश्रुतियों और वाचिक परंपरा से उनके संघर्ष और योगदान के बारे में जानकारी प्राप्त होती है। संथाल परगना गजेटियर्स में जौराह[13] पहाड़ियों का ज़िक्र हिल रेंजर्स के सरदार, कुख्यात डकैत, गुस्सैल मांझी के रूप में किया गया है जो बाद में तिलका मांझी के नाम से विख्यात हुआ।

डॉ. सुरेश कुमार सिंह ने अपनी पुस्तक 'ट्राइबल सोसाइटी ऑफ़ इंडिया'[14] में Jaora/Jourah/Jabra/Jaurah पहाड़िया और तिलका मांझी को एक ही व्यक्ति के रूप में स्वीकार किया है। धीरेन्द्रनाथ बक्शी ने 'संथाल गण संग्राम का इतिहास 1781-1785' में संथाल विद्रोह और तिलका मुर्मू[15] द्वारा कलेक्टर की हत्या का ज़िक्र किया है। उन्होंने तिलका को संथाल आदिवासी समुदाय से संबंधित बताया है।

साहित्यकार राकेश कुमार सिंह ने अपने उपन्यास 'हूल पहाड़िया' में तिलका मांझी को जबरा पहाड़िया के रूप में चित्रित किया है। महाश्वेता देवी का उपन्यास 'शालगिरह की पुकार पर'[16] में तिलका मांझी के जीवन और उलगुलान के बारे में लिखा गया है। उपलब्ध मौजूदा साहित्यिक स्रोतों और वाचिक परम्परा के आधार पर यह स्थापित हो गया है कि तिलका मांझी और कोई नहीं बल्कि जबरा/ जौराह पहाड़िया ही हैं ।

---

13 *वह राजमहल क्षेत्र का रॉब रॉय था या अधिक सटीक रूप से कहें तो रोडरिक धू जैसा था — अपनी जाति के लोगों में सबसे अधिक लोकप्रिय और मैदानों में बसने वालों के लिए सबसे अधिक भयावह।* स्रोत: संथाल परगना गज़ेटियर, पृ. सं.- 48

14 *वह रॉबिन हुड जैसा था, जो ब्रिटिश खजाना लूटकर गरीबों में बाँट देता था। उसने छापामार युद्ध (गुरिल्ला वॉरफेयर) संगठित किया जिसमें संथाल महिलाओं ने भी भाग लिया। 1784 में उसने भागलपुर पर हमला किया और ऑगस्टस क्लीवलैंड के सीने में तीर मारा जिससे उसकी मृत्यु हो गई (संभवत: ।)* स्रोत: ट्राइबल सोसाइटी ऑफ़ इंडिया, पृ. सं.-121

15 धीरेंद्रनाथ बक्शी, 'साँथाल गणसंग्रामेर इतिहास' (बांग्ला), पार्ल पब्लिशर, कोलकाता, 1960

16 *"1750 में सुंद्रा मुर्मू के घर तिलका पैदा हुआ, लड़का बड़ा होता गया, बाप संथाल समाज का मुखिया है", महाश्वेता देवी ;* शालगिरह की पुकार पर, राधाकृष्ण प्रकाशन, दिल्ली, 1984, पृ. सं. 20, 24

वर्तमान समय में झारखंड, बिहार और बंगाल के हिस्सों तक फैला हुआ संथाल परगना या दामिन ए कोह के इस क्षेत्र में 18 वीं सदी के उत्तरार्ध में ग़ैर आदिवासियों का प्रवेश शुरू हुआ। इनके प्रवेश से इस क्षेत्र का भविष्य हमेशा के लिए बदल गया।

महाश्वेता देवी लिखती हैं कि "फ़िर विदेशी आए और आते गए। धान नहीं पैदा हुआ। घर जल गये। औरतों की इज्जत लुटी। रजवाड़ों के इतिहास के साथ जन-इतिहास का मिलन हुआ। लोग भागते रहे। भागने पर भी निष्ठुर विदेशी पीछा तो करेंगे ही। सो चलो नदी के पार। विदेशी घोड़ों की पीठ से नहीं उतरते। नदी पार करके वे नहीं आयेंगे। चलो पदमा पार कर, भागीरथी पार करके। ब्राह्मण-पंडित भागे पोथी पत्रा लेकर। सुनार भागे तराजू पल्ला लेकर।

भागे दुकान उठाकर बनिए कितने।
भागे पीतल उठाकर ठठेरे कितने।
चाक-मिट्टी ले भागे कुम्हार व कमेरे।
मछली व जाल ले भागे मछेरे॥
जितने भी लोग थे गाँव में भाग गए।
विदेशियों के भय से डर से भाग गए।
लोग भागे चारों दिशाओं में जहाँ तहाँ।
छत्तीस जाति के लोग भागे यहाँ वहाँ।

सभी ज़्यादा दूर नहीं भाग पाये। जो जंगल के इस पार आ गए, उन्हें संथालों के गाँवों में शरण मिली। विदेशी चले गए, पर डर बना रहा। इसीलिए धीरे-धीरे कुम्हार-कमेरे, डोम तेली सब यहीं रह गए। विदेशियों के हंगामें के बीच ही गाँवों में एक अन्य समाज ने प्रवेश किया। आओ रहो, कुछ ज़मीन दखलिया लो। लेकिन गाँव में हमारे मुखियाँ का शासन मानना पड़ेगा। बेईमानी नहीं, झगड़ा नहीं, झूठ नहीं।

राजा कौन? शासक कौन??

मुखिया लोग हँसे- कौन राजा? कौन शासक? हम किसी को कर नहीं देते। सूबेदार? कोई सूबेदार आज तक हमारी तरफ़ आँख नहीं उठा सका। धान के बदले सूत और नमक लाते हैं। बस, बाहर की दुनिया से संपर्क ख़त्म। झुंड में चलते हैं। तीर धनुष हमेशा के साथी हैं। तुम्हारे राजा-ज़मींदार दुर्गा पूजा में हमें, पहाड़ियों को फल मिठाई-कपड़े और पगड़ी भेज सम्मान देते हैं। संबंध अच्छे रखते हैं।

तुम किसके अधीन हो?

धर्म के। अपने देवता के।

ठीक है, मान लिया। अरे, प्रेम से तो लकड़ी की पुतलियाँ वशीभूत हो जाती हैं, फ़िर ये तो दुखी कष्ट के मारे लोग हैं। गाँव गाँव में बसे डोम चमार कुम्हार समझ गए की इससे शांतिमय जीवन उन्हें कहीं नहीं मिलेगा। गाँव में रोजगार करने वालों को इतना सम्मान कभी नहीं मिलता। कोठे धान से भर गए। गोहाल में गायें। नए साल के पूस पर्व में मनसा पूजा की संथाल देख गए। बोले यह अच्छी बात हुई। कड़ाके की सर्दी। फरवरी का महीना (वर्ष 1750)। दीए में महुआ के तेल की बत्ती जलाओ, शाम ढलने पर। दूर पहाड़ पर हाथी उतरे। उनकी तीखी तेज़ आवाज़ सुनाई पड़ी। बाघ का गंभीर गर्जन भी। नवजात शिशु पैदा होने पर थाली बजने की आवाज़ सुनाई दी। लड़का हुआ है, लड़का। गाँव में सभी खुश हो गए। सुंद्रा मुर्मू के बेटा (तिलका) हुआ है।"[17]

इसीलिए तिलका मांझी ने ग़ैर आदिवासियों द्वारा जंगल, ज़मीन की लूट और उन पर हो रहे अत्याचार को बेहद करीब से देखा था। ग़ैर आदिवासियों और पहाड़िया आदिवासियों के मध्य अक्सर इसी को लेकर लड़ाइयाँ होती थी। ज़मींदार अंग्रेज़ों के साथ मिले हुए थे। तिलका मांझी के नेतृत्व में हुए विद्रोह का मुख्य उद्देश्य राजस्व वसूली, ग़ैर आदिवासियों का कब्ज़ा, डर-लालच की नीति, सैन्य कार्यवाहियों का विरोध और ग़ैर आदिवासियों (अंग्रेज़, ज़मींदार, साहूकार, जोतदारों) की सत्ता को समाप्त करना था।

सुधीर पॉल और रणेन्द्र द्वारा संपादित 'झारखंड इनसाइक्लोपीडिया' के अनुसार- "गंगा-ब्राह्मी के तराई वाले क्षेत्र मुंगेर, भागलपुर और संथाल परगना में लड़ाई हुई। इन लड़ाइयों में एक तरफ़ भागलपुर कलेक्टर ऑगस्टस क्लीवलैंड और सेनापति जनरल सर आयर कूट और अंग्रेज़ों के अधीन आदिवासी सरदारों का गठबंधन था। दूसरी तरफ़ तिलका मांझी उर्फ जबरा/ जौराह पहाड़िया।"[18]

---

17 महाश्वेता देवी; शालगिरह की पुकार पर, राधाकृष्ण प्रकाशन, दिल्ली, 1984, पृ. सं. 19-20

18 सुधीर पॉल और रणेन्द्र संपादन; झारखंड इनसाइक्लोपीडिया: उलगुलानों की प्रतिध्वनियाँ, वाणी प्रकाशन, नई दिल्ली, 2019

संथाल परगना गजेटियर में जौराह पहाड़िया का ज़िक्र 18 वीं सदी में राजमहल पहाड़ी क्षेत्र में एक डकैत के रूप में किया गया था। 19-20 वीं सदी में गुंडा शब्द अक्सर अंग्रेज़ों या बाहरी लोगों द्वारा उन आदिवासियों के लिए किया जाता था जो कि अंग्रेज़ी क़ानूनी व्यवस्था के लिए व्यवधान करते थे। यह अंग्रेज़ी के गून शब्द से आया था। जोराह पहाड़िया को सर जनरल आयर कूट ने 1300 सशस्त्र बल सेना (तीर-धनुष) का प्रमुख नियुक्त किया। ऑगस्टस क्लीवलैंड के अनुसार यह प्रथम आदिवासी था जो कि कंपनी की सेवा में आया। लेकिन कुछ ही समय पश्चात् मोह भंग हुआ और आदिवासी लड़ाकों में शामिल हो गया।

1780 में पहाड़िया सरदारों- रमना अहाडी, अमड़ा पाड़ा प्रखंड (पाकुड़- संथाल परगना) के आमगाछी पहाड़ निवासी करिया पुजहर के साथ मिलकर अंग्रेज़ों से रामगढ़ (हजारीबाग) कैंप छीन लिया। तिलका मांझी ने 1781–84 के मध्य आदिवासियों (जिनमें महिलाएँ भी शामिल थीं) को एकजुट करके भागलपुर के आसपास के क्षेत्रों में गुरिल्ला तरीकों से ब्रिटिश हुकूमत के ऊपर लगातार हमले किये। उन्होंने न कभी समर्पण किया, न कभी झुके, न डरे।

तिलका मांझी ने अंग्रेज़ी हुकूमत और दिकुओं के ख़िलाफ़ आदिवासियों और अन्य लोगों को एकजुट करना शुरू किया। शाल के पेड़ की छाल में गाँठ बाँध कर गाँव-गाँव आदिवासियों को एकजुट होने का निमंत्रण भेजा गया। मारगो दर्रा, तेलिया गढ़ी और कहलगाँव में अंग्रेज़ी खजाने को लूटकर आदिवासियों में बाँट दिया।

अंग्रेज़ों के साथ सामंत, ज़मींदार, साहूकार, महाजन और अन्य ग़ैर आदिवासियों पर हमले जारी रहे। आदिवासियों के हमलों के विरोध में अंग्रेज़ों और उनके सहयोगी ज़मींदारों ने भागलपुर हिल रेंजर्स के साथ दमन तेज़ कर दिया। आदिवासी गाँवों को जला दिया गया। गिरफ़्तारी, हत्या और संपत्ति को नुकसान पहुँचाना जैसी कार्यवाहियाँ तेज़ हो गईं।

1784 में तिलका मांझी के नेतृत्व में आदिवासियों ने भागलपुर में ब्रिटिश ईस्ट इंडिया कंपनी के हिल रेंजर्स के मुख्यालय पर हमला किया। जहर लगे तीरों से तत्कालीन भागलपुर कलेक्टर ऑगस्टस क्लीवेलैंड घायल हो गया। तिलका के हमले के बाद इलाज के लिए इंग्लैंड लौटते वक़्त एटलस

इंडिआना नामक जहाज पर हुगली नदी के तट पर ही इनकी मौत हो गई। उसे पार्क स्ट्रीट कोलकाता सिमेट्री में दफ़ना दिया गया। हालाँकि तत्कालीन स्रोतों में मौत की वज़ह बीमारी बतायी गयी, लेकिन जनश्रुतियाँ इससे अलग कथा कहती हैं।

अंग्रेज़ कलेक्टर ऑगस्टस क्लीवलैंड की मौत अंग्रेज़ कंपनी और उसके मालिकों के लिए गहरा सदमा थी। इसके बाद ब्रिटिश सरकार ने अपना दमन चक्र और तेज़ कर दिया। तिलका और उसके साथियों को पकड़ने के लिए खोजी ऑपरेशन चलाये जाने लगे। आदिवासी गाँवों को आग लगा दी गयी। हजारों आदिवासियों को मौत के घाट उतार दिया गया।[19] अंग्रेज़ों और ज़मींदारों की संयुक्त सेना ने आदिवासियों पर भीषण हमला किया। 'फूट डालो-राज करो' की नीति के तहत अंग्रेज़ों ने आदिवासियों को लालच देना और भड़काना शुरू कर दिया। अंततः किसी ने मुख़बिरी की। अंग्रेज़ सेनापति जनरल आयर कूट ने रात के अँधेरे में आदिवासियों के ठिकानों पर धावा बोल दिया। अधिकांश लोग मारे गए लेकिन तिलका मांझी ने भाग कर सुल्तानगंज की पहाड़ियों में शरण ली।

अंग्रेज़ी फ़ौज ने पूरे पहाड़ की घेराबंदी करके रसद आपूर्ति एवं अन्य दैनिक उपयोग की चीजों पर रोक लगा दी। कई महीनों की घेराबंदी के बाद आदिवासी लड़ाकों को पहाड़ी ठिकानों से निकलकर बाहर मैदानों में आना पड़ा। जहाँ दोनों पक्षों के मध्य संघर्ष हुआ। अंत में तिलका मांझी को गिरफ़्तार करके घोड़ों से बाँधकर घसीटते हुए भागलपुर ले जाया गया। वर्तमान में भागलपुर कलेक्टर ऑफिस के सामने एक चौराहे पर बरगद के पेड़ के नीचे मई, 1785 में फाँसी पर लटका दिया गया था। एक जनश्रुति के अनुसार इस समय तिलका- 'हाँसी-हाँसी, चढ़वो फाँसी' गीत गुनगुना रहे थे। इस घटना के बाद हजारों आदिवासियों ने उनकी परंपरा का अनुसरण किया।

तिलका की मौत के बाद अंग्रेज़ी हुकूमत और उसके सहयोगियों ने हूल को स्थायी रूप से समाप्त करने के लिए कई तरह के उपाय किए थे। लेकिन आदिवासियों ने तिलका की मशाल को जलाए रखा। 1788 में बीरभूम जिले में पहाड़िया आदिवासियों ने ब्रिटिश कचहरी और कोठियों,

19 डॉ. कुमार सुरेश सिंह अपनी पुस्तक 'ट्राइबल सोसाइटी ऑफ़ इंडिया' में लिखते हैं कि '*1784 में जबरा पहाड़िया उर्फ़ तिलका मांझी के जहर लगे तीर से तत्कालीन भागलपुर कलेक्टर ऑगस्टस क्लीवलैंड की मौत हो गयी थी। अंग्रेज़ी हुकूमत ने अपनी पूरी ताकत के साथ आदिवासी विद्रोह को कुचलने का और तिलका को पकड़ने का प्रयास किया।*'

महाजन, व्यापारी और ज़मींदारों के ऊपर हमले करना शुरू कर दिया था। बीरभूम जिले के शासक के केंद्र से कुछ ही मील दूर एक बड़े बाज़ार को लूट लिया गया। वे अत्याचारी महाजनों की आढ़तों से खाद्यान्न छीन ले गए। इन आक्रमणकारियों की संख्या पाँच सौ बतायी गयी है। इसके बाद उन्होंने इस अंचल के तीस-चालीस गाँवों के ज़मींदारों के अनाज के गोदाम तथा अंग्रेज़ सौदागरों की कोठियाँ लूट लीं। इन गाँवों में अंग्रेज़ों की हुकूमत का नाम-ओ-निशान मिट गया।[20] यह विद्रोह गाँवों में तेज़ी से फैला।

जनवरी के पहले सप्ताह में 500 आदिवासियों ने बांकुरा जिले के ज़मींदार के बाज़ार और अनाज गोदामों पर हमला किया। इनके हमलों के बारे में एक अंग्रेज़ ने लिखा कि "हर जगह आतंक और रक्तपात का राज था। सीमांत के प्रवेश पथ की चौकियों को फ़ौरन हटा लिया गया। 21 जनवरी, 1789 को मि. कटिंग (बीरभूम के कलेक्टर) को नियमित सेना के साथ मिलकर डाकुओं (आदिवासियों) के ख़िलाफ़ कार्रवाई करने के लिए अनियमित सैनिकों की नियुक्ति की गयी। ये विद्रोही तीन सौ से पाँच सौ सैनिकों को साथ लेकर जिले के मुफ़स्सल के शहरों को भी लूटते फ़िरते हैं।"[21] जून, 1789 में बांकुरा जिले के आलम बाज़ार पर भी आदिवासियों ने कब्ज़ा कर लिया। 1789 में विष्णुपुर के राजनगर कस्बे पर कब्ज़ा कर लिया। धीरे-धीरे पूरा बीरभूम जिला आदिवासियों के कब्ज़े में आ गया। 7 जुलाई, 1789 को कलेक्टर कटिंग ने गवर्नर जनरल को रिपोर्ट भेजी- "बन्दूकों तलवारों से लैस एक बहुत बड़ी सेना ने बीरभूम में अपना अड्डा बनाया है। अब उसे तितर बितर करना एक पूरी सेना के बिना संभव न होगा।"[22] इसके बाद अंग्रेज़ों ने बीरभूम और बांकुरा क्षेत्र के लिए अलग-अलग कलेक्टर नियुक्त कर दिया।

सांगठनिक कमजोरी, आंतरिक मतभेद और आधुनिक हथियारों के मुक़ाबले परंपरागत हथियारों के कारण 1791 तक पहाड़िया उलगुलान ख़त्म हो गया। लेकिन कुछ समय पश्चात् तिलका मांझी की प्रेरणा से भूमिज विद्रोह (1798 मानभूम), चेर (1810 पलामू), मुंडा (1819 -20), कोल (1833), भूमजी (1834), संथाल (1855), मुंडा (1895-1900) इत्यादि के रूप में उलगुलान की मशाल को आदिवासियों ने जलाए रखा।

---

20 लेफ़्टिनेंट स्मिथ के नाम बीरभूम के कलेक्टर का 10 जनवरी, 1989 का पत्र

21 डब्ल्यू डब्ल्यू हंटर, एनाल्स ऑफ़ रूरल बंगाल, पृ. सं.-47

22 डब्ल्यू डब्ल्यू हंटर, एनाल्स ऑफ़ रूरल बंगाल, पृ. सं.-47

ब्रिटिश हुकूमत के ख़िलाफ़ आदिवासियों का संघर्ष भारत की आज़ादी तक जारी रहा। आदिवासी समाज आज भी ग़ैर-आदिवासियों के ख़िलाफ़ जंगल और ज़मीन को बचाने की लड़ाई लड़ रहा है। तिलका मांझी आज भी पहाड़िया आदिवासियों की कहानियों, स्मृति गीतों में जिन्दा हैं। किसी अज्ञात कवि की लिखी हुई ये पंक्तियां पहाड़िया आदिवासियों के मध्य लोकप्रिय हैं-

"तुम पर कोड़ों की बरसात हुई,
तुम घोड़ों से बाँधकर घसीटे गए,
फ़िर भी तुम्हें मारा न जा सका।
तुम भागलपुर में सरेआम फाँसी पर लटका दिए गए,
फ़िर भी डरते रहे ज़मींदार और अंग्रेज़
तुम्हारी तिलका (गुस्सैल) आँखों से
मरकर भी तुम मारे नहीं जा सके
मंगल पांडे नहीं
तुम आधुनिक भारत के पहले विद्रोही थे।"[23]

शोषण के ख़िलाफ़ आदिवासी नायकों के संघर्षों को भुलाने की सरकारी कोशिशें आज भी जारी हैं। तिलका मांझी से लेकर जयपाल सिंह मुंडा तक तमाम लोगों को इतिहास की किताबों से बेदखल किया जा रहा है। अब भी तिलका मांझी से दशकों बाद पैदा होने वाले मंगल पाण्डेय ही आम धारणा में आज़ादी-आंदोलन के पहले सेनानी हैं। इसका अर्थ है कि तिलका मांझी का एक कर्ज़ पूरे देश पर और ख़ास तौर से आदिवासियों पर है कि उन्हें सही तरह से पहचाना जाए और राष्ट्रीय स्मृतियों में उनकी असल जगह सुनिश्चित की जाए।

सहायक ग्रंथ:

1. राकेश कुमार सिंह; हूल पहाड़िया: आदि विद्रोही तिलका मांझी की समरगाथा, सामयिक बुक्स, दिल्ली, 2014

2. महाश्वेता देवी; शाल गिरह कि पुकार पर, राधाकृष्ण प्रकाशन, दिल्ली, 1998

---

23 रीना इत्त्येरह पुरी (संपादक); ट्राइबल लीडर्स ऑफ़ द फ्रीडम स्ट्रगल, मिनिस्ट्री ऑफ़ कल्चर, भारत सरकार, 2022, पृ. सं.- 12

3. कुमार सुरेश सिंह; ट्राइबल सोसाइटी ऑफ़ इंडिया, मनोहर प्रकाशन, दिल्ली, 1985
4. एल एस एस मोली; बंगाल डिस्ट्रिक्ट गजेटियर्स- संथाल परगना, 1910
5. विलियम हंटर:- द एनाल्स ऑफ रूरल बंगाल, लंदन, 1868
6. रेजीनाल्ड हेबर; ए जर्नी थ्रू अपर प्रोविन्स ऑफ इंडिया 1824-25, लंदन, 1828
7. धीरेन्द्रनाथ बास्की; संथाल गणसंग्राम' (बंगाली), कलकत्ता, 1976
8. सुधीर पॉल और रणेन्द्र; झारखंड इनसाइक्लोपीडिया: हुलगुलानों की प्रतिध्वनियाँ, वाणी प्रकाशन, दिल्ली, 2014
9. संजय नाथ; आगस्टस क्लीवलेंड एंड द मेकिंग ऑफ ब्रिटिश ट्राइबल पॉलिसी इन संथाल परगना, जर्नल ऑफ आदिवासी एंड इंडिजिनियस स्टेडीज़, वॉल्यूम-7, नंबर-2, अगस्त 2017

यू तिरोत सिंह

भारत के पूर्वोत्तर में स्थित मेघालय अपनी प्राकृतिक सुंदरता और सांस्कृतिक विविधता के लिए प्रसिद्ध है। मेघालय की पश्चिमी खासी पहाड़ियाँ, जो कि नोंगख्लाव क्षेत्र का हिस्सा हैं, वे न केवल प्राकृतिक दृष्टि से समृद्ध हैं बल्कि ऐतिहासिक, सामाजिक और सांस्कृतिक रूप से अत्यंत महत्त्वपूर्ण भी हैं। नोंगख्लाव ऐतिहासिक क्षेत्र होने के साथ साथ खासी समुदाय की स्वतंत्रता व सांस्कृतिक धरोहर का भी केंद्र है।

नोंगख्लाव का इतिहास भारतीय उपमहाद्वीप में अंग्रेज़ी साम्राज्य के ख़िलाफ़ चल रहे स्वतंत्रता संग्राम के प्रारंभिक चरणों को उजागर करता है। यह क्षेत्र ब्रिटिश शासन के ख़िलाफ़ आदिवासियों की आज़ादी और स्वायत्तता के लिए लड़ने वाले यू तिरोत सिंह जैसे महान स्वतंत्रता सेनानी का जन्मस्थान है। उन्होंने नोंगख्लाव को औपनिवेशिक शासन के ख़िलाफ़ भारत की आज़ादी के इतिहास में महत्त्वपूर्ण स्थान दिलाया था। नोंगख्लाव का यह क्षेत्र खासी परंपराओं, कला, संस्कृति और शासन प्रणाली का भी प्रतीक है। यहाँ की शासन प्रणाली ने लोकतंत्र और सहभागिता के आदर्शों को साकार किया।

परंपरागत रूप से खासी समुदाय के लोग जैंतिया पहाड़ियों से पश्चिम की ओर निवास करते हुए इस क्षेत्र में आकर बसे थे। यह प्रवास प्राकृतिक संसाधनों, उपजाऊ भूमि और बेहतर जीवन परिस्थितियों की तलाश के कारण हुआ था। नोंगख्लाव के दो मार्ग थे। एक पहाड़ी मार्ग, यह मार्ग छोटा और सीधा था, जो कि जैंतिया पहाड़ियों से नोंगख्लाव तक पहुँचने का सबसे तेज़ रास्ता था। दूसरा था मैदानी मार्ग, यह अधिक लंबा था, जो कि कछार, नौगाँव और कामरूप के मैदानी क्षेत्रों से होकर गुजरता था। इस मार्ग ने प्रवासियों को नयी भूमि की खोज के अवसर प्रदान किए। प्रवासी खासी समुदाय अपने साथ परंपरा, सामाजिक संरचना और जीवन जीने के नये तरीक़े लाया था। उन्होंने नोंगख्लाव में बस्तियाँ बसाईं और खासी संस्कृति का विकास किया।

नोंगख्लाव राज्य का गठन 'यू शहजर' द्वारा 16वीं सदी में किया गया। वे जैंतिया राजवंश के सदस्य थे। उनके साथ आए आठ लिंगदोह (मुखिया) ने राज्य के प्रारंभिक प्रशासनिक ढाँचे की नींव रखी। यू शहजर ने नोंगख्लाव

राज्य को संगठित किया और इसे एक शक्तिशाली इकाई के रूप में स्थापित किया। उन्होंने राज्य की सीमाओं का विस्तार किया और बर्दवार जैसे महत्त्वपूर्ण क्षेत्रों को अपने अधीन कर लिया। नोंगख्लाव की शासन प्रणाली खासी परंपराओं और लोकतांत्रिक आदर्शों पर आधारित थी। इसने सत्ता में सहभागिता और सामूहिक निर्णय लेने पर जोर दिया। जयपाल सिंह मुंडा ने संविधान सभा में बोलते हुए कहा था कि "आप सब आदिवासियों को लोकतंत्र सिखा ही नहीं सकते है। बल्कि आपको ही उनसे लोकतंत्र सीखना है। आदिवासी इस धरती के सबसे अधिक लोकतांत्रिक लोग है"[1]। यूरोप में लोकतांत्रिक संस्थाओं के उदय और भारत में आधिकारिक लोकतंत्र की स्थापना के सैकड़ों वर्ष पहले।

इसी तरह नोंगख्लाव की शासन प्रणाली भी आधुनिक लोकतांत्रिक मूल्यों पर आधारित थी।

1. **सियेम (राजा):** समुदाय के प्रतिनिधियों द्वारा चुना जाता था।
2. **मिंत्री (मंत्रिपरिषद):** सियेम के सलाहकार और राज्य के प्रशासनिक मामलों के प्रमुख।
3. **दुरबार (जनसभा):** समाज के सभी वयस्क पुरुषों को शासन में भाग लेने का अवसर देती थी।

नोंगख्लाव की शासन प्रणाली में सामाजिक न्याय और समानता को प्राथमिकता दी जाती थी। प्रत्येक व्यक्ति को अपनी बात रखने और सामूहिक निर्णय लेने की प्रक्रिया में भाग लेने का अधिकार था। इसमें महिलाओं का भी महत्त्वपूर्ण योगदान था। का संगलार और का जेम जैसी महिला शासकों ने राज्य के प्रशासन में महत्त्वपूर्ण भूमिका निभायी। नोंगख्लाव के लोग अपनी भाषा, रीति-रिवाज और त्योहारों से समृद्ध थे। यहाँ के त्योहार प्रकृति और समुदाय के साथ सामंजस्य को दर्शाते हैं। यह क्षेत्र लोहे की खदानों और औजारों के निर्माण के लिए प्रसिद्ध था। नोंगख्लाव ने अहोम साम्राज्य और बांग्लादेश के बंगाली व्यापारियों के साथ व्यापारिक संबंध बनाये।

1 जयपाल सिंह; संविधान सभा, 19 दिसंबर, 1946

यू तिरोत सिंह नोंगख्लाव के सबसे प्रसिद्ध सियेम और अंग्रेज़ी साम्राज्यवाद के ख़िलाफ़ भारत की आज़ादी और मेघालय की स्वायत्तता को बनाये रखने वाले महानायक थे। तिरोत सिंह का जन्म 1802 में मावलुह के शाही परिवार में हुआ था। उन्होंने खासी परंपराओं और शासन कला में शिक्षा प्राप्त की। अंग्रेज़ों ने बर्मा से लड़ाई के बाद नोंगख्लाव पर अपनी पकड़ मजबूत करने का प्रयास किया। उन्होंने मेघालय के ख़ासी बाहुल्य क्षेत्र में सड़कों के निर्माण और व्यापार के बहाने हस्तक्षेप करना शुरू किया।

नोंगख्लाव के तत्कालीन राजा कोनकाय सिंह काफ़ी वृद्ध हो चुके थे। कोनकाय सिंह को मैदानी क्षेत्रों में चेतरा सिंह या चुत्तरा सिंह के नाम से भी जाना जाता था। 1826 में कोनकाय सिंह की मृत्यु के बाद तिरोत सिंह नोंगख्लाव की गद्दी के लिए चुने गये थे। इस समय तक बर्मी सेना की असम से वापसी होने लगी थी। अंग्रेज़ों के असम पर कब्ज़े के बाद कई महत्त्वपूर्ण घटनाएँ घटित हुईं। इनमें बर्मा और अंग्रेज़ों के बीच 1826 में 'यंदाबू की संधि' बेहद महत्त्वपूर्ण थी।

यंदाबू की संधि के बाद अंग्रेज़ों ने उत्तर-पूर्वी राज्यों के कुछ हिस्सों में अपनी सर्वोच्चता स्थापित की। यह एक शांति संधि थी जिसने प्रथम एंग्लो-बर्मी युद्ध को समाप्त कर दिया। इस संधि के अनुसार, ब्रिटिश कंपनी असम, मणिपुर, रखाइन (अराकान) और तनिंथायी (तेरासेरिम) तट पर अपना अधिकार स्थापित करेगी, इसके साथ ही कछार और जैंतिया पहाड़ी क्षेत्रों में भी उनकी सर्वोच्चता होगी।

इस संधि के बाद अंग्रेज़ों ने इन अधिकृत क्षेत्रों में चाय के बागान लगाए और यहाँ सैनिकों को तैनात किया गया। ब्रह्मपुत्र घाटी से कछार और अन्य क्षेत्रों तक जाने वाली सड़क पहाड़ी, ख़तरनाक और चुनौतीपूर्ण थी। दोनों घाटियों को जोड़ने के लिए कोई सीधी सड़क नहीं थी। ब्रिटिश पहले से ही कछार घाटी में अपनी सर्वोच्चता स्थापित कर चुके थे, लेकिन संधि के बाद भी उन्हें दोनों घाटियों के बीच संचार संपर्क बनाए रखने में कठिनाई का सामना करना पड़ रहा था। इस पर अंग्रेज़ों ने दोनों घाटियों को जोड़ने के लिए एक रणनीतिक सड़क बनाने का फैसला किया, जो गुवाहाटी से सिलहट तक जाती। इसका मतलब था कि सड़क का निर्माण खासी पहाड़ियों के

माध्यम से करना था, जिससे दूरी कम हो जाए और इसके बन जाने से कई सप्ताह का समय भी बच जाए।

उत्तरी क्षेत्र में सड़क निर्माण एवं अन्य गतिविधियों के लिए ब्रिटिश राजनैतिक एजेंट डेविड स्कॉट ने खासी पहाड़ियों के राजा यू तिरोत सिंह से संपर्क किया और उनसे सड़क निर्माण के लिए अनुमति माँगी। डेविड स्कॉट ने वादा किया था कि एक बार सड़क परियोजना पूरी हो जाने के बाद, यहाँ के खासी लोगों को अन्य क्षेत्रों के साथ मुक्त व्यापार करने का अवसर मिलेगा। स्कॉट ने यह भी वादा किया कि वह तिरोत सिंह को बोर्डवार (असम की सीमा तक पहुँचने वाला क्षेत्र) पर पूरा नियंत्रण देंगे।

यू तिरोत सिंह ने सभी आदिवासी कबीले के सभी प्रमुखों को बुलाया। उन्होंने ब्रिटिश अधिकारियों के प्रस्ताव को उनके समक्ष रखा। दो दिनों तक इस पर चर्चा चली जिसका कुछ लोगों ने विरोध किया और कुछ ने समर्थन किया। अंततः अंग्रेज़ों के प्रस्ताव को स्वीकार कर लिया गया। एक प्रमुख कारण यह था कि खासी पहाड़ियों में अच्छी सड़कें स्थानीय जनजातियों के लिए भी फायदेमंद होतीं।

परन्तु सीधे-सादे खासी लोगों को अंग्रेज़ों की चतुराई का पता नहीं था। सड़क निर्माण जोरों पर शुरू हुआ। इस बीच अंग्रेज़ों ने गुवाहाटी और सिलहट में तैनात अपनी सेना को मजबूत किया। अगर निकट भविष्य में किसी युद्ध की संभावना नहीं थी तो सेना बढ़ाने और तोपखाने में अधिक हथियार जोड़ने की क्या आवश्यकता थी? इसके अलावा आम लोगों के जीवन में हस्तक्षेप बढ़ता गया। फ़िर पता चला कि अंग्रेज़ सड़क पर टैक्स लगाने की योजना बना रहे हैं। इस सब से जनता नाराज़ होने लगी। जल्दी ही तिरोत सिंह ने अंग्रेज़ों के अंतिम उद्देश्य को समझ लिया कि वे चतुराई और विश्वासघात से पूरे पहाड़ी क्षेत्र पर कब्ज़ा करना चाहते हैं। उन्हें यह समझ आ गया था कि केवल एकजुट खासी मोर्चा ही ब्रिटिश ईस्ट इंडिया कंपनी की बढ़ती शक्ति का प्रभावी रूप से मुकाबला कर सकता है।

यू तिरोत सिंह की धरोहर एकछत्र और खासी प्रतिरोध के नेता के रूप में उनके कुशल राजनीतिक कौशल और ब्रिटिश आक्रमण के ख़िलाफ़ विभिन्न समूहों को संगठित करने की क्षमता है। तिरोत सिंह ने सिंहासन

पर आधिकारिक रूप से बैठने से पहले भी एकता को बढ़ावा देने के लिए निरंतर प्रयास किए थे। वह व्यापक रूप से यात्रा करते हुए अन्य सियेम (खासी प्रमुखों) से मिलते थे। साझा हितों और एक सामान्य खासी पहचान के आधार पर संबंध बनाते थे। उन्होंने विभिन्न खासी राज्यों की चुनौतियों को समझने की कोशिश की और ब्रिटिश विस्तार के ख़िलाफ़ एक साझा भविष्य की भावना को बढ़ावा दिया।

तिरोत सिंह का प्रारंभिक नेतृत्व बर्मा आक्रमण (1818-1826) के दौरान भी उभरा था। इस साझे बाहरी ख़तरे ने खासी मोर्चे की एकजुटता की आवश्यकता पैदा की थी और तिरोत सिंह को अपनी नेतृत्व क्षमताओं को प्रदर्शित करने का अवसर प्रदान किया। वे समझते थे कि विघटन से खासी राज्य बाहरी आक्रमणों के समक्ष कमजोर हो जाएँगे। तिरोत सिंह की रणनीतिक सोच उनके द्वारा अपने चचेरे भाई राजकुमार जिदोर और शिलांग के सियम साद तुलामाई के बीच किए गये वैवाहिक गठबंधन में स्पष्ट रूप से दिखायी देती है। यह विवाह खासी मातृसत्तात्मक परंपराओं के अनुसार हुआ। यह नोंगख्लाव और शिलांग राज्यों के बीच एक मजबूत सांस्कृतिक और पारिवारिक संबंध को स्थापित करता था। यह गठबंधन केवल राजनीतिक लाभ के लिए नहीं था बल्कि यह खासी लोगों के बीच गहरे सांस्कृतिक और पारिवारिक जुड़ाव का प्रतीक था।

तिरोत सिंह ने खासी लोगों में बढ़ते असंतोष को अंग्रेज़ों के ख़िलाफ़ एकजुट करने में कुशलता से परिवर्तित किया। खासी क्षेत्र से गुजरने वाले ब्रिटिश सड़क निर्माण, स्थानीय रीति-रिवाजों के प्रति अनादर और उनकी नीतियों से होने वाले आर्थिक विघटन ने तिरोत सिंह के लिए समर्थन जुटाने का उपयुक्त माहौल तैयार किया। तिरोत सिंह सहमतिपूर्ण निर्णय लेते थे। वह नियमित रूप से दरबार आयोजित करते थे ताकि महत्त्वपूर्ण मुद्दों पर चर्चा की जा सके और विभिन्न पक्षों की आवाज़ सुनी जा सके। इस दृष्टिकोण ने खासी लोगों के बीच स्वामित्व की भावना को बढ़ाया और उनके प्रतिरोध की ताक़त को मज़बूत किया।

यू तिरोत सिंह ने ब्रिटिश हस्तक्षेप का खुला विरोध किया। खासी राज्य की स्वतंत्रता और स्वायत्ता की रक्षा के लिए अंग्रेज़ी कंपनी के ख़िलाफ़ युद्ध

छेड़ दिया और गुरिल्ला रणनीति के माध्यम से ब्रिटिश सैनिकों को कड़ी चुनौती दी। देखते देखते यू तिरोत सिंह उत्तर-पूर्व भारत में औपनिवेशिक अतिक्रमण के ख़िलाफ़ प्रतिरोध के सबसे शक्तिशाली प्रतीक बन गये।

वे खासी पहाड़ियों में खासी साम्राज्य के नोंगख्लाव राज्य के सियेम थे। ब्रिटिश ईस्ट इंडिया कंपनी पूर्वोत्तर और बर्मा की तरफ़ अपना प्रभाव बढ़ा रही थी। प्रारंभिक समझौतों के तहत नोंगख्लाव क्षेत्र से सड़क निर्माण की अनुमति दी गयी थी। अंग्रेज़ों के विश्वासघात और मैदानी इलाकों में उनकी गतिविधियों के कारण तनाव बढ़ गया। तिरोत सिंह ने अपने लोगों की स्वायत्तता और जीवन शैली पर मँडराते ख़तरे को भाँपते हुए 4 अप्रैल, 1829 ई को नोंगख्लाव में ब्रिटिशों के ऊपर हमले के साथ ही युद्ध की घोषणा कर दी, जिससे एंग्लो-खासी युद्ध शुरू हुआ।

तिरोत सिंह के नेतृत्व की सबसे बड़ी ताक़त खासी सियेम का एक संघ बनाना था। इसी एकता के बल पर उन्होंने अंग्रेज़ों के ख़िलाफ़ लड़ाई लड़ी थी। हालाँकि यह गठबंधन सर्वव्यापी नहीं था। कुछ खासी प्रमुखों, विशेष रूप से सोहरा के यू डुवान ने अंग्रेज़ों का समर्थन किया था। तिरोत सिंह की युद्ध की रणनीतियाँ खासी पहाड़ियों के कठिन भूभाग पर आधारित थीं। उन्होंने गुरिल्ला रणनीति का उपयोग किया जिसमें गतिशीलता, अचानक हमले और भूमि के ज्ञान का लाभ उठाकर ब्रिटिश सेना के अत्याधुनिक शस्त्रों का मुकाबला किया गया। शिलांग के बोर माणिक द्वितीय ने इस संघर्ष में तिरोत सिंह के मजबूत सहयोगी के रूप में महत्त्वपूर्ण भूमिका निभायी। बोर माणिक ने न केवल सैन्य समर्थन दिया बल्कि राजनयिक प्रयासों में भी सक्रिय भूमिका निभायी थी। उन्होंने क्षेत्र के अन्य राज्यों के साथ गठबंधन बनाने के लिए व्यापक यात्रा की थी।

एक अन्य वीर योद्धा मों भूट ने भी अंग्रेज़ों के ख़िलाफ़ कई सफल हमलों का नेतृत्व किया और अपनी वीरता के लिए प्रसिद्ध हुए। युद्ध कौशल के अलावा तिरोत सिंह के पास एक ऐसा करिश्मा था जिसने उनके अनुयायियों के बीच अटूट निष्ठा को प्रेरित किया। ब्रिटिशों के प्रलोभन के बावजूद उनके अनुयायियों ने उन्हें धोखा देने से इनकार कर दिया। यह समर्थन तिरोत सिंह के प्रति गहरे सम्मान और प्रशंसा को दर्शाता है। साहसिक प्रयासों और कुछ

सफल क्षणों के बावजूद खासी सेनाएँ धीरे-धीरे अंग्रेज़ों के सामने झुकने लगी थीं। चार साल लंबे संघर्षों के बाद भी खासी समुदाय के लोग तिरोत सिंह के नेतृत्व में लड़ाई लड़ते रहे।

ब्रिटिश सेना के संसाधनों की श्रेष्ठता और खासी नेताओं के बीच विभाजन का फ़ायदा उठाने वाली कूटनीतिक चालों ने सत्ता का संतुलन कंपनी के पक्ष में कर दिया था। बोर माणिक और मों भूट जैसे प्रमुख सहयोगी भी युद्ध में शहीद हो गए जिससे तिरोत सिंह अकेले पड़ गए। 9 जनवरी, 1833 में तिरोत सिंह को एक विश्वासघात के बाद गिरफ़्तार कर लिया गया।

उनकी गिरफ़्तारी के पीछे की परिस्थितियाँ आज भी विवाद का विषय हैं। कुछ ब्रिटिश दस्तावेज़ इसे "आत्मसमर्पण" के रूप में चित्रित करते हैं, जिसमें कहा गया कि तिरोत सिंह ने खासी लोगों की सुरक्षा के लिए स्वयं को सौंप दिया। लेकिन खासी मौखिक परंपराएँ और स्थानीय स्रोत इस कथन को झूठा और भ्रामक मानते हैं। इनके अनुसार, तिरोत सिंह को एक सुविचारित ब्रिटिश योजना के तहत धोखे से गिरफ़्तार किया गया। कथित रूप से उनके आसपास के कुछ व्यक्तियों को ब्रिटिशों ने व्यक्तिगत लाभ और क्षमादान का लालच देकर बहका लिया। जब तिरोत सिंह एक गुप्त बैठक में थे, तब उन्हें वहाँ से बंदी बना लिया गया और चुपचाप ढाका ले जाया गया। ढाका में उन्हें बिना किसी सार्वजनिक मुक़दमे के निर्वासन में रखा गया। वहाँ 17 जुलाई, 1835 को उनका निधन हुआ। कुछ स्रोत इसे धीमे ज़हर या दुर्व्यवहार का परिणाम मानते हैं।

मृत्यु का कारण कुछ भी रहा हो, यू तिरोत सिंह की वीरता और स्वतंत्रता के प्रति समर्पण ने उन्हें अमर कर दिया। आज यू तिरोत सिंह मेघालय और पूरे भारत में स्वतंत्रता संग्राम के प्रतीक माने जाते हैं। आंग्ल-खासी युद्ध में खासी पराजित हुए, लेकिन तिरोत सिंह की विरासत पूर्वोत्तर और भारतीय इतिहास में हमेशा गूँजती रहेगी। उनका प्रतिरोध भले ही अंग्रेज़ों को पूरी तरह रोकने में विफल रहा, लेकिन खासी पहाड़ियों में उनके नियंत्रण को काफी समय तक टालने में अवश्य सफल रहा। तिरोत सिंह का साहस और दृढ़ संकल्प अंग्रेज़ी शासन के ख़िलाफ़ हुए प्रतिरोध आंदोलनों के

लिए प्रेरणा का स्रोत बन गया था। 1860 के दशक में यू कियांग नोंगबाह के नेतृत्व में हुए जैंतिया विद्रोह ने तिरोत सिंह के संघर्ष की स्मृति से प्रेरणा ली। तिरोत सिंह के खासी लोगों को एकजुट करने के प्रयासों ने ब्रिटिश शासन के ख़िलाफ़ उनके उत्साही प्रतिरोध की नींव रखी। हालाँकि प्रतिरोध अंततः असफल रहा, फ़िर भी इसने क्षेत्रीय राजनीतिक परिदृश्य को महत्त्वपूर्ण रूप से प्रभावित किया और खासी लोगों की सामूहिक याददाश्त पर एक अमिट छाप छोड़ी।

नोंगख्लाव ने न केवल खासी संस्कृति को संरक्षित किया बल्कि स्वतंत्रता संग्राम के दौरान अपने अदम्य साहस और समर्पण से प्रेरणा का स्रोत भी बना। आज नोंगख्लाव हमें स्वतंत्रता और सांस्कृतिक समृद्धि की याद दिलाता है। इसका इतिहास हमें यह सिखाता है कि कैसे एक समुदाय अपनी परंपराओं और स्वतंत्रता की रक्षा के लिए संघर्ष कर सकता है। नोंगख्लाव का महत्त्व समय के साथ और अधिक बढ़ता जाएगा, क्योंकि यह हमारे अतीत का गौरवशाली प्रतीक है।

सहायक ग्रंथ

1. यू हेमलेट बारेह;यू तिरोत सिंह: बिल्डर्स ऑफ़ मॉडर्न इंडिया, प्रकाशन विभाग, भारत सरकार, दिल्ली, 1984

2. जेरली आई तरिआंग: तिरोत सिंह, ग्रेटेस्ट फ्रीडम फ़ाइटर ऑफ़ नार्थ ईस्ट, नेशनल पब्लिकेशन, दिल्ली, 1990

3. हिप्शन रॉय; यू तिरोत सिंह 1802-1834, इंडियन नेशनल फैलोशिप, 1982

4. ट्राइबल लीडर्स ऑफ़ द फ्रीडम स्ट्रगल, अमर चित्र कथा, संस्कृति मंत्रालय, भारत सरकार, दिल्ली, 2022

गोकुल मीणा-भुवना मीणा

भारत की आज़ादी के आंदोलन और राष्ट्र निर्माण में मीणाओं की भूमिका अन्य आदिवासी समुदायों की तरह ही अहम रही है। कर्नल जेम्स टॉड के अनुसार मीणाओं की उत्पत्ति काड़ीखो[1] (काली खोह) जागपुर की पहाड़ियों के आस पास का क्षेत्र माना जाता है। उनका यह क्षेत्र अजमेर से यमुना के किनारे तक था। पूर्वी राजस्थान के मीणा मैदानी भागों में, जबकि खैराड़ क्षेत्र (भीलवाड़ा और बूंदी), छप्पन (चित्तौड़गढ़ के आसपास का क्षेत्र) और जोधपुर, सिरोही एवं उदयपुर के जंगल और पहाड़ी भू-भाग में निवास करते हैं। इन्हीं क्षेत्रीय पहचानों के आधार पर इनका वर्गीकरण ज़मींदार, चौकीदार, परिहार, डेढ़िया इत्यादि के रूप में हुआ। 12वीं-13वीं सदी के पूर्व तक राजस्थान के अलग-अलग हिस्सों में मीणाओं के कई छोटे-छोटे राज्य थे।

मध्यकाल में राजपूत रियासतों के मजबूत होते ही मीणाओं की स्वायत्तता और स्वतंत्रता ख़त्म होने लगी थी। हालाँकि पहाड़ी और जंगली भू-भाग में वे अब भी अपनी स्वायत्ता का लाभ उठा रहे थे और इन इलाकों से गुजरने वालों से राहदारी शुल्क वसूल कर रहे थे।[2] इसके अतिरिक्त ख़ज़ाने की रक्षा और कछवाहा राजघराने के राजतिलक का अधिकार भी इन्हीं के पास था। जेम्स टॉड के अनुसार "जिन्हें (मीणा, भील) आज तिरस्कृत कर 'नीच' कहा जा रहा है, वे कभी इस देश के मालिक थे।"[3]

---

1 जेम्स टॉड; एन्नाल्स एंड एंटीक्यूटीज़ ऑफ़ राजस्थान, वॉल्यूम 2, रूपा पब्लिकेशन, दिल्ली 1997, पृ. सं. 347

2 *'ब्रिटिश राज जिला गजेटियर, 1880–1920' में बताया गया है कि यह मीणाओं का पारंपरिक अधिकार समझा जाता था।*

3 *कर्नल टॉड के कथन का अनुवाद लेखक का है। इसे अंग्रेज़ी में पढ़ने के लिए देखें-* जेम्स टॉड; एन्नाल्स एंड एंटीक्यूटीज़ ऑफ़ राजस्थान, वॉल्यूम 2, रूपा पब्लिकेशन, दिल्ली 1997, पृ. सं. 347-348

भारत में ईस्ट इंडिया कंपनी की स्थापना के बाद देशी रियासतों के साथ की गई 'सहायक संधियों'[4] ने आदिवासी इलाकों में उनकी विस्तारवादी नीति को आगे बढ़ाया। अंग्रेज़ों के व्यावसायिक और वाणिज्यिक हितों की पूर्ति के लिए आदिवासियों के प्राकृतिक कब्ज़े में हस्तक्षेप करना शुरू कर दिया था। 1820-21 में आदिवासी मेरों[5] की बग़ावत के दमन के पश्चात् अंग्रेज़ों ने देशी रियासतों की मदद से 1832 में अजमेर में राजपूताना रेजीडेंसी की स्थापना की। अजमेर के अतिरिक्त एक मुख्यालय माउंट आबू को भी बनाया गया था। इसके अलावा कई एजेंसियाँ स्थापित की गयीं। अंग्रेज़ों द्वारा रेजीडेंसी और एजेंसी स्थापित करने का मुख्य उद्देश्य इन क्षेत्रों में अपनी पकड़ को मजबूत बनाये रखना, देशी रियासतों पर अपनी निर्भरता को कम करना तथा उन्हें नियंत्रण में रखना था।

---

4 *सहायक संधियों का मुख्य उद्देश्य ब्रिटिश साम्राज्य को मज़बूत करना और रियासतों को नियंत्रण में रखना था। इसके तहत रियासतों को निश्चित सेना रखने की अनुमति थी, अंग्रेज़ी सेना के रख रखाव का खर्च रियासत उठायेगी, रियासत अंग्रेज़ों की सहमति के बिना किसी के साथ कोई समझौता या फ़िर युद्ध की घोषणा नहीं करेगी और दरबार में एक अंग्रेज़ एजेंट को रखना होगा। सर्वप्रथम लॉर्ड वेलेजली ने हैदराबाद के साथ संधि करके 1798 में इसकी शुरुआत की थी। राजस्थान में भरतपुर (1803, 1805), करौली (1817), टोंक (1817), कोटा (1817), जोधपुर (1818), उदयपुर (1818), बूंदी (1818), बीकानेर (1818), किशनगढ़ (1818), जयपुर (1818), जैसलमेर (1819) और सिरोही (1823) ने अंग्रेज़ों के साथ सहायक संधि की थी।*

5 *मेर बाहुल्य क्षेत्र मेवाड़, मारवाड़ और आमेर रियासत के प्रभाव से मुक्त क्षेत्र था। अंग्रेज़ों ने रियासतों के साथ संधि के पश्चात् अपना कब्ज़ा करने का प्रयास शुरू कर दिया था क्योंकि आदिवासियों के अतिरिक्त अन्य कोई दूसरी चुनौती अब पूरे राजस्थान में नहीं थी। ऐसे में अंग्रेज़ों की विस्तारवादी नीति, राजस्व वसूली और नियंत्रण में लाने के प्रयासों के ख़िलाफ़ मेरों ने बग़ावत का झंडा बुलंद किया। 1819 में मेरवाड़ा क्षेत्र में लूट के मामले में अंग्रेज़ों ने मेरों के ख़िलाफ़ सैन्य अभियान शुरू कर दिया। मेर बाहुल्य क्षेत्र में पुलिस चौकियाँ स्थापित की गईं। लिहाज़ा मेरों ने बग़ावत शुरू कर दी। पुलिस चौकियों पर हमले कर उन्हें जलाना और अंग्रेज़ अधिकारियों पर हमले शुरू हो गए। अंग्रेज़ों ने बग़ावत को मेवाड़, मारवाड़ और अंग्रेज़ों की संयुक्त बटालियन के सैन्य अभियान के माध्यम से कुचल दिया। 1822 में मेरवाड़ा बटालियन गठित कर मेरों की भर्ती शुरू की गई। 1823-24 में मेवाड़ और मारवाड़ रियासत के कब्ज़े वाला हिस्सा अंग्रेज़ों को दे दिया गया तथा मेरवाड़ा बटालियन का खर्च उठाने पर सहमति जताई गई।*

देशी रियासतों द्वारा कंपनी का संरक्षण और प्रभुत्व स्वीकार करने के बाद गवर्नर जनरल लॉर्ड हेस्टिंग्स ने कंपनी की सार्वभौमिक सत्ता (सर्वोच्चता) स्थापित करने के बाद राजपूताने में रियासतों को चुनौती देने वाले मीणाओं, मेर और भीलों की तरफ़ ध्यान दिया। मीणा अपने खोए हुए गौरव को प्राप्त करने का प्रयास कर रहे थे। इसके लिए उन्होंने मराठों का साथ दिया और लिया भी। सहायक संधियों के बाद जो सदस्य सेना से अलग हो गए थे वे मीणाओं, मेरों और मेवातियों के समूहों के सदस्य बन गए थे और अंग्रेज़ों की बढ़ती हुई ताक़त को चुनौती देना शुरू कर दिया था। अंग्रेज़ चौकियों पर हमले, अधिकारियों पर हमले, अनाज गोदामों की लूट, चुंगी वसूल करना, अंग्रेज़ी खजाने को लूटना इनका प्रमुख कार्य था।

लॉर्ड हेस्टिंग्स ने 1821 में अंग्रेज़ सेना की एक टुकड़ी मीणाओं के दमन के लिए भेजी थी। सेना ने उनके गाँवों को जला दिया। सुरक्षित स्थानों को भी नष्ट कर दिया गया। कुछ लोगों को दमन के बाद सेना में भर्ती कर लिया गया, शेष ने स्वतंत्र और स्वायत्त जीवन जीने के प्रयास शुरू कर दिए थे और रियासतों और अंग्रेज़ अधिकारियों पर उनके हमले जारी रहे। विलियम बेटिंग के दौर में अंग्रेज़ों ने मीणाओं के दमन और सुधार की नीति का अनुसरण किया। ठगी के मामलों में गिरफ़्तार मीणाओं को सुधार की नीति के तहत अन्य कार्यों में लगाया गया।

मेर आंदोलन के दमन और रियासतों पर नियंत्रण स्थापित करने के बाद अंग्रेज़ों ने भील और मीणा बाहुल्य इलाकों पर ध्यान देना शुरू किया। लिहाज़ा सन् 1818-1860 के मध्य राजस्थान के अलग अलग हिस्सों में भीलों की बग़ावत जारी रही। इसे कुचलने के लिए अंग्रेज़ों ने 1841 में भील कॉर्प्स की स्थापना की। लेकिन लड़ाइयाँ जारी रहीं। सन् 1851-1860 के मध्य खैराड़ क्षेत्र (भीलवाड़ा, बूंदी) के मीणाओं ने भी अंग्रेज़ों की विस्तारवादी नीति और रियासती गठजोड़ के ख़िलाफ़ बग़ावत कर दी थी।

अंग्रेज़ों के हस्तक्षेप से पहले खैराड क्षेत्र के मीणा व अन्य आदिवासी समुदाय स्वतंत्र और स्वायत्त जीवन यापन कर रहे थे। इनके पास राहदारी

कर वसूल करने के अधिकार प्राप्त थे। मेवाड़ रियासत की केवल नाममात्र की सत्ता स्वीकार थी लेकिन अंग्रेज़ों ने प्रत्यक्ष तौर पर नियंत्रण स्थापित करने के प्रयास शुरू किए।

प्रसिद्ध विद्वान कविराज श्यामलदास लिखते हैं- "जहाजपुर परगने के दो भाग हैं, जिनमें पहला भाग बनास नदी के पश्चिम की तरफ़ किसानों की आबादी का है, जहाँ की ज़मीन बिल्कुल समतल है। पहाड़ का कहीं नामो-निशान तक नहीं दिखाई देता जबकि दूसरा भाग बनास नदी के पूर्व की तरफ़ वाला है, जिसमें लोहारी, गाडोली, तिकड़, इटोंडा, शुकरगढ़ और सरसिया वगैर मीणाओं की आबादी के बड़े-बड़ें गाँव हैं। इनमें सरकारी आदमियों के रहने के लिए छोटी-छोटी गढ़ियां बनाई गई हैं। जहाजपुर परगना जयपुर और बूंदी की अमलदारी से लेकर कोटा, झालावाड़, सिंधिया और होलकर की अमलदारी तक ख़ैराड के नाम से प्रसिद्ध है, परंतु इसके अंतर्गत छोटे-छोटे कई जिले हैं- यानी उपरमाल, आंतरी, पठार, कुंडल और पंचेल वगैरह। ख़ैराड के उत्तरी हिस्सों में ज़्यादातर मीणाओं की आबादी और दक्षिणी हिस्सों में मीणाओं के साथ दूसरी क़ौमों के लोग भी बसते हैं। खैराड की ज़मीन की यह तासीर है कि इस प्रांत में रहने वाले ब्राह्मण, बनिए और किसान तक भी बहादुर होते हैं, लेकिन निर्दयी और जुल्म से भरे हुए।"[6]

मेवाड़ महाराणा स्वरूप सिंह ने वर्ष 1851 में जहाजपुर परगने (वर्तमान में भीलवाड़ा जिले की तहसील) में मेहता रघुनाथ सिंह को अपना नया हाकिम नियुक्त किया। रघुनाथ सिंह अधिकाधिक राजस्व वसूल कर रहा था। दूसरी बात यह थी कि अजमेर क्षेत्र में डाका डालने वाले लुहारी गाँव के मुजरिम फ़रार थे, जिनकी गिरफ़्तारी के लिए अंग्रेज़ सरकार का हुक्म था। अंग्रेज़ों ने मेवाड़ महाराणा पर दबाव बनाया। महाराणा ने रघुनाथ सिंह की शक्ति में इज़ाफ़ा करते हुए उन्हें रामसी, गलूंड सहांडा और रेलमगरा परगना भी सौंप दिया।

---

6 कविराज श्यामल दास; वीर विनोद, अठारहवाँ प्रकरण, भाग 1, राजस्थानी ग्रंथागार, जोधपुर, 1886, पृ. सं. 165

ऐसे में खैराड़ क्षेत्र के मीणाओं ने गोकुल पटेल और भुवना पटेल के नेतृत्व में बग़ावत शुरू कर दी।[7] आदिवासियों ने खैराड, अजमेर, मेरवाड़ा क्षेत्र में महाजनों को लूटना, राजस्व अधिकारियों पर हमले करना, अंग्रेज़ों के नियंत्रण वाले क्षेत्रों पर हमले करना ज़ारी रखा। अंग्रेज़ों की सिफारिश पर रघुनाथ सिंह को हटाकर अजीत सिंह को हाकिम नियुक्त कर बग़ावत का दमन करने की ज़िम्मेदारी दी। जलिंधरी के जागीरदार अमरसिंह को भी उनके साथ भेजा गया।

मेवाड़ महाराणा के आदेश पर "हाकिम अजीत सिंह ने मीणा सरदारों की बग़ावत को कुचलने के लिए मांडलगढ़, भैंसरोड़, बिजौलिया, जहाजपुर, शाहपुरा, बनैडा के जागीरदारों की सेना लेकर संयुक्त अभियान शुरू किया। इसके अतिरिक्त भीम पल्टन एवं एकलिंग पल्टन[8] के निशान तथा जहाजपुर की तैनाती के कुल पैदल सवार दो तोपें, ऊँट साथ ले कर शक्तावत अमरसिंह की सलाह के मुताबिक मेहता अजीत सिंह मीणाओं को सज़ा देने के लिए जहाजपुर से रवाना हुए।"[9]

मेवाड़ महाराणा ने राजपूताना में गवर्नर जनरल के एजेंट के माध्यम से यह बंदोबस्त किया कि जयपुर, टोंक और बूंदी के राजा रियासत की सीमाओं पर चौकसी बढ़ा दें और अपने इलाके के मीणाओं को खैराड़ क्षेत्र में आने से रोकें। अंग्रेज़ी आदेश पर जयपुर, टोंक और बूंदी रियासतों ने भी जहाजपुर के मीणा सरदारों की चौतरफ़ा घेराबंदी शुरू कर दी थी। इन रियासतों से जहाजपुर मीणा सरदारों को पहुँचने वाली रसद और सैन्य मदद पर रोक लगाने के प्रयास किए गए।

---

7 *इन दोनों मीणा सरदारों के बारे में बहुत कम जानकारियाँ मिलती हैं। कोई पूछ सकता है कि जब इनसे भी पहले के नायक तिलका मांझी और तिरोत सिंह आदि के बारे में इतना सब कुछ दर्ज़ है तो गोकुल और भुवना के बारे में क्यों नहीं? ऐसा इसलिए कि अंग्रेज़ी प्रशासन में हर बात का रिकॉर्ड रखने की परंपरा थी लेकिन राजाओं और रियासतों में ऐसी कोई परंपरा नहीं थी। इसलिए कविराज श्यामलदास और छिटपुट उल्लेखों के अलावा और कोई विस्तृत स्रोत नहीं मिलता। ऐसी आशा कर सकते हैं कि निकट भविष्य में इन मीणा नायकों के बारे में हमारे पास और जानकारियाँ होंगी।*

8 *पलटन के सिपाहियों को मीणाओं द्वारा हिक़ारत से लीलिया और मियांकड़ा (मिया का अपभ्रंश था) कहा जाता था क्योंकि सिपाहियों की वर्दी में काला दाग होता था।*

9 कविराज श्यामल दास; वीर विनोद, अठारहवाँ प्रकरण, भाग-1, राजस्थानी ग्रंथागार, जोधपुर, 1886, पृष्ठ- 1953

मेवाड़ रियासत ने हाकिम अजीत सिंह के नेतृत्व में संयुक्त सैन्य अभियान चलाकर जहाजपुर के मीणा सरदारों के गाँव- बड़ी लुहारी और छोटी लुहारी पर हमला कर दिया। आदिवासियों ने इस संयुक्त सैन्य अभियान का जमकर मुकाबला किया। लेकिन सेना के संगठित होने और संख्या बल में अधिक होने के कारण मीणाओं को पीछे हटना पड़ा। वे भागकर मनोहर गढ़ और देव खेड़ा की पहाड़ियों की तरफ़ चले गए। अजीत सिंह ने उनका पीछा किया और "चंद मीणाओं के सर काट दिए और उनकी माँदों को[10] जला दिया। इस समय दोपहर का वक्त करीब आ गया था और जेठ का महीना होने के कारण गर्म हवा भी बड़े ज़ोर शोर से चलने लगी थी। लेकिन अजीत सिंह ने इन बातों का लिहाज न करके अपने साथ की सेना को उन तीन चार हज़ार मीणाओं पर जो अपने बाल बच्चों सहित मनोहर गढ़ और देव के खेड़े की पहाड़ी पर जमा हो रहे थे, हमले का हुक्म दिया।"[11]

मेहता अजीत सिंह के नेतृत्व में चल रही इस सैन्य कार्यवाही को देखते हुए धांधोला के जागीरदार रत्नसिंह राणावत ने कहा कि "इस वक्त धूप बहुत सख़्त पड़ रही है और हवा का भी जोर है, मीणा लोग अपने बाल बच्चों की हिफ़ाज़त के लिए मरने को तैयार हैं, फौज के लिए पीने के पानी का पूरा बंदोबस्त नहीं है, जो मश्कें और पखालें आती हैं; वे जिनके हाथ पड़ती हैं वही लूटकर पी जाते हैं, मारे प्यास के सैकड़ों आदमियों का दम होंठों पर आ रहा है, इसके अलावा जयपुर, टोंक व बूंदी इलाके के हजारों मीणा उनकी मदद के लिए तैयार हैं और आज अपनी किसी कदर फ़तह भी हो चुकी है, इसलिए मुनासिब है कि कल सुबह के वक्त हमला किया जाए। दूसरे सरदारों और अफ़सरों ने भी रत्नसिंह की सलाह के माफिक ही करने को कहा। लेकिन अमरसिंह सहमत नहीं हुआ और बोला कि 'ये सब लोग मालिक का काम छोड़कर अपने शरीर को आराम चाहते है अगर कोशिश की जाये, तो थोड़े से मीणा जो इस टेकरी(पहाड़ी) में छिप रहे है, अभी मारे जावें या गिरफ़्तार कर लिए जाएँगे।"[12]

---

10 *माँद उन फूँस से छाये हुए और काँटों की बाड़ से घिरे हुए उन छप्परों को कहते है जिन्हें मीणा लोग मुसीबत के वक्त अपने बाल बच्चों एवं मवेशिओं सहित रहने के लिए झाड़ी में बना लेते थे।*

11 कविराज श्यामल दास; वीर विनोद, अठारहवाँ प्रकरण, भाग 1, राजस्थानी ग्रंथागार, जोधपुर, 1886, पृष्ठ- 1953

12 कविराज श्यामल दास; वीर विनोद, अठारहवाँ प्रकरण, भाग 1, राजस्थानी ग्रंथागार, जोधपुर, 1886, पृष्ठ- 1954

अमरसिंह की सलाह पर अजीत सिंह ने फौरन सिपाहियों को हमले के लिए आदेश दिया। तोप का लंगर पकड़कर ख़ुद सबसे आगे बढ़ा। मीणाओं ने बचाव की सूरत न देखकर डुडकारी[13] मारी और मुक़ाबले के लिए तैयार हो गए। फौज की तरफ़ से तोपें और बंदूकें चलने लगीं, जिसका ज़वाब में मीणाओं ने तीर, गोफन और गोलियाँ चलाकर दिया।

यह ख़बर जयपुर, टोंक और बूंदी क्षेत्र के मीणा सरदारों के पास पहुँची तो उन्होंने जहाजपुर के सरदारों की मदद करने का निर्णय लिया। लेकिन मेवाड़, जयपुर, बूंदी और टोंक रियासतों ने जहाजपुर पहुँचने के तमाम रास्तों पर निगरानी बढ़ा दी थी ताकि किसी भी प्रकार की बाहरी सहायता जहाज़पुर के मीणा सरदारों को न मिल पाए। इसके बावजूद "तमाम प्रतिबंधों के उपरांत भी लगभग 5000 मीणा जहाजपुर के सरदारों की सहायता के लिए पहुँच गए थे। वे चारों तरफ़ से घेरकर गोली व तीरों की बौछार करने लगे। सघन झाड़ी, गर्म हवा, धूप और प्यास के मारे मेवाड़ की सेना पहले से घबरा रही थी और इसी समय झाड़ियों की आड़ में मीणाओं ने जमा हो कर उन्हें अपना निशाना बना लिया।

धाँधोला के जागीरदार रत्नसिंह ने मीणाओं को गाली देते हुए कहा "ढेढ़ों (नीच) तुमको मेवाड़ में रहना है या नहीं, याद रखो तुमने जो श्री दरबार के सैंकड़ों राजपूत और सिपाही मार डाले हैं, उनका बदला लिया जाएगा।"[14] इस अभियान में संयुक्त सेना के लगभग 57 लोग मारे गए।[15] लेकिन इस सैन्य अभियान में कितने मीणा आदिवासी शहीद हुए इसकी जानकारी किसी भी स्रोत से नहीं मिलती है। मेहता अजीत सिंह हार के बाद जहाजपुर से मेवाड़ लौट गए। जहाजपुर में इस मीणा बग़ावत का झंडा बुलंद

---

13 *जिस तरह भीलवाड़ा के भील बुलंद आवाज़ से 'फाइरे फाइरे' कहकर किलकारी मारते हैं, उसी तरह खैराड़ के मीणा लड़ाई के समय 'डू डू डू डू' पुकारते हैं।*

14 कविराज श्यामल दास; वीर विनोद, अठारहवाँ प्रकरण, भाग 1, राजस्थानी ग्रंथागार, जोधपुर, 1886, पृष्ठ- 1954

15 डॉ बृज किशोर शर्मा; राजस्थान में किसान एवं आदिवासी आंदोलन, राजस्थान हिंदी ग्रंथ अकादमी, जयपुर, 2008, पृ. सं.- 42

करने वाले मीणा सरदारों में लुहारी गाँव के गोकुल पटेल और गाडौली के भुवना पटेल[16] प्रमुख थे। रियासतों और जागीरदारों की संयुक्त सेना की मीणा आदिवासियों के ख़िलाफ़ ये हार मेवाड़ रियासत और अंग्रेज़ों के लिए असहनीय थी। इस हार ने मेवाड़ की सैन्य कमज़ोरियों को अंग्रेज़ों के सामने उजागर कर दिया था।

मेवाड़ रियासत के नेतृत्व में चले इस संयुक्त सैन्य अभियान की विफलता के बाद एजेंट टू गवर्नर जनरल राजपूताना ने जयपुर, टोंक एवं बूँदी पर दबाव डाला कि तुम्हारे इलाक़े का बंदोबस्त न होने के कारण मेवाड़ की फौज का नुक़सान हुआ है। इसके बाद तीनों रियासतों ने मीणाओं को सज़ा देने के लिए अपनी-अपनी फ़ौजें रवाना कीं। दिसंबर, 1854 में मेवाड़ महाराणा ने प्रधान मेहता शेरसिंह, मेहता गोपालदास, चौधरी हमीरसिंह को जहाजपुर भेजा। गवर्नर जनरल इन राजपूताना के एजेंट सर हेनरी लॉरेंस, मेवाड़ के पॉलिटिकल एजेंट जॉर्ज लॉरेंस, हाड़ौती पॉलिटिकल एजेंट बर्टन कोटा कंटिनजेंट पल्टन को लेकर मीणा सरदारों के आंदोलन का दमन करने के लिए जहाजपुर पहुँच गए थे।

ये वही समय था जब झारखंड और छत्तीसगढ़ के इलाकों में संथाल अंग्रेज़ी साम्राज्य को सबसे बड़ी चुनौती पेश करने की तैयारी कर रहे थे। महीने भर लंबे इस सैन्य अभियान के बाद मीणा सरदारों को ख़त्म कर दिया गया। लुहारी और देवा का खेड़ा के बीच वाली माँदों की झाड़ी कटवाकर साफ़ मैदान कर दिया गया।

भविष्य में फ़िर से ऐसी कोई चुनौती मीणा सरदार न दे सकें, इसके लिए अंग्रेज़ों ने जगह-जगह पुलिस चौकियाँ और रियासती थाने स्थापित कर दिए। फरवरी 1855 में अजमेर, मेवाड़, जयपुर और बूंदी की सीमाओं के मध्य देवली में एक अंग्रेज़ सैन्य छावनी स्थापित की, जिसे मीणा बटालियन के नाम से जाना गया। मीणा बटालियन में ज़्यादातर मीणाओं की भर्ती की गई ताकि मीणाओं और अन्य आदिवासी समूहों को जो पहाड़ी और जंगल

---

16 *मीणाओं में 'पटेल' उपजाति या गोत्र का नाम न होकर पद नाम है। इसका अर्थ कुल/ थोक का मुखिया होता है।*

के क्षेत्रों में निवासरत हैं, उन्हें आंदोलन से रोका जा सके। 1861 के बाद से मीणा बटालियन को मीणा कॉर्प्स के नाम से जाना गया।

जनवरी, 1860 में जहाजपुर के मीणा सरदारों ने एक बार पुनः बग़ावत का झंडा बुलंद किया। अजमेर मेरवाड़ा क्षेत्र में अंग्रेज़ सिपाहियों, दुकानों और गाँवों को लूट लिया गया। मेवाड़ के महाराणा स्वरूप सिंह ने एक बार फ़िर से अपने विश्वासपात्र चंदन सिंह के नेतृत्व में 29 जनवरी, 1860 को फौज को जहाजपुर रवाना किया। "महाराजा चंदन सिंह ने फौज सहित खैराड़ पहुँचकर गाडोली और लुहारी वगैरा गाँव के मीणाओं को खूब सज़ा दी। उनके गाँवों को लूट लेने के अलावा पाँच या छ: आदमियों को तोप से उड़वा दिया। बहुत से मीणाओं को गिरफ़्तार कर लिया गया। वयस्क मीणा पुरुषों को पुलिस थानों में हाज़िरी लगाने के लिए बाध्य किया गया, जो उस समय से अब तक (1886 में वीर विनोद के लिखे जाने के वक्त तक) बराबर जारी चला आता है।"[17]

जहाजपुर के मीणाओं की बग़ावत ने उन्हें आपराधिक जनजाति अधिनियम के दायरे में ला दिया। 1860 में जहाजपुर के वयस्क पुरुष मीणाओं के लिए पुलिस थाने में हाजिरी को अनिवार्य कर दिया गया था। "1863 में अलवर के पॉलिटिकल एजेंट मेजर इंपे ने चौकीदार मीणाओं को पुलिस की निगरानी में रहने का आदेश दिया। मेजर काडेल ने मीणा जाति की एक सूची बनाई और उनके रहने, घूमने, आने, जाने, आदि से संबंधित कठोर नियम बनाये गए। उनके एक स्थान से दूसरे स्थान पर जाने पर प्रतिबंध लगा दिया गया था। उनके लिए निकट के पुलिस थाने में निश्चित तिथि को हाजिरी देना अनिवार्य बना दिया गया था। बिना पूर्व अनुमति के अन्यत्र जाने पर दंड का विधान कर दिया गया था। महाराज विजय सिंह ने तो उनके विवाह करने, तंबाकू-बीड़ी पाइप और अच्छे परिवार वालों से मिलने पर प्रतिबंध लगा दिया था।"[18]

---

17 कविराज श्यामल दास; वीर विनोद, अठारहवाँ प्रकरण, भाग 1, राजस्थानी ग्रंथागार, जोधपुर, 1886, पृ. सं. 1993-94

18 लक्ष्मी नारायण मीणा: मीणा जनजाति एक परिचय; मध्य प्रदेश हिंदी ग्रंथ अकादमी, भोपाल, 1991, पृ. सं. 81

वर्ष 1871 में आपराधिक जनजाति अधिनियम लागू कर दिया गया था जिसमें अंतिम संशोधन वर्ष 1924 में किया गया था। इस क़ानून में जयपुर रियासत के निवासी सम्पूर्ण मीणाओं को आपराधिक जनजाति घोषित कर दिया गया। इसका मुख्य कारण उनकी तरफ़ से अंग्रेज़ी साम्राज्य को लगातार मिलने वाली चुनौतियाँ थीं। आज़ादी के बाद भारत सरकार ने ए. एम. आयंगर की अध्यक्षता में 'द क्रिमिनल ट्राइब एक्ट इंक्वारी कमेटी 1949-50' का गठन किया। समिति की सिफारिश पर क्रिमिनल ट्राइब एक्ट और उसके संशोधनों को रद्द कर दिया गया।

सहायक ग्रंथ

1. शंकर लाल मीणा; मीणा जनजाति का इतिहास, लिटरेरी सर्किल, जयपुर, 2019
2. रीमा हूजा; राजस्थान कान्साइज़ हिट्री, रूपा पब्लिकेशन, दिल्ली, 2018
3. जदुनाथ सरकार; अ हिस्ट्री ऑफ़ जयपुर,ओरिएंट ब्लैकस्वान, दिल्ली, 2009
4. बी के शर्मा; मास मूवमेंट & फ्रीडम स्ट्रगल इन राजस्थान, बुक ट्रस्ट ट्रीजर जोधपुर, 2013
5. डॉ. बृज किशोर शर्मा; राजस्थान में किसान एवं आदिवासी आंदोलन, राजस्थान हिंदी ग्रंथ अकादमी, जयपुर, 2008
6. बी.एल. पनगढ़िया; राजस्थान में स्वतंत्रता संग्राम, राजस्थान हिंदी ग्रंथ अकादमी, जयपुर , 2010
7. लक्ष्मी नारायण मीणा; मीणा जनजाति एक परिचय, मध्य प्रदेश हिंदी ग्रंथ अकादमी, भोपाल, 1991
8. जेम्स टॉड; एन्नाल्स एंड एंटीक्यूटीज़ ऑफ़ राजस्थान, वॉल्यूम 2, रूपा पब्लिकेशन, दिल्ली 1997
9. कविराज श्यामल दास; वीर विनोद, राजस्थानी ग्रंथागार, जोधपुर, 1886

शंकर शाह मंडावी
रघुनाथ शाह मंडावी

1857 की बग़ावत ने भारत में अंग्रेज़ी साम्राज्य की नींव को हिला दिया था। बग़ावत के केंद्र में सेना से बेदख़ल सिपाही, परेशान किसान, पेंशन याफ़्ता कुलीन, उत्तराधिकार की लड़ाइयों में शामिल राजकुमार एवं उनके दरबारी तथा भ्रष्टाचार के आरोपों के चलते रियासत खो चुके राजा और रानी तो थे ही, लेकिन एक ऐसी शख़्सियत भी थी जिसके बारे में इतिहास की किताबों में न तो लिखा गया और न बताया गया। वे इन सब परिधियों के बाहर थे। वे थे गढ़ा कटंगा राज्य के शासक शंकर शाह और उनके पुत्र रघुनाथ शाह जिन्हें अंग्रेज़ों ने शहर के बीचों बीच तोपों के सामने बाँधकर उड़ा दिया था।

1857 की बग़ावत का केंद्र केवल उत्तर भारत ही नहीं बल्कि मध्य भारत का आदिवासी गोंडों का गढ़ा कटंगा राज्य भी था जहाँ अंग्रेज़ी हुकूमत के ख़िलाफ़ गढ़ा कटंगा के शासकों ने बग़ावत का झंडा बुलंद किया। गढ़ा कटंगा राज्य की स्थापना संग्राम शाह मंडावी 'गोंड' (1482-1543) ने की थी। तत्कालीन समय में संग्राम शाह ने गोंडवाना के बड़े भू-भाग पर शासन किया था। उन्हें अपने जीवन काल में लगभग 52 गढ़ और 57 परगने जीतने का श्रेय प्राप्त था। गोंडवाना साम्राज्य मध्य भारत के विशालकाय भू-भाग पर स्थित था। वह पूर्व में संभलपुर (उड़ीसा) से पश्चिम में बैतूल (मध्यप्रदेश) तक और उत्तर में सागर (मध्यप्रदेश) से दक्षिण में बस्तर (छत्तीसगढ़) तक फैला हुआ था।

गोंडवाना साम्राज्य के शासक मूलतः प्रकृति-पूजक थे। स्त्री-पुरुष समानता जैसे आदिवासी मूल्यों पर आधारित राज्य था। सबको जीवनयापन के लिए काम करना आवश्यक था- सार्वभौम स्वावलंबन। बिना श्रम के भोजन प्राप्त करना अपराध समझा जाता था। संग्राम शाह की मृत्यु के बाद दलपत शाह के हाथों में गढ़ा-मंडला, गढ़ा कटंगा राज्य की ज़िम्मेदारी थी। लेकिन दलपत शाह मंडावी (1543-1549) की आकस्मिक मृत्यु के बाद रानी दुर्गावती मंडावी ने अपने बेटे के संरक्षक के तौर पर ज़िम्मेदारी उठाई। उन्होंने मुग़ल बादशाह अकबर के साम्राज्य विस्तार के ख़िलाफ़ गढ़ा की रक्षा का प्रयास किया। लेकिन 1564 में अकबर के सेनापति आसफ़ ख़ान के

साथ नरई नाला (मध्य प्रदेश) के युद्ध में पराजय का सामना करना पड़ा। 24 जून को रानी दुर्गावती मंडावी ने गिरफ़्तारी की जगह मृत्यु को चुन लिया।[1] उसके बाद गोंडवाना का बड़ा हिस्सा मुग़लों के कब्ज़े आ गया।

गढ़ा-मड़ला राज्य के शासक निज़ामशाह की मृत्यु के बाद सुमेर शाह और नरहरि शाह के मध्य हुए उत्तराधिकार के संघर्षों ने इस क्षेत्र में मराठों को पैर जमाने का मौक़ा दिया। अंततः 1784 ई. में गढ़ा पर मराठों का कब्ज़ा हो गया था। कुछ जागीरें ज़रूर उनके उत्तराधिकारियों को दी गई थीं। 1857 की क्रांति के समय सुमेर शाह के पुत्र शंकर शाह एक जागीर के शासक थे लेकिन गोंड आदिवासियों के मध्य उस राज्य का महत्त्व अब भी बना हुआ था। शंकर शाह के पुत्र रघुनाथ शाह भी गोंडवाना की खोई हुई विरासत को वापस पाने में लगे हुए थे। अंग्रेज़ों के ख़िलाफ़ हुई बग़ावत और मराठों के कमजोर होते ही उनकी दबी हुई इच्छाएँ सभी के सामने आ गईं।

भले ही गढ़ा-मंडला राज्य अब बहुत छोटे हिस्से में सिमट गया था लेकिन गोंडों के मध्य उसका प्रतीकात्मक महत्त्व उतना ही था जितना उन्नीसवीं सदी के मध्य में अंतिम मुग़ल बादशाह बहादुर शाह जफ़र का था।

मेरठ, दिल्ली, झाँसी, कानपुर, नसीराबाद, नीमच की घटनाओं ने शंकर शाह, रघुनाथ शाह और अन्य गोंड सरदारों को हवा देने का काम किया। चर्बी लगे कारतूस की अफ़वाह ने जबलपुर के आस पास और 52वीं नेटिव इंफेंट्री के सिपाहियों को उत्तेज़ित करने का कार्य किया। 16 जून को जब अंग्रेज़ अधिकारी मिलर रेजीमेंट का निरीक्षण कर रहे थे तब एक सिपाही ने उन पर 'फ़िरंगी मुर्दाबाद' का नारा लगाते हुए बंदूक से हमला कर दिया। सिपाही को गिरफ़्तार कर बनारस ले जाया गया, जहाँ उसे फाँसी दे दी गई। इस घटना के बाद 52वीं नेटिव इंफेंट्री ने अंग्रेज़ों के ख़िलाफ़ बंदूक उठा ली थी लेकिन उन्हें शांत करा लिया गया।

---

1 द अकबरनामा ऑफ़ अबुल फ़ज़ल, भाग 2, पेज़ 330, https://archive.org/details/in.ernet.dli.2015.469730/page/n9/mode/2up

52वीं नेटिव इंफेंट्री के कुछ सिपाही छिपकर शंकर शाह और रघुनाथ शाह के साथ कार्य कर रहे थे। इन सभी ने कुछ जागीरदारों, ठाकुरों और सिपाहियों के संग अंग्रेज़ों के ख़िलाफ़ योजना बनायी। शंकर शाह के घर में विद्रोहियों की बैठकों का दौर शुरू हो गया। मुगरमोहा के शिव नाथ सिंह, बरगी के देवी सिंह और उमराव सिंह, बरखेड़ी के जगत सिंह इत्यादि गोंड ठाकुरों ने भी आंदोलन की रणनीति बनाना प्रारम्भ कर दिया था। हथियार एकत्रित करने, विद्रोही सिपाहियों को एकजुट करने का दौर भी प्रारंभ हो गया था। लेकिन 52वीं नेटिव इंफेंट्री के विद्रोही सैनिकों की ख़बर अंग्रेज़ों को मिल गई, उन्हें पकड़ लिया गया और तोप से उड़ा दिया गया।

52वीं नेटिव इंफेंट्री के सिपाहियों के बगावती तेवरों को देखते हुए मद्रास नेटिव इंफेंट्री का एक हिस्सा 2 अगस्त को जबलपुर पहुँचा। कुछ समय रुकने के बाद हालातों के मद्देनजर उन्हें जबलपुर के आस पास के जिलों में लगा दिया गया। ताकि किसी भी तरह की बग़ावत को रोका जा सके। अंग्रेज़ों को यकीन था कि नेटिव इंफेंट्री के विद्रोही सिपाही राजा शंकर शाह और रघुनाथ शाह व अन्य जागीरदारों के साथ मिलकर जबलपुर में अंग्रेज़ी हुकूमत को ख़त्म करने और सैन्य छावनी को लूटने की तैयारी में है।

लेकिन 52वीं बटालियन के कप्तान मोक्सोन और असिस्टेंट कमिश्नर लेफ्टिनेंट बाल्डविन विद्रोहियों की कोई ख़बर नहीं लगा पाये, न उन्हें राजा शंकर शाह के प्लान की जानकारी मिली। विद्रोहियों ने मुहर्रम का दिन निर्धारित किया था लेकिन कुछ जागीरदारों के डरकर पीछे हट जाने के कारण निर्धारित दिन पर विद्रोहियों की कार्यवाही को अंजाम नहीं दिया जा सका। ऐसे में विद्रोहियों ने दशहरे के दिन को निश्चित किया।

जबलपुर डिप्टी कमिश्नर लेफ्टिनेंट क्लार्क को बग़ावत की ख़बर सेठ खुशियाल चंद ने दी। डिप्टी कमिश्नर ने सूचना को पुख़्ता करने के लिए भेष बदलकर एक सिपाही से इस जानकारी को दुरुस्त किया। सेठ खुशियाल चंद की सूचना सही निकली। अंग्रेज़ों का अंदेशा यकीन में बदल गया। राजा शंकर शाह, उनका बेटा रघुनाथ शाह, गोंड ठाकुर, विद्रोही सिपाही सभी की

जानकारी अब अंग्रेज़ों के पास थी। यह एकदम इतिहास की पुनरावृति थी। प्लासी युद्ध के पहले भी इसी तरह बंगाल के नवाब सिराजुद्दौला के ख़िलाफ़ अंग्रेज़ों की मदद करने और उन्हें निमंत्रण देने का कार्य जगत सेठ मेहताब चंद और उसके भाइयों ने किया था, जो बंगाल के राजकोष को सँभाल रहे थे लेकिन लालच में आकर अपने ही राजा को धोखा दिया था।

सेठ खुशियाल चंद की मुख़बिरी की सूचना पर डिप्टी कमिश्नर लेफ्टिनेंट क्लार्क और लेफ्टिनेंट बाल्डबिन पुलिस दल के साथ गढ़ा-मंडला के विद्रोही राजा और उनके सहयोगियों को गिरफ़्तार करने के लिए पहुँच गए। गाँव की घेराबंदी और तलाशी के बाद शंकर शाह, रघुनाथ शाह और 13 अन्य लोगों उनके घर से ही गिरफ़्तार कर लिया गया। राजा के घर की तलाशी में जो कागज़ात मिले उन्हें अंग्रेज़ों ने सबूत के तौर पर इस्तेमाल किया। सबूतों में एक प्रार्थना लिखी हुई मिली, जो बाद में कोर्ट में सबूत के तौर पर इस्तेमाल हुई।

"मूँद मुख डंडिन को चुग़लौ को चबाई खाई
खूँद डार दुष्टन को शत्रु संघारिका
मार अंगरेज, रेज कर ढेड मात चंडी
बचे नहीं बैरी बाल बच्चे संघारका॥
संकर की रक्षा कर, दास प्रतिपाल कर
दीन की पुकार सुन अय मात कालका
खाइले मलेच्छन को देर, नहीं करी मात
भच्छन कर तच्छन बेग घौर मत कालिका"[2]

राजा शंकर शाह और उनके बेटे रघुनाथ शाह की गिरफ़्तारी के बाद स्थितियाँ ख़राब होने लगी थीं। गढ़ा राज्य भले ही क्षेत्रफल की दृष्टि से बड़ा न हो लेकिन मुग़ल बादशाह बहादुर शाह जफ़र की तरफ़ उसकी प्रतिष्ठा और सम्मान गोंड कबीले के बीच कम नहीं था। 52वीं नेटिव इंफेंट्री के बाग़ी सिपाहियों से उनका रिश्ता जगजाहिर था लिहाज़ा अंग्रेज़ों ने मद्रास रेजिमेंट,

---

2 सुरेश मिश्र; स्वातंत्र्य समर 1857: मध्य प्रदेश के रणबांकुरे, स्वराज संस्थान संचालनालय, संस्कृति विभाग, मध्य प्रदेश, 2007, पृ. सं. 234

जो पहले से ही आस पास के हिस्सों में तैनात थी, उसे वापस जबलपुर बुला लिया। राजा को बचाने के लिए बाग़ी सिपाहियों ने भरसक कोशिश की लेकिन वे असफल रहे। उन्होंने पास के एक बंगले को आग लगा दी, थोड़ी बहुत गोलीबारी भी हुई लेकिन वे अपने राजा को नहीं बचा सके।

अंग्रेज़ी रिपोर्ट्स के अनुसार "जबलपुर से मिल रही जानकारी ख़तरनाक थी। राजा शंकर शाह की गिरफ़्तारी की दूसरी रात डिप्टी कमिश्नर को यह सूचना मिली की 52वीं नैटिव इंफेंट्री के लोग क़ैदी को रिहा करने की योजना बना रहे हैं। मद्रास रेजिमेंट को रात की सुरक्षा की ज़िम्मेदारी दी गई। राजा और उसके बेटे को मेरे घर में क़ैद कर दिया गया। उस रात 52वीं इंफेंट्री में कुछ गोलियाँ चलीं, बंगले को आग के हवाले कर दिया गया। 8 सिपाही भाग गए। लेकिन इसके अतिरिक्त सब शांत था।"[3]

मौजूदा काग़ज़ी सबूतों और मुख़बिर सेठ खुशियाल चंद की गवाही के आधार पर राजा शंकर शाह और उनके पुत्र रघुनाथ शाह के ऊपर अंग्रेज़ों ने ब्रिटिश साम्राज्य के ख़िलाफ़ साज़िश रचने के आरोप में मुक़दमा चलाया। दोनों को दोषी मानते हुए तोप से उड़ाने का हुक्म दे दिया गया। फाँसी देने की जगह तोप के सामने बाँधकर उड़ा देने का फैंसला भी एक सोची समझी अंग्रेज़ी नीति थी। अंग्रेज़ों को डर था कि राजा को फाँसी देने में वक्त लगेगा और विद्रोही इस बीच उन्हें बचाने की कोशिश भी कर सकते हैं। फाँसी की कार्यवाही में लगने वाले समय को देखते हुए ज़्यादा दिन तक राजा और उसके बेटे को ज़िंदा रखने पर बग़ावत के आसार ज़्यादा थे लिहाज़ा तोप से उड़ाने का निर्णय दिया गया। ऐसा करने के पीछे एक और वज़ह थी- स्थानीय लोगों और विद्रोहियों में डर बैठाना।

18 सितंबर, 1857 की सुबह 11 बजे जबलपुर कोतवाली के सामने राजा शंकर शाह और उनके बेटे रघुनाथ शाह को सार्वजनिक तौर पर तोप

3 नैरेटिव ऑफ़ इवेंट अटेंडिंग द आउटब्रेक ऑफ़ डिस्टर्बेंस एंड द रेस्टोरेशन ऑफ़ अथॉरिटी इन इलाहाबाद डिस्ट्रिक्ट इन 1858, पेज़ 604, https://archive.org/details/in-.ernet.dli.2015.57845/page/n1/mode/2up

के मुँह पर बाँधकर उड़ा दिया गया। इस दौरान 33वीं बटालियन (मद्रास रेजिमेंट) ने सुरक्षा का जिम्मा लिया। तोप से उड़ाने के बाद चारों तरफ़ राजा शंकर शाह और उनके बेटे का शव बिखरा हुआ था। अगले दिन रानी मान कुँवर ने राजा और राजकुमार के बिखरे हुए शरीर को इकट्ठा करके दफ़नाया।

ब्रिटिश अधिकारी चार्ल्स बॉल अपनी किताब 'द हिस्ट्री ऑफ़ इंडियन म्यूटिनी' में लिखते हैं- "बुजुर्ग आदमी (शंकर शाह) विवशता और गर्व मिश्रित भाव के साथ तोपों की ओर आगे बढ़ा। वह स्वाभिमान से अपने अंतिम क्षण को देख रहा था। उसकी वीरता और गौरव को देखकर विरोधियों के मन में भी दया का भाव पैदा हो गया लेकिन उनके बेटे रघुनाथ शाह के चेहरे पर वो तेज़ नहीं दिखाई दे रहा था।"

इस घटना के प्रत्यक्षदर्शी और बॉम्बे प्रेसिडेंसी से आये एक चिकित्सा अधिकारी कहते हैं- "मैं अभी-अभी विद्रोही राजा और उनके पुत्र को तोप से उड़ाये जाने का दृश्य देखकर वापस लौटा हूँ। वह एक भयानक दृश्य था, लेकिन वे इससे भी बहुत अधिक बुरी मौत के योग्य थे। यह पता चला कि पकड़ लिए जाने पर हम सभी को ज़िंदा ही भून दिया जाता। जब उन्हें तोप के मुँह पर बाँधा जा रहा था तो उन्होंने प्रार्थना की थी कि भगवान उनके बच्चों की रक्षा करें, ताकि वे अंग्रेज़ों को ख़त्म कर सकें। हम नीचे उस जगह पहुँचे जहाँ दो तोपें रखी गई थीं और सहसा आक्रमण को रोकने के लिए पैदल और घुड़सवार सैनिकों की टुकड़ी तैनात थी। घुड़सवार सैनिक लोगों को तोपों के सामने से हटाने के लिए इधर उधर भाग रहे थे। क़ैदियों के आते ही, जो नितांत अनासक्त और निस्पृह दिखाई दे रहे थे, उनकी बेड़ियाँ तोड़कर भूमि पर डाल दी गईं। मैं उनके बहुत निकट था, क्योंकि हम सब अधिकारी एक घेरे के भीतर तोपों के पास थे, जहाँ भीड़ नहीं आ सकती थी। इसके बाद उन्हें तोप के मुँह से बाँध दिया गया। जैसाकि आप जानते हैं मैं बहुत कोमल हृदय का व्यक्ति हूँ, और यदि मैंने इन हत्याकांडों के पूर्व यह दृश्य देखा होता तो मैं अचेत हो गया होता। या फ़िर घर पर बीमार पड़ गया

होता, किंतु मैं आपको विश्वास दिला सकता हूँ कि (हालाँकि) मेरे मन पर उन दोनों प्राणियों के प्रति, जिनके होठों पर वध हेतु प्रार्थना के स्वर थे, प्रयाण की भयानक गुरुता का भी बोझ था, फ़िर भी मैं परितुष्ट भावना से उनके चेहरों को देखने गया। तब भी मेरे मन में कानपुर, देहली, मेरठ, झाँसी, बरेली और फैजाबाद के बारे में विचार मंथन चल रहा था। वृद्ध पुरुष (जो मृत्यु के पहले कभी विचलित नहीं हुआ था) का और साथ ही युवा पुरुष (जिसकी आयु 40 वर्ष की होगी) का चेहरा भी शांत और गंभीर था। उनके पैर और हाथ, जो बाँध दिए गए थे, तोप के मुँह के पास पड़े थे और शरीर का ऊपरी भाग सामने की ओर लगभग पचास गज की दूरी पर जा गिरा था। उनके चेहरों को जरा भी क्षति नहीं पहुँची थी और वो बिल्कुल शांत थे।”[4]

भारतीय इतिहास में ये पहली बार था जब किसी राजा और उसके बेटे को एक साथ मारा गया। इस घटना के चार दिन बाद दिल्ली में 22 सितंबर, 1857 को मुग़ल बादशाह बहादुर शाह जफ़र के बेटों- मिर्ज़ा मुग़ल, मिर्ज़ा खिज्र सुल्तान और पोते अबू बक्र को सरेआम गोली मार दी गई थी। राजा शंकर शाह और उनके बेटे रघुनाथ शाह के योगदान को गोंड कबीला आज तक नहीं भूला है। “18 सितंबर मध्य प्रदेश में बलिदान दिवस के रूप में मनाया जाता है। मध्य प्रदेश सरकार द्वारा छिंदवाड़ा विश्वविद्यालय का नाम राजा शंकर शाह विश्वविद्यालय किया गया है और एक संग्रहालय का निर्माण कराया जा रहा है।” गोंडवाना के इतिहास में शंकर शाह और रघुनाथ शाह हमेशा के लिए दर्ज़ हो गए हैं।

सहायक ग्रंथ

1. चार्ल्स बॉल: द हिस्ट्री ऑफ़ इंडियन म्यूटनी, द लंदन प्रिंटिंग एंड पब्लिशिंग कंपनी, लंदन, 1858
2. सुरेश मिश्र, भगवान दास श्रीवास्तव; स्वातंत्र्य समर 1857: मध्य प्रदेश के रणबांकुरे, स्वराज संस्थान संचालनालय, संस्कृति विभाग, मध्य प्रदेश, 2007

---

4 डॉ. सुरेश सिंह, मध्यप्रदेश के रणबाँकुरे, पृष्ठ-236

3. अंजनी कुमार झा; मध्य भारत के आदिवासी और स्वतंत्रता आंदोलन, प्रकाशन विभाग, भारत सरकार, दिल्ली 2014

4. डॉ. रंजना जैन; 1857 के शहीद; गोंड राजा शंकरशाह और रघुनाथ शाह 2017

5. आर मोंटगोमेरी मार्टिन; द इंडियन इंपायर, द लंदन प्रिंटिंग एंड पब्लिशिंग कंपनी, लंदन, 1858

बाबूराव पुलेश्वर शेडमाके

1857 की बग़ावत भारतीय इतिहास की ऐसी घटना है जिसने अंग्रेज़ी साम्राज्य की नींव को हिला दिया था। इसी घटना के बाद भारत में कंपनी राज ख़त्म हुआ और ब्रिटिश महारानी का शासन शुरू हुआ। इस बग़ावत के केंद्र में जातीय व धार्मिक विशेषाधिकारों को गँवाने वाले और सेना से बेदखल सिपाही थे, अंग्रेज़ों से अपनी पेंशन खो चुके पुराने कुलीन, उत्तराधिकार की लड़ाइयों में शामिल राजकुमार, उनके दरबारी तथा भ्रष्टाचार के आरोपों के चलते रियासत खो चुके राजा और रानी थे। जबकि इस सबसे अलग आदिवासी अपनी ज़मीन और संस्कृति के लिए लड़ रहे थे।

अंग्रेज़ी साम्राज्य के ख़िलाफ़ वास्तविक संघर्ष, कंपनी की स्थापना के समय से ही, आदिवासियों ने छेड़ा था। 1857 की बग़ावत का केंद्र भले दिल्ली, कानपुर और इलाहाबाद रहा हो लेकिन इसमें आदिवासियों का योगदान भी महत्त्वपूर्ण था लेकिन उन्हें इतिहास की किताबों में दर्ज़ नहीं किया गया। मध्य भारत के गढ़चिरौली, चंद्रपुर और राजगढ़ क्षेत्र में गोंडों ने कम्पनी राज को समाप्त कर दिया था।

पूर्व में चंद्रपुर (चांदा) रियासत का वैध उत्तराधिकारी न होने का हवाला देकर अंग्रेज़ों ने 'विलय की नीति'(डॉक्ट्रिन ऑफ़ लैप्स)[1] के अनुसार वहाँ के शासन को प्रत्यक्ष तौर पर अपने नियंत्रण में ले लिया था। उस समय तक चांदा की ज़मींदारियों पर गोंडों का अधिकार था। विलय के बाद आर. एस. एलिस को वहाँ का पहला जिला कलेक्टर नियुक्त किया गया। भारत के केंद्र में स्थित गोंडवाना का चंद्रपुर जिला आदिवासी आंदोलनकारियों का गढ़ था। वीर बाबूराव पुलेश्वर शेडमाके ने इसमें अपना महत्त्वपूर्ण योगदान दिया था।

---

1 *ब्रिटिश ईस्ट इंडिया कंपनी के वायसराय लॉर्ड डलहौज़ी ने 1848-56 के मध्य डॉक्ट्रिन ऑफ़ लैप्स (विलय की नीति) के तहत उन भारतीय रियासतों को, जिनमें राजा की मृत्यु के बाद जैविक उत्तराधिकारी नहीं था, उसे ब्रिटिश नियंत्रण में ले लिया। गोद लिए गए उत्तराधिकारियों को मान्यता देने से इनकार कर दिया गया। सतारा, जैतपुर, संबलपुर, बघाट, उदयपुर, झाँसी, नागपुर, अवध, चांदा रियासत को प्रत्यक्ष तौर पर ब्रिटिश कंपनी के नियंत्रण में ले लिया गया।*

बाबूराव पुलेश्वर शेडमाके का जन्म 12 मार्च, 1833 अहेरी परगना (गढ़चिरौली) के किश्तपुर गाँव के गोंड परिवार में हुआ था। पिता पुलेश्वर शेडमाके उस समय मोलापल्ली के ज़मींदार थे। किश्तपुर गाँव भी मोलापल्ली के ज़मींदारी के अन्तर्गत आता था। माँ का नाम जुर्जा कंवर था। शेड़माके परिवार इस क्षेत्र में सदियों से राज करता आ रहा था। बाबूराव को परंपरागत आदिवासी शिक्षा और संस्कार के लिए घोटुल[2] भेज दिया गया था। हथियारों का प्रशिक्षण, हिंदी, गोंडी और तेलुगु भाषा का ज्ञान, परंपरागत नाच और गान की शिक्षा भी उन्होंने यहीं से प्राप्त की। अन्य आदिवासी बच्चों की तरह उनका भी बचपन गुजरा। 18 वर्ष की उम्र में आदिवासी रीति रिवाजों के अनुसार आंध्रप्रदेश के आदिलाबाद जिले के चेन्नुर के मंडावी राजघराने की बेटी राज कुंवर से शादी हुई।

आसपास के क्षेत्रों में गोंड, परधान, हलबी, नागाची, माडिया आदिवासियों और रोहिल्लाओं की संख्या ज़्यादा थी लेकिन मिशनरियों के चलते ईसाइयत का प्रभाव भी था। अंग्रेज़ों ने विलय की नीति के तहत 1854 में चंद्रपुर पर कब्ज़ा कर लिया। उत्तर भारत में 1857 की बग़ावत के शुरू होते ही चंद्रपुर में भी बग़ावत शुरू हो गयी थी।

बाबूराव शेडमाके ने अड़पल्ली, मोलाम्पल्ली, घोट और उसके आसपास के क्षेत्रों से 400-500 आदिवासियों और रोहिल्लों को एकजुट कर "जंगोम सेना" का गठन किया। 24 सितम्बर, 1857 को शेडमाके ने अंग्रेज़ों के विरुद्ध युद्ध की घोषणा कर दी। विद्रोह के लिए राजगढ़ क्षेत्र को चुना गया। तत्कालीन समय में चांदा जिले के राजगढ़ परगना पर रामशाह गेड़ाम अंग्रेज़ों की मदद से शासन कर रहा था। बाबूराव के नेतृत्व में विद्रोहियों ने 7 मार्च, 1858 को राजगढ़ पर हमला कर गेडाम को मौत के घाट उतार दिया था और राजगढ़ पर अपना कब्ज़ा जमा लिया।

---

2 *मध्य भारत के आदिवासियों में, विशेषतया गोंड आदिवासियों में घोटुल सामाजिक सांकृतिक व्यवस्था का केंद्र होता है। यह माना जाता है कि घोटुल की परंपरा गोंड देवता लिंगोंपेन ने शुरू की थी। घोटुल गाँव के नजदीक बने हुए कच्चे घर या झोपड़ी नुमा स्थान होता है जिस पर सुंदर नक़्क़ाशी की जाती है। जहाँ आदिवासी नौजवानों को शिक्षा, भाषा, संस्कृति, पारिवारिक मूल्यों, जिम्मेदारियों, अनुशासन, मनोरंजन, जीवन-साथी का चुनाव इत्यादि सिखाया जाता है। घोटुल में नौजवानों के अलावा सिर्फ़ शिक्षकों और कबीले के बुज़ुर्गों को ही जाने की अनुमति है। ग़ैर आदिवासियों का प्रवेश पूर्णतः वर्जित होता है।*

1857 की बग़ावत के शांत होने और उत्तर भारत पर अपना नियंत्रण स्थापित करने के बाद अंग्रेज़ों ने मध्य भारत पर ध्यान देना शुरू किया। राजगढ़ पर नियंत्रण करने के लिए अंग्रेज़ों ने 13 मार्च, 1858 को डब्ल्यू. एच. क्रिक्टन को ज़िम्मेदारी दी। अंग्रेज़ों और शेडमाके के नेतृत्व में आदिवासियों के मध्य नंदगाँव घोसरी में युद्ध हुआ। इसमें आदिवासियों को जीत हासिल हुई। कुछ समय पश्चात् अड़पल्ली और घोट के ज़मींदार वेंकटराव राजेश्वर राजगोंड भी बाबूराव शेडमाके के साथ मिल गए। 1200 आदमियों की इस संयुक्त सेना ने अंग्रेज़ों के रसद पर कब्ज़ा कर लिया।

20 मार्च तक आदिवासियों की संयुक्त सेना ने गढ़ी सुरला (चुर्ला) की पहाड़ी पर हमला किया और जीत दर्ज़ की। कुछ समय पश्चात् बदले की कार्यवाही करते हुए अंग्रेज़ी फ़ौज ने हमला किया लेकिन पराजित हुई। आदिवासियों को पहाड़ की ऊँचाई का फ़ायदा मिला। अंग्रेज़ी सेना को मैदान छोड़कर भागना पड़ा। उनका असला-बारूद ज़ब्त कर लिया गया था।

इसके बाद कप्तान क्रिक्टन की मदद के लिए नागपुर से लेफ्टिनेंट जॉन नेटल के नेतृत्व में अंग्रेज़ी सेना की एक टुकड़ी और भेजी गयी। आदिवासियों से अंग्रेज़ टुकड़ी का 18 अप्रैल, 1858 को सगानापुर और 27 अप्रैल, 1858 को बामनापेट में मुकाबला हुआ लेकिन अंग्रेज़ी सेना को जंगोम सेना के सामने हार का सामना करना पड़ा। सफलता से उत्साहित बाबूराव शेडमाके और उसके साथियों ने 29 अप्रैल, 1858 को अहेरी ज़मींदारी के अंतर्गत प्राणहिता नदी(गोदावरी की सहायक नदी) के किनारे चिंचगुड़ी में स्थित अंग्रेज़ी छावनी के टेलीग्राफ कैम्प पर हमला कर दिया। इस हमले में अंग्रेज़ों को भारी नुकसान उठाना पड़ा। टेलीग्राम ऑपरेटर गार्टलैंड और हॉल मारे गये। इस हमले ने उस इलाके में आदिवासियों का दबदबा कायम कर दिया।[3]

अंग्रेज़ों ने आदिवासियों के बढ़ते प्रभाव को ख़त्म करने के लिए नये अधिकारी कप्तान शेक्सपियर की नियुक्ति की। कप्तान शेक्सपियर ने 10 मई, 1858 को घोंटगाँव पर हमला किया। नतीजन अंग्रेज़ों को करारी हार

3 बड्डेला रामचंद्र रेड्डी, ट्राइबल रिवोल्ट्स इन कॉलोनियल आंध्र: गोदावरी एंड विजागपट्टनम रीजनस 1857–1917, मीना बुक्स, दिल्ली

का सामना करना पड़ा। अंग्रेज़ कप्तान शेक्सपियर ने रणनीति में बदलाव करते हुए बाबूराव शेडमाके की बुआ और तत्कालीन समय में अहेरी की ज़मींदार, रानी लक्ष्मीबाई के ऊपर विद्रोहियों को पनाह देने का आरोप लगाया। उन्हें बाबूराव शेडमाके(24 गाँव) और वेंकट राजेश्वर राजगोंड़(67 गाँव) की ज़मींदारी देने का वादा किया गया। इस प्रस्ताव को अस्वीकार करने पर अहेरी की ज़मींदारी ज़ब्त कर लेने की चेतावनी दी गयी। इसलिए रानी लक्ष्मीबाई भय और प्रलोभन के कारण अंग्रेज़ों का साथ स्वीकार कर लिया।

इसी बीच बाबूराव अपने विद्रोही साथियों के साथ घोंट गाँव में पेरसापेन पूजा के लिए आये थे। लालच और भय के चलते बुआ रानी लक्ष्मीबाई से मुख़बिरी की सूचना मिलते ही अंग्रेज़ों ने पूरे क्षेत्र को घेर लिया। बाबूराव शेडमाके किसी तरह बचकर निकलने में सफल रहे लेकिन कई साथी और स्थानीय गाँव वाले शहीद हो गये। अंग्रेज़ों ने घोंट गाँव की ज़मींदारी को प्रत्यक्ष तौर पर अपने कब्ज़े में ले लिया।

अंग्रेज़ों ने अब दूसरे तरीक़ों से विद्रोह को कुचलना शुरू किया। आदिवासी ज़मींदारों की ज़मीन ज़ब्त की जाने लगी थी। अंग्रेज़ों के बढ़ते दबाव के कारण कुछ समय पश्चात् वेंकट राजेश्वर राज गोंड ने भी बाबूराव शेडमाके का साथ छोड़ दिया। जंगोम सेना बिखर गयी। रानी पर भी अंग्रेज़ों ने दबाव बनाना शुरू किया। बाबूराव शेडमाके ने ऐसी परिस्थितियों में भोपाल पट्टनम में शरण ली। लेकिन मुख़बिर की सूचना पर अंग्रेज़ी सेना वहाँ पहुँच गयी। रात के अँधेरे में उन्हें गिरफ़्तार कर लिया गया। लेकिन अहेरी ले जाते समय रास्ते में रोहिल्ला गार्ड की मदद से किसी तरह बच निकलने में सफल रहे।

कुछ समय बीत जाने के बाद बुआ लक्ष्मीबाई के निमंत्रण पर उनके घर पहुँच गए। घात लगाकर बैठी अंग्रेज़ी सेना ने 18 सितम्बर, 1858 को उन्हें गिरफ़्तार कर कप्तान क्रिस्टिन के हवाले कर दिया। बाबूराव शेडमाके की गिरफ़्तारी की ख़बर जंगल में आग की तरह फ़ैल गयी। अब उनके साथी भी धीरे-धीरे बिखरते चले गए और ज़्यादातर को गिरफ़्तार कर लिया गया था।

वेंकट राजेश्वर राज गोंड बस्तर की तरफ़ चले गए। बस्तर राज्य ने उन्हें अंग्रेज़ी सेना के हवाले कर दिया था। 1860 में उन पर मुक़दमा चला। वेंकट राजेश्वर की माँ ने सारी संपत्ति अंग्रेज़ों के हवाले कर दी। अंग्रेज़ों ने वेंकट राजेश्वर को उम्रक़ैद की सज़ा सुनायी। बाबूराव शेडमाके के ऊपर चंद्रपुर में हत्या का मुकदमा चला जहाँ उन्हें फाँसी की सज़ा सुनाई गई। शेष साथियों को आजीवन कारावास की सज़ा सुनाई गई।

बाबूराव शेडमाके को 21 अक्टूबर, 1858 को दोपहर बाद चार बजे चंद्रपुर राजमहल में पीपल के पेड़ से लटकाकर फाँसी दे दी गई। बाबूराव शेडमाके आदिवासियों के भविष्य के लिए लड़ते हुए शहीद हो गए। आज़ादी के बाद भी हर वर्ष 21 अक्टूबर को आदिवासी पूजा करते हैं। स्थानीय आदिवासियों का मानना था कि बाबूराव शेडमाके को दैवीय शक्ति प्राप्त थी। उनसे जुड़ी हुई कई कहानियाँ प्रचलित थीं। 30 मई, 1860 को उनके साथी वेंकट राजेश्वर राज गोंड को आजीवन कारावास की सज़ा सुनाई गई।

अंग्रेज़ों ने 1857 की बग़ावत के बाद चंद्रपुर और उसके आस पास के जंगल पर अपना दावा पेश करना शुरू कर दिया था। नई वन नीति के माध्यम से सर्वेक्षण के पश्चात् वनों को आरक्षित करने की प्रक्रिया शुरू हो गई, अर्थात प्राकृतिक संसाधनों के दोहन का दौर शुरू हो गया। अंग्रेज़ों की वन नीति और धर्मांतरण ने नये संकट को जन्म दिया।

बाबूराव शेडमाके की बुआ लक्ष्मीबाई को वादे के अनुसार मोलापल्ली और राजगढ़ की ज़मींदारी सौंप दी गई जो कि आज़ादी के बाद 1951 में ज़मींदारी उन्मूलन के साथ समाप्त हुई। कप्तान क्रिस्टन को उनकी सेवाओं के लिए सम्मानित किया गया। आज़ादी के बाद बाबूराव शेडमाके की याद में भारत सरकार ने 12 मार्च, 2007 को एक डाक टिकट जारी किया।

सहायक ग्रंथ

1- रंजना चितले; जनजातीय योद्धा, प्रभात प्रकाशन, दिल्ली, 2023

2- पुरुषोत्तम शेडमाके; 1857 चे स्वाधीनता शहीद वीर बाबूराव पुल्लेसुर बापू राजगोंड(मराठी), 2015

3- भगवती प्रसाद मिश्र; भारतीय स्वातंत्र्य संग्राम में चंद्रपुर, 1975

4- मधुकर मडावीं; आदिवासी संस्कृति, त्यांच्या पुर्वजांचे कार्य व आता नवीं दिशा(मराठी), 2002

5- धीरज सेडमाके; क्रांतीरत्न शहीद वीर बाबूराव पुलेसूरबापू राजगोंड

6- शेषराव एन मंडावीं; गोंडवानाचा सांस्कृतिक इतिहास(मराठी), सुधीर प्रकाशन-2018

7- शतली सेदमाके; चंद्रपुर के आदिवासी क्रांतिवीर 'बाबूराव पुल्लेसूर शेडमाके' की जीवन कहानी, आदिवासी इन्सेर्जेंस, 12 फरवरी 2018

8- बड्डेला रामचंद्र रेड्डी, ट्राइबल रिवोल्ट्स इन कॉलोनियल आंध्र: गोदावरी एंड विजागपट्टनम रीजनस 1857–1917, मीना बुक्स, दिल्ली

टंट्या भील

अंग्रेज़ी साम्राज्य की स्थापना के बाद हिंदुस्तान में कुछ अपवादों को छोड़कर तमाम सेठ, साहूकार, महाजन, ज़मींदार, सामंत, राजा, महाराजा, मराठा, नवाब, मुग़ल इत्यादि ने अंग्रेज़ों के सामने हथियार डाल दिए और उनके सहयोगी बन गए थे। मनुस्मृति के अनुसार वे सभी वर्ग, जिनके ऊपर सामाजिक-सांस्कृतिक परम्पराओं के आधार पर रक्षा की ज़िम्मेदारी थी, उन सभी ने अंग्रेज़ों की गुलामी स्वीकार कर ली और आजीवन अंग्रेज़ महारानी के प्रति वफ़ादारी की शपथ ले ली थी। ऐसी परिस्थितियों में आदिवासियों ने ब्रिटिश हुकूमत के ख़िलाफ़ बग़ावत का झंडा बुलंद किया। आदिवासियों ने कभी अंग्रेज़ी साम्राज्य को स्वीकार नहीं किया। परंपरागत हथियारों और सीमित साधनों के साथ भारत के पूर्वोत्तर से लेकर पश्चिम में अफ़ग़ानिस्तान तक, उत्तर में हिमालयी क्षेत्र से सुदूर दक्षिण तक, आदिवासियों की आज़ादी की लड़ाई कभी थमी नहीं।

अंग्रेज़ी शासन के ख़िलाफ़ भारत के मुक्ति संग्राम में आदिवासियों के इस योगदान को सवर्ण और कुलीन इतिहासकारों ने दरकिनार कर दिया। यह गलती से छूट जाने वाली बात न थी, यह सदियों से नज़रअंदाज़ करते आने के अभ्यास का परिणाम थी।

भारत के मूल निवासियों और उनके वंशजों को अंग्रेज़ों के आगमन के पूर्व स्थानीय राजा, महाराजा, ज़मींदार, महाजन, पंडित, मौलवियों ने अपनी किताबों में असुर, राक्षस, जंगली के रूप में चित्रित किया था और अंग्रेज़ों ने इन्हें असभ्य, बर्बर, गुंडा, चोर, लुटेरे और डकैतों के रूप में दर्ज़ किया। आज़ादी के बाद भी कुलीन और सवर्ण इतिहासकारों ने इतिहास लेखन की औपनिवेशिक परम्परा को जारी रखा। अव्वल तो उन्होंने आदिवासियों का ज़िक्र ही नहीं किया। यदि संदर्भ के बतौर किया भी, तो अंग्रेज़ी परम्परा का ही अनुसरण किया। आदिवासी समाज अपने इन लड़ाकों को नायक, गरीबों के मसीहा और शोषण के ख़िलाफ़ आवाज़ उठाने वाले पुरखों के रूप में देखता रहा है, लोक देवता के रूप में पूजता रहा है जबकि इतिहासकार औपनिवेशिक मानसिकता से मुक्त होकर इसे देख ही नहीं पाए।

आदिवासी नायक टंट्या भील को तत्कालीन अंग्रेज़ सरकार और उनके सहयोगी रियासत के कारिंदों ने लुटेरे और डकैत के रूप में चित्रित किया। लेकिन उनकी मृत्यु के बाद सेन्ट्रल प्रोविंस गजेटियर्स[1] और द न्यूयार्क टाइम्स [2] ने उन्हें 'इंडियन रॉबिनहुड' के रूप में दर्ज़ किया । एक ऐसे नायक के रूप में याद किया, जिसने कभी किसी हुकूमत की गुलामी स्वीकार नहीं की और आदिवासियों के लिए ताउम्र संघर्ष करता रहा।

टंट्या भील ने ब्रिटिश हुकूमत और होलकर रियासत के अधिकारियों, ज़मींदारों तथा मालगुजारों द्वारा किए जा रहे आदिवासियों के शोषण के ख़िलाफ़ बग़ावत की थी। टंट्या भील का यह इलाका निमाड़ क्षेत्र के रूप में जाना जाता है, जो कि तत्कालीन समय में होलकर रियासत के अंतर्गत था। भील बाहुल्य निमाड़ क्षेत्र मध्यप्रदेश के बरार एवं मध्य क्षेत्र से लेकर दक्षिणी राजस्थान तक फैला हुआ था। टंट्या भील को आदिवासियों के मध्य नायक का दर्ज़ा हासिल है। निस्संदेह 19वीं सदी के उत्तरार्ध के पश्चिमी भारत में टंट्या भील आदिवासी–किसान विद्रोह के बड़े नायक हैं।

भारत के सबसे बड़े आदिवासी समुदायों में से एक भील मध्य प्रदेश, राजस्थान, गुजरात और महाराष्ट्र राज्य में बसे हुए हैं। इस भू-भाग का अधिकांश हिस्सा अंग्रेज़ी हुकूमत के दौर में प्रत्यक्ष और अप्रत्यक्ष तौर पर बम्बई, सेंट्रल प्रोविंस और राजपूताना एजेंसी और उनकी सहयोगी रियासतों के अंतर्गत था। भील इंदौर की होलकर रियासत के अंतर्गत निमाड़ जिले के पश्चिम में सतपुड़ा के जंगलों से लेकर के खानदेश के राजपिम्पला क्षेत्र और दक्षिण में बरार से लेकर उत्तर में राजस्थान तक बसे हुए थे।

---

1 आर. वी. रसल: सेन्ट्रल प्रोविन्स डिस्ट्रिक्ट गज़ेटियर; निमाड़ डिस्ट्रिक्ट, भाग-17, इलाहाबाद 1908, पृ. सं.- 46

2 रॉबर टंट्या भील; इंडियन रॉबिनहुड मेक्स अ फुल कन्फेशन ऑफ़ क्राइम. New York Times, 10 November, 1889, https://www.nytimes.com/1889/11/10/archives/robber-tantia-bheel-indias-robin-hood-makes-a-full-confession-of.html

भील[3] शब्द का लिखित स्रोतों के आधार पर पहली बार ज़िक्र लगभग 600 ई में हुआ है। यह द्रविड़ भाषा से निकला है। 1901 की जनगणना के अनुसार भीलों को ग़ैर आर्य और द्रविड़[4] समूह से बताया गया है। भील समुदाय भारत के सबसे पुराने निवासियों में से एक है। नर्मदा के आसपास के हिस्से इस सभ्यता के मुख्य केंद्र हैं। राजस्थान, गुजरात, मध्य प्रदेश और उसके आसपास के इलाकों के भील सबसे पुराने निवासी हैं।

10वीं-11वीं सदी में राजपूत रजवाड़ों की स्थापना से पूर्व भील और मीणा ही इस भूमि के पहले निवासी और असल मालिक थे। इस क्षेत्र में भीलों और मीणाओं के राज्यों पर राजपूतों द्वारा धोखे से कब्ज़ा किये जाने के सैकड़ों प्रमाण मौजूद हैं। गुजरात का ईडर (भील), राजस्थान का आमेर-जयपुर (मीणा) इसका सबसे बड़ा प्रमाण है[5]। आज़ादी के पूर्व आमेर, मेवाड़ आदि राज्यों में राज्याभिषेक आदिवासियों के द्वारा किया जाता रहा है।[6] भील मुखिया को भोमियां के नाम से जाना जाता था। वह समुदाय के तमाम मामलों में सर्वेसर्वा था।

मुग़ल साम्राज्य के कमजोर होते ही मराठों ने साम्राज्य विस्तार की नीति अपनाई। उन्होंने उत्तर में दिल्ली की तरफ़ और पूर्व में हैदराबाद की तरफ़ हमले करके ज़मीनों पर कब्ज़ा करना, चौथ और सरदेशमुखी कर वसूलना शुरू कर दिया था। मराठवाड़ा के उत्तर और पूर्व का हिस्सा आदिवासी बाहुल्य क्षेत्र था। एक तरफ़ गोंडवाना था तो दूसरी तरफ़ नर्मदा के किनारे भील और चंबल। बनास नदी के आसपास का हिस्सा मीणा बाहुल्य क्षेत्र था।

---

3 *भील शब्द द्रविड़ भाषा के विल (Vil) और बीलु (Bilu) से निकला है जिसका अर्थ धनुष होता है। प्राचीन संस्कृत ग्रंथों में भील शब्द को विल्लुवर (Villuver) या विल्लुआ (Villuva) के रूप दर्शाया गया है ।*

4 सेंशस ऑफ़ इंडिया, वॉल्यूम 13, सेंट्रल प्रोविंस पार्ट 1, 1902, पृष्ठ सं.179

5 जेम्स टॉड, एनाल्स एंड एंटिक्युटीज़ ऑफ़ राजस्थान, भाग-1, रूपा प्रकाशन, दिल्ली, पृ. सं.-281

6 जेम्स टॉड, एनाल्स एंड एंटिक्युटीज़ ऑफ़ राजस्थान, भाग-1, रूपा प्रकाशन, दिल्ली, पृ. सं.-181

मराठों ने आदिवासी क्षेत्रों पर हमले करके लूट-मार शुरू कर दी। जबरन राजस्व वसूल किया जाने लगा। गोंड, भील, मीणाओं एवं अन्य आदिवासियों के साथ बर्बरता का सलूक करना शुरू किया। उन्हें जबरन स्थायी खेती के लिए मजबूर किया गया। किसी भी तरफ़ गड़बड़ या अपराध होने पर आदिवासियों को बिना किसी जाँच-पड़ताल के कोड़े मारना, फाँसी पर लटका देना एक सामान्य घटना हो गई थी। ग़ैर-आदिवासियों ने, ख़ासकर ज़मींदार, सामंत, राजे-रजवाड़ों ने आदिवासियों को अपना दुश्मन स्थापित कर दिया। लिहाज़ा आदिवासियों ने अपने इलाके से गुजरने पर पाबन्दी लगा दी। यदि कोई इस नियम को तोड़ने का प्रयास करता तो उस पर हमला कर दिया जाता। मराठों के आदिवासी क्षेत्रों में प्रवेश से पूर्व आदिवासियों द्वारा गुजरने वालों से राहदारी शुल्क/ चुंगी वसूल की जाती थी।

18वीं सदी के उत्तरार्ध और 19वीं सदी की शुरुआत तक भीलों की बड़ी आबादी ने जंगली और पहाड़ी इलाकों के साथ-साथ मैदानी भागों में बसना, स्थायी रूप से खेती बाड़ी करना शुरू कर दिया था। इंदौर रियासत के अंतर्गत निमाड़ डिस्ट्रिक्ट में भीलों की अच्छी खासी आबादी थी।

मराठों और ब्रिटिश हुकूमत के मध्य मंदसौर की संधि के पश्चात् वर्ष 1825 में लेफ्टिनेंट सर जेम्स ऑट्रम ने 'खानदेश भील कॉर्प्स' का गठन किया। भील कॉर्प्स की स्थापना के साथ ही अंग्रेज़ों ने भीलों को अंग्रेज़ी सेना में भर्ती करना शुरू किया। इतिहास में ये पहला मौक़ा था जब भीलों को ग़ैर-आदिवासियों ने सत्ता में सीधे तौर पर हिस्सेदार बनाया था। हालाँकि यह सब अंग्रेज़ों ने अपने फायदे के लिए किया था। अंग्रेज़ कंपनी ने समर्पण किये हुए भीलों को आम माफ़ी देना शुरू किया और जिन्होंने बग़ावत का रास्ता अपनाया, उनके ख़िलाफ़ भील कॉर्प्स के माध्यम से सैन्य दमन का सहारा लिया।

निमाड़ क्षेत्र में राजस्व-वसूली का यह कार्य अंग्रेज़ कंपनी इंदौर की होलकर रियासत के माध्यम से करती थी। इंदौर की होलकर रियासत इसे मालगुजार, ज़मींदार, पटेल, रैय्यत के मार्फ़त वसूल करते थे। मंदसौर संधि के पश्चात् निमाड़ क्षेत्र में राजस्व वसूली की पूर्ववर्ती मालगुज़ारी व्यवस्था को

जारी रखा गया, लेकिन अंग्रेज़ों ने रैय्यतवाड़ी और महालवाड़ी[7] व्यवस्था को भी निमाड़ के अलग अलग भू-भाग में लागू किया। इसके अतिरिक्त निमाड़ क्षेत्र में 5% भूमि सिर[8] के अंतर्गत, 3% भूमि ख़ुदकास्त, 1% पटेलों के अधीन और 17% भूमि मालिक- मक़बूज़ा[9] व्यवस्था के अंतर्गत थी। भीलों की अधिकांश ज़मीन मालिक-मक़बूज़ा संबंधों के अंतर्गत थी। भील किसानों द्वारा उपज का 71% हिस्सा राजस्व के रूप रियासत को दिया जाता। इस राजस्व का 10-20% हिस्सा मालगुजार को जाता था। शेष भाग होलकर रियासत एवं अंग्रेज़ी खजाने में जमा किया जाता था। इसके अतिरिक्त अवैध करों की वसूली एवं बेगारी भी कराई जाती थी। निमाड़ क्षेत्र में बटाईदार किसानों एवं खेतिहर मज़दूरों की हालत सबसे अधिक ख़राब थी। राजस्व वसूली के अतिरिक्त संपत्ति कर, पशुओं पर चरागाह कर और पेड़-पौधों के नाम पर भी कर वसूल किया जाता था।

19वीं सदी के प्रारंभ में ही मराठा साम्राज्य ने अंग्रेज़ी हुकूमत के ख़िलाफ़ घुटने टेक दिए थे। लेकिन आदिवासी लड़ते रहे। भील एवं कोईतुर आदिवासियों का जीवन अंग्रेज़ी हुकूमत और इंदौर के होलकर साम्राज्य के बीच में पिस रहा था। होलकर घराना अंग्रेज़ों की गुलामी स्वीकार कर आरामतलब जीवन जी रहा था। इनके गठजोड़ के अतिरिक्त साहूकारों, मालगुजारों के दमन और शोषण ने आदिवासी क्षेत्रों में हालात को और अधिक गंभीर बना दिया था।

---

7 *रैयतवाड़ी- कंपनी द्वारा भूमि के सर्वेक्षण, उपज के अनुमान के आधार पर बिना किसी बिचौलिए के सीधे रैयत (किसान) के साथ एग्रीमेंट करके करों का निर्धारण किया जाता था। महालवाड़ी- बॉम्बे प्रेसीडेंसी विलियम बैंटिक ने 1833 में इसे लागू किया। कंपनी ने गाँवों के समूह (महाल) को केंद्र बना कर राजस्व वसूली करना शुरू किया। गाँवों के मुखिया राजस्व वसूली का कार्य देखते थे।*

8 *'Sir' भूमि ज़मींदार द्वारा निजी उपयोग में ली जाती थी।*

9 *मालिक मक़बूज़ा संबंधों की यह व्यवस्था औपनिवेशिक दौर में मध्य और उत्तर भारत में देखने को मिलती थी। मालिक राजस्व की रसीदों में दर्ज़ ज़मीन के कानूनी मालिक-पट्टेदार को कहा जाता था और ज़मीन पर व्यावहारिक कब्ज़ेदार, बटाईदार किसान और स्वामित्व खो चुका व्यक्ति होता था, यह उपज के एक हिस्से और पेड़ पौधों का मालिक होता था।*

टंट्या भील का जन्म वर्तमान में मध्य प्रदेश के खंडवा जिले के बड़दा गाँव में सन् 1844 ई. में हुआ था। जन्म देने के कुछ समय पश्चात् माँ का देहांत हो गया। पिता भाऊ सिंह भील की देखरेख में टंट्या का बचपन अन्य आदिवासी बच्चों की तरह संघर्ष करते हुए गुजरा था। ज्वार के पेड़ जैसी पतली और लंबी कद काठी के चलते उनका नाम टंट्या पड़ा। बचपन में ही कागज़ बाई से उनका बाल-विवाह हो गया था।

निमाड़ क्षेत्र की ज़मीन खेती के लिए पूरी तरह से वर्षा पर निर्भर थी। लगातार पड़ रहे अकाल और सूखे ने आदिवासियों की स्थिति को अधिक गंभीर बना दिया था। ज़मींदार, मालगुजार अथवा रियासत किसी की भी तरफ़ से राजस्व में कोई रियायत या माफ़ी नहीं थी। अचानक से टंट्या के पिता भाऊ सिंह भील की मौत हो गई। वैसे उस समय एक मेहनतकश इंसान की औसत उम्र लगभग 35 वर्ष के आस पास थी। पिता की मौत और अकाल के चलते चार साल तक बंजर भूमि की मालगुजारी नहीं चुकाने के कारण मालगुजार ने टंट्या भील को उसके पुरखों की ज़मीन से बेदखल करके उस पर अपना कब्ज़ा जमा लिया था।

टंट्या भील ने अपना पैतृक गाँव छोड़कर के पड़ोस के गाँव पोखरा जाने का निर्णय किया। यहाँ टंट्या के पिता ने अपने जिंदा रहते हुए दोस्त शिवा पाटिल के साथ साझेदारी में ज़मीन ली थी। टंट्या ने पोखरा गाँव आकर इस साझी ज़मीन पर खेती करना चाहा लेकिन शिवा पाटिल ने ज़मीन में हिस्सा देने से इनकार कर दिया। तत्पश्चात् टंट्या ने अपनी संपत्ति (जानवर, घर, सामान) बेचकर न्यायालय की ओर रुख किया। उन्होंने शिवा पाटिल के खिलाफ़ मुकदमा भी दर्ज़ कराया लेकिन सफलता नहीं मिली।

टंट्या भील के पूर्वज, जो उस ज़मीन के पहले निवासी और मालिक थे, अब उन्हीं की ज़मीन पर ग़ैर-आदिवासियों ने छल कपट से कब्ज़ा कर लिया था। टंट्या को अपनी ही ज़मीन पर मज़दूर बनने पर मजबूर कर दिया। पुलिस का रवैया पहले से ही पक्षपात पूर्ण था। वह अब भी जारी था। पुलिस अपराध की जाँच के नाम पर आदिवासियों को जेल में डालती रहती

थी। लिहाज़ा टंट्या भील के साथ लगातार ये होता रहा। तीस साल की उम्र में पहली बार 'बैड लाइवलीहुड' (बुरे बर्ताव/जीवनयापन) के आरोप में वर्ष 1874 में उन्हें जेल भेजा गया था।

जब शिवा पाटिल ने उन्हें ज़मीन नहीं जोतने दी तो उन्होंने शिवा पाटिल के कारिंदों पर हमला कर दिया और लाठी के बल पर अपना खेत जोत लिया। पोखरा गाँव के शिवा पटेल के पुत्र जालिम सिंह ने टंट्या के ऊपर फ़िर से चोरी का मुकदमा दर्ज़ कराया जबकि उस समय वह घटनास्थल से बहुत दूर था। कुछ लोगों ने झूटी गवाहियाँ देकर पुलिस पर दबाव बनाया। शिवा पाटिल ने पुलिस में शिकायत दर्ज़ की। पुलिस द्वारा टंट्या भील को गिरफ़्तार कर 1877 में जेल भेज दिया गया। एक साल बाद टंट्या जेल से लौटने के पश्चात् मज़दूरी करके अपना जीवन जीने लगे।

टंट्या अब पोखरा गाँव छोड़कर दूसरे गाँव, हीरपुर चले गए और मज़दूरी करके अपना पेट भरने लगे। एक बार फ़िर पुलिस ने हीरपुर गाँव से टंट्या और खजोडा गाँव के बिजोनिया को चोरी के झूठे इल्ज़ाम में गिरफ़्तार कर लिया। लिहाज़ा गाँव के लोगों ने पुलिस की ज्यादती से परेशान होकर पुलिस पर हमला कर दिया। न्यायिक सुनवाई के दौरान चोरी का आरोप तो निराधार साबित हुआ लेकिन पुलिस पर हमला करने के आरोप में तीन महीने की सज़ा सुनाई गई।

जेल से रिहाई के बाद टंट्या भील और उसके साथियों ने हीरापुर और पोखरा गाँव को छोड़ दिया। अब वे अपनी बुआ के ससुराल खरगोन जिले की झिरन्या तहसील के सिवाणा गाँव चले गए और खेती करने लगे। लेकिन यहाँ भी ज़मींदार ने टंट्या पर चोरी का फ़र्जी मुकदमा दर्ज़ कराया। इसलिए टंट्या भागकर सतपुड़ा के जंगलों में चले गए। तत्पश्चात् टंट्या भील ने ज़मींदारों, मालगुजारों, पुलिस, पाटिलों के ख़िलाफ़ पीड़ितों का एक संयुक्त मोर्चा खोल दिया। परिणामस्वरूप पुलिस ने उन्हें भगोड़ा घोषित कर दिया।

यहाँ एक बात समझना बेहद ज़रूरी हैं कि आख़िर टंट्या भील पर झूठे आरोप क्यों लगाए जा रहे थे? और उन्हें क्यों झूठे आरोपों में सज़ा सुनाई

जा रही थी? इसकी मुख्य वज़ह 19वीं सदी के ब्रिटेन में अपराधियों के प्रति नस्लीय और वर्गीय आधार पर पनप रही घृणा थी। इसका इशारा कांग्रेस के संस्थापक ए. ओ. ह्यूम के इस कथन से मिलेगा, उनका कहना था कि यह सीधे-सीधे दरिद्रता और अक्सर पुलिस के असहिष्णु और क्रूर रवैये का परिणाम था-"लगभग जंगली और जिंदगी से पूरी तरह बेपरवाह ये लोग अपराध में धकेल दिए जाते हैं। इन्हें कहीं भी एक दिन आराम से जीने नहीं दिया जाता। इनके आने की ख़बर सुनते ही पुलिस इनके पीछे पड़ जाती है और इन्हें जंगली जानवरों की तरह एक गाँव से दूसरे गाँव में खदेड़ा जाता रहता है। इन्हें न सिर्फ़ पुलिस की डाँट बल्कि बिना वज़ह थानों में लात-घूँसों का भी सामना करना पड़ता है।"[10]

प्लासी-बक्सर जीत के बाद अंग्रेज़ी साम्राज्य के सामने देसी रियासतों ने समर्पण कर दिया था। दरबार में अंग्रेज़ एजेंट को जगह दे दी गई थी। आदिवासियों के अतिरिक्त और कोई दूसरी चुनौती उनके सामने नहीं थी। उन्होंने भारत की आज़ादी तक अंग्रेज़ों के ख़िलाफ़ लड़ाई जारी रखी। शायद ही कोई ऐसा दशक था जब देश के किसी न किसी हिस्से में आदिवासियों ने अंग्रेज़ों के ख़िलाफ़ मोर्चा न खोला हो। पूर्वोत्तर से पश्चिम तक और उत्तर से दक्षिण तक, हर हिस्से में आदिवासियों ने अंग्रेज़ों का विरोध किया।

अंग्रेज़ों ने 'जरायम पेशा अधिनियम(क्रिमिनल ट्राइब एक्ट 1871, क्रिमिनल ट्राइब संशोधन अधिनियम, 1911, 1924) के ज़रिए भील, मीणा, सांसी इत्यादि भारत के लगभग 127 समुदायों को इस सूची में शामिल कर दिया गया। इसके अंतर्गत इन समुदायों को जन्मजात अपराधी प्रवृत्ति का घोषित कर दिया। इन समुदायों के सभी बालिग़ सदस्यों का सरकार ने रजिस्टर में पंजीकरण किया और नियमित तौर पर पुलिस थानों में उपस्थिति को अनिवार्य घोषित कर दिया।[11]

---

10 विमुक्त जनजातियों की विकास-यात्रा, मल्ली गांधी, राजकमल प्रकाशन 2023, पृष्ठ-67

11 *जरायम पेशा ठहराई गयी जनजातियों की संख्या बतलाना मुश्किल है। लेकिन अखिल भारतीय जाँच समिति की रिपोर्ट के अनुसार इनकी संख्या तब 136 थी। इसके अलावा बहुत से मिले-जुले समूहों को भी इसी सूची में शामिल किया जाता था। इसे और विस्तार से समझने के लिए सी.बी. ममोरिया की किताब 'सोशल प्रॉब्लम एंड सोशल डिस-ऑर्गनाइजेशन' देख सकते हैं।*

इसके अंतर्गत किसी को गाँव छोड़कर जाने या फ़िर किसी के गाँव में आने की पूर्व सूचना पुलिस थानों में अनिवार्य रूप से देनी थी। निगरानी हेतु इन समुदायों को निर्धारित कॉलोनियों और कैंपों में बसाने के लिए कार्यक्रम शुरू किए गए। इन क्षेत्रों में होने वाले अपराधों के लिए इन्हें ही ज़िम्मेदार माना जाता था। लिहाज़ा टंट्या भील और उनके साथियों पर इल्ज़ाम लगाना और उन्हें गिरफ़्तार करना अंग्रेज़ी प्रक्रिया का हिस्सा था। आज़ादी के बाद 1949-50 में 'द क्रिमिनल ट्राइब एक्ट इन्क्वायरी कमेटी' की सिफारिशों के बाद इन समुदायों को 'डिनोटिफ़ाइड ट्राइब' कहा गया। इस तरह उन्हें इस एक्ट से मुक्ति मिली।

निमाड़ का यह हिस्सा बरार और खानदेश से लगे होने के कारण होलकर, गायकवाड और शिंदे रजवाड़ों का हिस्सा अथवा निकटवर्ती क्षेत्र था। टंट्या भील ने पुरखों की भाँति अंग्रेज़ी हुकूमत के साथ ग़ैर आदिवासी ज़मींदार, मालगुजारों के शोषण और दमन के ख़िलाफ़ आदिवासियों को एकजुट करके सशस्त्र संघर्ष करना शुरू किया। उन्होंने शोषकों के गठजोड़ को आदिवासी क्षेत्रों से समाप्त करने का बीड़ा उठाया।

देश के अलग-अलग हिस्सों में लड़ रहे आदिवासियों ने टंट्या और उनके साथियों को हिम्मत प्रदान की। उन्होंने प्रताड़ित लोगों और आदिवासी नौजवानों को एकत्रित कर एक समूह बनाकर ज़मींदार, साहूकार, होलकर राज्य और अंग्रेज़ी हुकूमत के ख़िलाफ़ संयुक्त संघर्ष शुरू किया। सरकारी खजाने और अनाज गोदामों को लूटकर गरीब और ज़रूरतमंद लोगों में बाँटना शुरू कर दिया। कुछ ही समय में टंट्या भील और उनका समूह शोषित, पीड़ित आदिवासियों का नायक बन गया।

अंग्रेज़ और स्थानीय रियासत, सामंत, ज़मींदार, मालगुज़ार सभी आदिवासियों को लूटने में लगे थे, उनका शोषण कर रहे थे, बेगार करा रहे थे; लिहाज़ा हमले के वक्त टंट्या और उनके साथियों ने किसी के साथ कोई रहम नहीं किया।

टंट्या भील ने 30 जून, 1878 को ज़मींदार हिम्मत सिंह पाटिल के घर पर हमला बोलकर सारा अनाज लूट लिया। ज़मींदार के भाई का अपहरण

कर लिया और फ़िरौती की रकम के रूप में 100 रु. वसूल किए। हिम्मत सिंह गोली लगने से घायल हो गए थे। पुलिस ने टंट्या भील और उनके साथी दौलिया भील, बिजोनिया भील को गिरफ़्तार कर 20 नवंबर, 1878 को अदालत में पेश किया। सैंकड़ों लोग इन्हें देखने के लिए एकत्रित हुए। हिम्मत सिंह पाटिल की गवाही पर टंट्या को सज़ा सुनाई गयी। सभी को खंडवा जेल भेज दिया गया। लेकिन मात्र 3 दिन में 24 नवम्बर, 1878 को ही जेल से साथियों के संग फरार हो गए।

अंग्रेज़ी हुकूमत और उनके 'देसी' सहयोगियों पर टंट्या के नेतृत्व में आदिवासियों के हमले जारी रहे। लूट का माल गरीबों के बीच बँटता रहा। उन्होंने अपना पूरा जीवन इसी तरह से जीना शुरू किया और इसी रूप में देश में चर्चित हुए। सेंट्रल प्रोविंस[12] के बड़वानी से बैतूल तक के इलाके को अपना कार्यक्षेत्र बनाकर होलकर राज्य के ज़मींदारों और अंग्रेज़ी हुकूमत के द्वारा शोषित आदिवासियों के मन में पनप रहे असंतोष को टंट्या भील ने अभिव्यक्ति दी।

1879 में गाँव के मुखिया बांद्रा राजपूत, उसके बेटे और एक अन्य व्यक्ति पर हमला किया। निमाड़ के पूर्वी हिस्सों में नर्मदा घाटी में स्थित गाँवों पर हमले करना शुरू किया। ज़मींदारों, पुलिसवालों और गाँव के मुखियाओं पर हमला करके उन्हें लूट लिया गया। इसी प्रकार एक ब्राह्मण साहूकार से 100 रुपये छीनकर गरीब और ज़रूरतमंदों में बाँट दिए थे। बाँटे गए इन पैसों से गरीबों ने अपनी बेटियों की शादी की, लिहाज़ा उन्हें "मामा" के नाम से बुलाया जाने लगा। ज़रूरतमंदों को बैलगाड़ियाँ खरीदकर दान में दी गईं, लिहाज़ा उनका प्रभाव बढ़ता गया।

1880 की शुरुआत में करीब 24 गाँवों में ज़मींदारों, साहूकारों, मालगुजारों, पुलिस चौकियों, अंग्रेज़ अधिकारियों के घरों पर एकसाथ हमले हुए। जिसके कारण पूरा प्रशासन चकित रह गया। कुछ ही महीनों बाद उनके लगभग 200 साथियों को गिरफ़्तार कर लिया गया। लेकिन टंट्या

---

12 *अंग्रेज़ों ने इसकी स्थापना 1861 में की। इसमें आज के महाराष्ट्र, छत्तीसगढ़ और मध्य प्रदेश का बहुत बड़ा हिस्सा आता है।*

भील पकड़ में नहीं आए। उन्होंने अब अपने कार्यक्षेत्र का विस्तार इंदौर, होशंगाबाद, इलीचपुर तक कर लिया था।

1881 में पुलिस ने दौलिया और हिरिया को गिरफ़्तार करके काले पानी की सज़ा सुनाई और उन्हें अंडमान जेल में भेज दिया, जहाँ उनकी मौत हो गयी। बिजोनिया को गिरफ़्तार करके 1881 में फाँसी पर लटका दिया गया। टंट्या की मदद का आरोप लगाकर पुलिस ने सैकड़ों आदिवासियों को गिरफ़्तार करके जेल में डाल दिया था और कइयों की हत्या कर दी गई। गाँवों को जला दिया गया और उनकी संपत्ति को नुकसान पहुँचाया गया।

आदिवासी गाँवों में पुलिस चौकियाँ स्थापित की गईं। भीलों को लालच देकर भील कॉर्प्स में भर्ती किया जाने लगा, ताकि टंट्या को पकड़कर विद्रोहियों को कुचला जा सके। साथ ही आदिवासी क्षेत्रों में अंग्रेज़ एवं उसके सहयोगी होलकर राज्य की साम्राज्यवादी नीतियों का विस्तार किया जा सके।

16 दिसम्बर, 1882 को हेमगिरी गाँव के मालगुजार के अनाज के गोदाम को लूट लिया गया। 16 फ़रवरी, 1883 को रोहिनी के मालगुजार के घर पर अनाज के गोदाम को भी लूट लिया गया। ये सारे ज़मींदार, मालगुजार सीधे तौर पर इंदौर की होलकर रियासत के अधीन थे और होलकर अंग्रेज़ी सरकार के लिए लगान वसूली का काम कर रहे थे। टंट्या भील और उनके समूह को देखकर इस इलाके के बंजारा और कोरकू आदिवासियों ने भी समूह बनाकर ज़मींदार, मालगुजारों पर हमले करना शुरू किया।

छापामार युद्ध शैली के चलते टंट्या और उसके समूह को गिरफ़्तार करना विरोधियों के लिए आसान नहीं था। सतपुड़ा के घने जंगलों में होलकर और अंग्रेज़ी सेनाओं के साथ उनकी लड़ाइयाँ लगातार होती रहीं। 1886 में अंग्रेज़ी हुकूमत और होलकर रियासत ने एजेंट सर लेपेल हेनरी ग्रीफिन[13] और इंदौर के मेजर ईश्वरी प्रसाद को टंट्या भील को गिरफ़्तार करने की ज़िम्मेदारी दी।

---

13 *सर लेपेल हेनरी ग्रिफिन सिविल सेवा के अधिकारी के रूप में 1860 में पंजाब कमीशन में नियुक्त हुए। 1870 में पंजाब सरकार के मुख्य सचिव और 1880 में पॉलिटिकल ऑफिसर के रूप में अफगानिस्तान में नियुक्त हुए। 1881-89 में गवर्नर जनरल के एजेंट के रूप में इंदौर में होलकर रियासत में अपनी सेवा दी।*

हेनरी ग्रिफिन ने टंट्या भील और उनके साथियों की गिरफ़्तारी के लिए इश्तिहार लगाए। सूचना देने वाले को इनाम की घोषणा की गई। इसके अतिरिक्त गिरफ़्तारी के लिए विशेष दल "टंट्या पुलिस"[14] का गठन किया गया। मालवा भील कॉर्प्स, भूपाल पलटन और होलकर रियासत की पुलिस ने एक संयुक्त अभियान चलाया। निमाड़ क्षेत्र के लिए विशेष अधिकारी नियुक्त किया गया। लेकिन टंट्या ने भीलों के अतिरिक्त कोरकू आदिवासियों और अन्य पीड़ित तबके के लोगों के ऊपर 'गरीबों का मसीहा' के रूप में अपना प्रभुत्व स्थापित कर लिया था। लूट का माल गरीबों में बाँट दिया जाता था। सूचना देने के बदले अनाज से भुगतान किया जाता था। महिला और बच्चों को विशेष सम्मान दिया जाता था। लिहाज़ा गिरफ़्तारी आसान नहीं थी। लेकिन गिरफ़्तारी की तैयारी तेज़ होने लगी। अधिकारियों को अधिक भुगतान किया जाने लगा था क्योंकि पूर्व में सेन्ट्रल प्रोविंस पुलिस और होलकर रियासत की पुलिस टंट्या को पकड़ने में नाकाम रही थी।

बग़ावती जीवन के 12 वर्षों में टंट्या ने अंग्रेज़ अधिकारियों, पुलिस चौकियों, इंदौर रियासत के ज़मींदारों, साहूकारों, मालगुजारों के ऊपर 400 से ज़्यादा हमले किए। उन्होंने हर बार लूट का माल गरीब और ज़रूरतमंद लोगों के मध्य बाँट दिया था। जिन्होंने भी मुख़बिर बनने का प्रयास किया अथवा विश्वासघात का प्रयास किया, उसे नाक काटकर सज़ा दी।

जब अंग्रेज़ी हुकूमत और होलकर राज्य किसी भी प्रकार से टंट्या को नियंत्रित नहीं कर सका, तब उन्होंने कूटनीति का सहारा लिया। अंग्रेज़ों ने टंट्या और उनके साथियों के ऊपर लगे हुए सारे इल्ज़ाम वापस लेने और माफ़ करने की झूठी अफ़वाह फैला दी। टंट्या की सूचना देने वाले को 5000 रु. का इनाम देने की घोषणा की। टंट्या भील को गिरफ़्तार करने वाले अफसरों के लिए 10500 रुपये नकद और कई सौ एकड़ ज़मीन का इनाम देने की घोषणा की। होलकर रियासत ने भी इसी तरह की घोषणा कर दी। अफ़वाह फैलाकर, लालच और षडयंत्रों के जरिए टंट्या को गिरफ़्तार किए जाने की कोशिशें तेज़ हो गई थीं।

---

14 जननायक टंट्या भील, बाबा भांड, प्रभात प्रकाशन, 2014

बिजोनिया, दौलिया, हिरिया, मोडिया इत्यादि साथियों के न रहने से समूह कमजोर हो गया था। अंतिम 2 वर्षों में होलकर और सेंट्रल प्रोविंस की पुलिस ने टंट्या और उनके समूह को खूब परेशान किया। ढलती उम्र और कमजोर होती आँखों के कारण उन्हें परेशानी का सामना करना पड़ रहा था। मलेरिया के चलते वे अब बीमार रहने लगे थे। शरीर कमजोर पड़ने लगा था। उनके नाम पर अन्य कई लोगों ने समूह बनाकर निजी फायदे के लिए हमले शुरू कर दिए थे।

अंततः टंट्या भील इंदौर सेना के अधिकारी मेजर ईश्वरी प्रसाद के साथ अपनी सज़ा माफ़ कराने की तैयारी में जुट गये। 11 अगस्त, 1889 को श्रावण मास की पूर्णिमा और रक्षाबंधन के दिन मुँहबोली बहन के घर गए। लेकिन बहनोई द्वारा मुख़बरी किये जाने के कारण पुलिस ने गिरफ़्तार कर लिया। मुँहबोली बहन के पति गणपत राजपूत को टंट्या भील ने लगातार आर्थिक रूप से मदद की थी। गणपत राजपूत ने टंट्या भील को अंग्रेज़ी सरकार की तरफ़ से सज़ा माफ़ कराने का वादा भी किया था। लेकिन गणपत राजपूत ने इनाम के पैसे के लालच में मुख़बिरी कर दी।

गिरफ़्तारी के बाद उन्हें इंदौर लाया गया, जहाँ मल्हारगंज पुलिस थाने में रखा गया। ब्रिटिश हुकूमत ने टंट्या को शांति और सुरक्षा के लिए सबसे बड़े ख़तरे के रूप में लिया। लेकिन टंट्या ने लोगों की सहानुभूतियाँ बटोर ली थीं। उदाहरण के तौर पर टंट्या भील की गिरफ़्तारी के कुछ समय बाद ही तत्कालीन समय में खंडवा के स्थानीय अखबार "सुबोध सिन्धु" ने 30 अक्टूम्बर, 1889 को टंट्या भील के साहस, उदारता/ दानशीलता और नैतिकता के नाम पर माफ़ी दिए जाने की गुहार लगाई। इसी प्रकार स्थानीय वकीलों ने उनकी पैरोकारी करते हुए चीफ़ कमिश्नर को पत्र लिखते हुए टंट्या भील को माफ़ी देने की गुजारिश की।

द न्यूयॉर्क टाइम्स में 10 नवम्बर, 1889 को 'रॉबर टंट्या भील: इंडियाज़ रॉबिनहुड- मेक्स अ फुल कन्फेशन ऑफ़ क्राइम', नाम से छपी ख़बर के अनुसार "टंट्या ने 15 वर्ष पहले किसान के रूप में अपना पेशा

चुना था। लेकिन किसी छोटे से अपराध में एक साल के लिए नागपुर जेल भेज दिया गया। कुछ समय पश्चात् एक अन्य मुकदमे में जबलपुर जेल में भेज दिया गया। अब उसने होलकर राज्य के इलाके में शरण ली लेकिन उसे चोरी के फर्जी मुकदमों में फँसा दिया। लिहाज़ा उसे जंगल में भागने के लिए मजबूर किया गया। उसके पश्चात् उसे खंडवा जेल में भेज दिया गया लेकिन वह भागने में कामयाब रहा। उसके बाद उसने एक ग्रुप बनाया और बड़े पैमाने पर 'लूटमार'(हमले) शुरू कर दिए।"

अंततः 20 नबम्बर, 1889 को जबलपुर कोर्ट ने टंट्या भील को फाँसी की सज़ा सुनाई। लेकिन फाँसी किस तारीख को दी गई, इसको लेकर अभी स्पष्ट जानकारी नहीं है। मौखिक स्रोतों के अनुसार अनुसार 4 दिसंबर, 1889 को टंट्या की फाँसी के रूप में स्वीकार किया जाता है। फाँसी दिए जाने के पश्चात् अंग्रेज़ों ने उनके शरीर को खंडवा-इंदौर रेलवे लाइन के नजदीक पातालपानी स्टेशन के नज़दीक फेंक दिया गया। उस स्थान पर वर्तमान में आदिवासियों ने पूजा स्थल बना दिया है। निमाड़ इलाके की गाथाओं में आज भी टंट्या भील का ज़िक्र एक नायक के रूप में किया जाता है। लेकिन टंट्या भील को अकेले नहीं याद किया जाता, उनके साथ उनके सहयोगी रेंगा कोरकू भी याद किए जाते हैं।

आज भी निमाड़, धार, झाबुआ, बैतूल, होशंगाबाद- महाराष्ट्र, दक्षिणी राजस्थान और गुजरात के आदिवासी बाहुल्य इलाकों में टंट्या को एक लोकदेवता और महानायक की तरह पूजा जाता है। हर वर्ष उनकी याद में मेलों का आयोजन होता है और आज भी उनके बारे में बहुत से क़िस्से-कहानियाँ , गीत; मालवी, मराठी, गुजराती और निमाड़ी भाषा में गाये और सुनाये जाते हैं। टंट्या ने आदिवासियों में राजनैतिक चेतना और एकजुटता का संचार किया।

"जागो जंगलवासी जागो, भील भिलाड़ा जागो रे,
खींचो तीर कमान हाथ में, धरों कुल्हाड़ा जागो रे,
जागो जंगलवासी...
खेत हमारा, जंगल, नदी, नाला, नहर, पहाड़ा रे,

इनमां दखल करे जो कोई, उनको मार पछाड़ा रे,
जागो जंगलवासी...
केसर खाये गधा विदेशी, भूखा मरे किसान,
मरनो है तो मरो मार के, ठानों यही आन,
गोरा मुँह काला हो जाये, ऐसा करो जुगाड़ा रे,
भील भिलाड़ा जागो रे, जागो जंगलवासी..."[15]

गीत, क़िस्सों-कहानियों में टंट्या भील आज भी ज़िंदा है। सेन्ट्रल प्रोविंस गज़ेटियर्स; निमाड़ डिस्ट्रिक्ट, 1908 के अनुसार, "मध्य भारत के इतिहास में 1878 से 1889 तक का समय इंडियन रॉबिनहुड टंट्या भील के नाम से दर्ज़ है।"

सहायक ग्रंथ

1. पी.वी. रसेल; द ट्राइब एंड कास्ट ऑफ़ सेन्ट्रल इंडिया, वॉल्यूम 2, कलकत्ता, 1916
2. फिलिप फ्रेडरिक मैकडोउनी; कोलोनियल एडमिनिस्ट्रेशन एंड सोशल डवलपमेंट इन मिडिल इंडिया: द सेन्ट्रल प्रोविंस 1861-1921, पीएचडी थीसिस, डिपार्टमेंट ऑफ़ हिस्ट्री, यूनिवर्सिटी ऑफ़ वर्जिनिया, 1980
3. चारु चन्द्र मुख़र्जी; लाइफ ऑफ़ टंट्या भील: द रिनाउंड बेंडिट चीफ़, कलकत्ता, 1890
4. सेन्ट्रल प्रोविंस गजेटियर्स; निमाड़ डिस्ट्रिक्ट, इलाहाबाद, 1908
5. बाबा भांड; टंट्या, राधाकृष्ण प्रकाशन, दिल्ली, 2006
6. द न्यूयार्क टाइम्स; (डेली न्यूजपेपर), 10 नवम्बर 1889
7. सुबोध सिन्धु; (अखबार), 30 अक्टूम्बर 1889

---

15 अंजनी कुमार झा; मध्य भारत के आदिवासी और स्वतंत्रता आंदोलन, प्रकाशन विभाग, भारत सरकार, दिल्ली 2014, पृ. सं. 229

8. बाबा भांड; जननायक टंट्या भील, प्रभात प्रकाशन, दिल्ली, 2014

9. सुभाष चंद्र कुशवाहा; टंट्या भील: द ग्रेट इंडियन मूनलाइटर, हिन्द युग्म, दिल्ली, 2021

10. सुभाष चंद्र कुशवाहा; भील विद्रोह: संघर्ष के सौ साल, हिन्द युग्म, दिल्ली, 2021

11. इंदौर स्टेट गजेटियर्स

12. आदिवासी एकता परिषद्; शेर ए निमाड़ टंट्या भील

13. एस सी वर्मा; द भील किल्स, कुंज पब्लिशिंग हाउस, दिल्ली, 1908

रानी रोपुइलियानी

भारत के उत्तर-पूर्वी क्षेत्र में अंग्रेज़ी साम्राज्य के ख़िलाफ़ खड़े होने वालों में एक नाम मिज़ोरम की रानी रोपुइलियानी का भी है। रानी रोपुइलियानी ने मिज़ो सभ्यता, संस्कृति और विरासत की रक्षा के लिए अंग्रेज़ी साम्राज्य के ख़िलाफ़ बग़ावत का झंडा बुलंद किया और कुर्बानी दी। वह मिज़ोरम की पहली महिला शासक होने के साथ अपनी संस्कृति व विरासत की रक्षा के लिए याद की जाती हैं।

रानी रोपुइलियानी ने अपनी प्रजा और राज्य की रक्षा के लिए अंग्रेज़ों से लोहा लिया। रानी ने अंग्रेज़ी क़ानूनों और आदेशों के ख़िलाफ़ अवज्ञा आंदोलन की शुरुआत की थी। उन्होंने लोगों से ब्रिटिश आदेशों की अवमानना की अपील की क्योंकि रानी अंग्रेज़ी साम्राज्य की विस्तारवादी नीति से भली-भाँति परिचित थीं। आंग्ल-बर्मा युद्ध और यंदाबू की संधि के बाद यह और भी स्पष्ट हो गया था। वह जानती थीं कि अंग्रेज़ मिज़ोरम, बर्मा, असम और आस-पास की सभी रियासतों के संसाधनों पर कब्ज़ा करना चाहते हैं। इसके लिए उन्होंने मिज़ो राजाओं को झाँसा देकर अपने अधीन करने की शुरुआत कर दी थी।

रोपुइलियानी का जन्म 1825 में आदिवासी मिज़ो कबीले के सरदार और आइज़ोल के राजा लालसावुड़ा के परिवार में हुआ था। उनका विवाह मिज़ोरम के पश्चिमी भाग के राजा रौलुरहआ के भतीजे वानदुला से हुआ था। वर्ष 1851–56 के बीच रानी रोपुइलियानी ने अपने पति के साथ बेलपुई से कामजोल में रहकर शासन किया। फ़िर बाइची, रालबोंग, आइथूर, नहाहथियाल और अंत में देङलुङ में शासन किया।

सन् 1889–1890 के बाद अंग्रेज़ों ने लुसाई पहाड़ी क्षेत्रों पर प्रत्यक्ष नियंत्रण की कोशिश शुरू कर दी। इससे क्षेत्र में सामाजिक, सांस्कृतिक, धार्मिक और राजनैतिक ढाँचा गड़बड़ होने लगा था। ज़्यादातर आदिवासी सरदारों ने अंग्रेज़ों से लड़ते-लड़ते हार मान ली। लेकिन वानदुला की मृत्यु के बाद रानी रोपुइलियानी ने अपने सलाहकारों से मशविरा कर अपने अधीन के गाँवों में अपना शासन जारी रखने का निश्चय किया। उन्होंने अपने पति की मृत्यु के बाद अपनी दक्षता, कुशलता और योग्यता का परिचय दिया।

अंग्रेज़ों ने आदिवासी सरदारों के साथ कई दौर की बैठक की, लेकिन रानी ने बैठकों में भाग लेने और किसी भी प्रकार का कर देने से इनकार कर दिया। उन्होंने अंग्रेज़ों के लिए बेगार (चाय के बागानों और जंगल से इमारती लकड़ी लाने के लिए कुली भेजने) के लिए अपने लोगों को भेजने से भी इनकार कर दिया। यह रानी की अंग्रेज़ी हुकूमत से टकराने की शुरुआत थी। वह मिज़ोरम से अंग्रेज़ी प्रभाव को ख़त्म करने के लिए रणनीतियाँ बनाने लगीं। धीरे-धीरे वह अपने बेटे ललठुआमा के साथ विद्रोह करने के लिए तैयार हो गईं। अन्य आदिवासी सरदारों को भी अंग्रेज़ों के विरुद्ध एकजुट होने का निमंत्रण दिया, लेकिन भय के चलते ज़्यादातर सरदारों ने रानी की मुहिम से अलग रहने का निर्णय लिया।

रानी रोपुइलियानी अंग्रेज़ी हुकूमत के ख़िलाफ़ अपने कबीले को इकट्ठा करने लगीं। रानी के बढ़ते प्रभाव को देखते हुए अंग्रेज़ों ने भी अपनी रणनीति पर काम शुरू कर दिया। अंग्रेज़ों के लिए मिज़ोरम कई दृष्टियों से महत्त्वपूर्ण था, लेकिन सबसे महत्त्वपूर्ण—बर्मा एवं पूर्वोत्तर में अंग्रेज़ी प्रभाव को बनाए रखने के लिए मिज़ोरम की भू-राजनीतिक अवस्थिति थी। भारत के उत्तरी, दक्षिणी और पश्चिमोत्तर सीमांत प्रांतों पर कब्ज़े के बाद सिर्फ़ पूर्वोत्तर ही ऐसा क्षेत्र था, जहाँ अंग्रेज़ी शासन अभी भी बहुत कमज़ोर था। लिहाज़ा प्राकृतिक संसाधनों पर कब्ज़ा करने और अंग्रेज़ी साम्राज्य का विस्तार करने के लिए पूर्वोत्तर भारत पर पकड़ प्रशासनिक व रणनीतिक लिहाज़ से बेहद ज़रूरी थी।

अंग्रेज़ अधिकारियों ने रानी के बढ़ते प्रभाव को रोकने के लिए पश्चिमी लुसाई हिल्स के तत्कालीन अधिकारी जे. शेक्सपियर के नेतृत्व में सैन्य अभियान शुरू किया जिसका उद्देश्य रानी रोपुइलियानी के आंदोलन को कमज़ोर करना और उनके बेटे ललठुआमा के बढ़ते प्रभाव को रोकना था। मिज़ो लोगों पर अपनी पकड़ स्थापित करके अंग्रेज़ी शासन को मज़बूत करना था लेकिन उन्हें रानी रोपुइलियानी की कूटनीतिक चाल के आगे सफलता हाथ न लगी।

रानी ने अपने एक सहयोगी पस्लथा खंगचेरा की मदद से ब्रिटिश सेना पर हमला करना शुरू कर दिया था। रानी के लोगों ने एक इंस्पेक्टर और एक एजेंट की हत्या कर दी। रानी ने बंदूकों से लैस अपनी सेना के ज़रिए पश्चिमी लुडलेई में स्थित अंग्रेज़ी मुख्यालय पर हमले की रणनीति बनाई। लेकिन मुख़बिरी के कारण का यह प्रयास सफल न हो सका। अगस्त, 1893 की शुरुआत में कप्तान शेक्सपियर ने रानी पर नियंत्रण स्थापित करने के लिए उनके गाँवों की तरफ़ कूच किया। उन्होंने रानी से 30 बंदूकें, 10 सूअर, 10 बकरियाँ, 20 मुर्गे, 100 मन चावल बतौर रसद माँग की।[1] ये कोई बड़ी माँग नहीं थी, लेकिन इसके ज़रिए रानी से अंग्रेज़ों के समक्ष समर्पण चाहा गया था। रानी ने अंग्रेज़ों की किसी भी माँग को मानने से इनकार कर दिया और युद्ध की घोषणा कर दी। रानी अकेले अंग्रेज़ी सेना का मुक़ाबला करने की स्थिति में नहीं थीं, लिहाज़ा थोड़े से प्रयास के बाद 7 अगस्त, 1893 को रानी रोपुइलियानी के गाँव में अंग्रेज़ी सेना घुसने में सफल हो गई। रानी और उनके छोटे बेटे ललठुआमा को गिरफ़्तार कर लिया गया। उनका समर्थन कर रहे एक अन्य आदिवासी सरदार डोकुल्हा चिंज़ाह को भी गिरफ़्तार कर लिया गया।

12 अगस्त, 1893 को रानी रोपुइलियानी को गिरफ़्तार करके मिज़ोरम स्थित लुडलेई मुख्यालय में बंद कर दिया गया। अंग्रेज़ अधिकारियों ने रानी रोपुइलियानी के साथ समझौते के कई प्रयास किए, लेकिन असफल रहे। गिरफ़्तारी के बाद आदिवासियों के बढ़ते दबाव और रानी की लोकप्रियता ने अंग्रेज़ी सरकार को गंभीर संकट में डाल दिया। लिहाज़ा अंग्रेज़ अधिकारियों ने रानी को मिज़ोरम की जेल से चटगाँव (वर्तमान बांग्लादेश) के क़ैदख़ाने में भेजने का निर्णय लिया।

लंबी यात्रा के बाद रानी रोपुइलियानी को 18 अप्रैल, 1894 को चटगाँव जेल ले जाया गया। पाँच महीने तक चटगाँव में रहने के बाद रानी रोपुइलियानी अतिसार रोग से पीड़ित हो गईं। इलाज के अभाव में जेल में ही 3 जनवरी, 1895 को रानी की मृत्यु हो गई। मुंडा विद्रोह के नायक बिरसा मुंडा का निधन

1 कल्चर एंड फॉकलोर ऑफ़ मिज़ोरम, बी. लालथंगलियमा, पब्लिकेशन डिवीजन, दिल्ली

भी इसी तरह बीमारी के चलते जेल में हुआ था, लेकिन आदिवासियों का मानना है कि उनके बढ़ते प्रभाव को देखते हुए उन्हें ज़हर दिया गया था। इस तरह एक स्वाभिमानी और देशभक्त आदिवासी पुरखिन रानी रोपुइलियानी का अंत हुआ। लेकिन यह अंत पार्थिव शरीर का था, उनकी कीर्ति अमर है।

सहायक ग्रंथ

1. वासवीं किड़ो; भारत की क्रांतिकारी आदिवासी औरतें, सम्पादक रमणिका गुप्ता, रमणिका फाउंडेशन, नई दिल्ली- 2014
2. जे. वी. हलुना, रोपुइलियानी; हर रोल इन फ्रीडम स्ट्रगल ऑफ़ मिज़ोरम, 1990
3. जे. जोरेमा; इनडायरेक्ट रूल इन मिज़ोरम 1890-1954, मित्तल पब्लिकेशन-2007
4. आर. जी. वुडथोरपे; द लुभाई एक्सपेडीशन 1871-1872, हर्स्ट एण्ड ब्लॅकेट पब्लिकेशन, लंडन-1878

बिरसा मुंडा

ईस्ट इंडिया कंपनी की विस्तारवादी और मुनाफ़ाख़ोरी की नीति के कारण आदिवासी बाहुल्य क्षेत्रों में असंतोष पनपने लगा था। प्लासी और बक्सर की लड़ाई के बाद हुई इलाहाबाद की संधि (1765) की शर्तों के अनुसार तत्कालीन मुग़ल सम्राट शाह आलम द्वितीय ने कंपनी को मालगुजारी वसूल करने का अधिकार सौंप दिया। कंपनी ने राजस्व वसूली के लिए अंग्रेज़ अधिकारी-क्लेक्टरों की नियुक्ति परंपरा शुरू की। भूमि के स्वामित्व के नये क़ानून बनाए जाने लगे। राजस्व वसूली की स्थायी बंदोबस्त की नीति की शुरुआत हुई और इसके तहत राजस्व-वसूली के लिए नीलामी की प्रकिया शुरू की गई।

18वीं सदी के उत्तरार्ध में अंग्रेज़ों ने ग़ैर-आदिवासियों के साथ गठजोड़ कर आदिवासियों की ज़मीन पर कब्ज़ा करना आरम्भ कर दिया। फलतः आदिवासियों ने इस गठजोड़ के ख़िलाफ़ बग़ावत शुरू कर दी। रामगढ़ में कलेक्ट्रेट की स्थापना के कुछ ही वर्षों बाद 1779 में इस क्षेत्र के आदिवासियों का पहला संगठित विद्रोह बुण्डू में हुआ। इसे प्रारम्भिक मुंडा विद्रोह कहते हैं। इस विद्रोह के एक वर्ष के अंदर ही मानभूम का 'भूमिज' विद्रोह हुआ, जो दो वर्षों तक चला। इसके बाद अगले सौ वर्षों तक इस क्षेत्र में लगातार आदिवासी बग़ावत जारी रही।[1]

ज़मीन की लूट तथा महाजनों, साहूकारों, व्यापारियों की मुनाफ़ाखोरी अंग्रेज़ी व्यवस्था की पहचान बन गई। स्थानीय ज़मींदार सरकारी एजेंट के रूप में कार्य कर रहे थे। फलतः आदिवासियों के सामने विद्रोह के अतिरिक्त कोई मार्ग नहीं बचा था। इन विद्रोहों में संथाल हूल और बिरसा मुंडा का 'उलगुलान'[2] आदिवासियों के शोषण के विरोध में सबसे मजबूत विद्रोह थे।

संथाल परगना, राजमहल और छोटानागपुर क्षेत्र (सिंहभूम, राँची और पलामू) संथाल, उरांव, मुंडा और हो आदिवासियों का मूल निवास स्थान था॥ अंग्रेज़ों के आगमन के बाद बाहरी लोग बड़ी संख्या में इन क्षेत्रों में प्रवेश करने लगे थे। इस वज़ह से आदिवासियों के परंपरागत सामाजिक, आर्थिक और राजनीतिक ढाँचे में दरार आने लगी। उन्हें अपना घर और जंगल छोड़ने के लिए बाध्य होना पड़ा था।

---

1 *इन विद्रोहों को विस्तार से समझने के लिए शैलेन्द्र महतो की किताब 'झारखंड में विद्रोह का इतिहास' पढ़ सकते हैं।*

2 *'उलगुलान' एक उरांव (आदिवासी) भाषा का शब्द है, जिसका अर्थ होता है- भीषण विद्रोह।*

आदिवासी समाज में, विशेषत: मुंडा समाज में, खेती वाली ज़मीन ('खुटकट्टी' और 'भूइंहरी) पूरे गाँव की सामूहिक संपत्ति थी। अब इस ज़मीन के निजी पट्टे तैयार कर उन्हें छीना जाने लगा। शुरुआत में एक निश्चित राशि टैक्स के रूप में वसूल की जाती थी लेकिन धीरे-धीरे अनगिनत बहानों से लूट शुरू हो गई।

"घोड़े की आवश्यकता होने पर कोल[3] को उसका दाम अदा करना पड़ता है। जब ज़मींदार को पालकी की ज़रूरत होगी तब मुंडा, उरांव न केवल पालकी के दाम देंगे बल्कि उसे ढोएंगे भी। ज़मींदारों के सभी खर्च, यहाँ तक कि उनके गायक, दूध देने वाली गाय और पान का भी खर्च आदिवासियों को देना होगा। यदि किसी ज़मींदार के यहाँ किसी की मृत्यु हुई हो तो क्रिया-कर्म का सारा खर्च उरांव, मुंडा और अन्य आदिवासियों को देना होगा। ज़मींदार के घर किसी का जन्म होने पर आदिवासियों के लिए भेंट देना अनिवार्य था। यदि किसी ठेकेदार को अदालत में सज़ा हो गई, तो भी वह ज़ुर्माना कोल को ही देना होगा। यदि किसी आदिवासी के घर किसी का जन्म हुआ या शादी हुई, तो भी उन्हें ज़मींदारों तथा ठेकेदारों को भेंट देना पड़ता था। इसके अतिरिक्त आदिवासियों को ज़मींदारों, ठेकेदारों की बेगार सेवा करनी पड़ती थी।"[4]

उन्नीसवीं सदी के अंत में बिरसा मुंडा के नेतृत्व में मुंडाओं ने जब अंग्रेज़ शासकों के विरुद्ध आवाज़ उठायी तो यह उसी शृंखला का हिस्सा थी, जिसे तिलका मांझी और विनु मानकी ने शुरू किया था। बिरसा मुंडा छोटानागपुर के आदिवासियों के आर्थिक शोषण और राजनैतिक दमन से परिचित थे। इन्हीं परिस्थितियों में उभरे बिरसा मुंडा और उनका उलगुलान पूरे आदिवासी समुदाय के लिए पुनर्जागरण का प्रतीक बन गया।

छोटानागपुर क्षेत्र में 1845 में पहली बार ईसाई मिशनरियों का आगमन हुआ। उनके द्वारा की गई समाज-सेवा और शिक्षा-प्रसार ने लोगों को प्रभावित किया। बिरसा के पूर्व, सरदार आंदोलन[5] के नेता मिशनरियों को अपना हितैषी मानते थे। उन्हें उम्मीद थी कि वे मिशनरियों के माध्यम से अपनी बात अंग्रेज़

---

3 *कोल शब्द का इस्तेमाल यहाँ आदिवासी के संदर्भ में किया गया है।*

4 अनुज कुमार धान; आधुनिक भारत के निर्माता: बिरसा मुंडा, प्रकाशन विभाग, भारत सरकार, दिल्ली, 2002, पृ. सं. 5

5 *इस आंदोलन का उद्देश्य आदिवासियों की पारंपरिक भूमि व्यवस्था को बचाना और ब्रिटिश राज एवं ज़मींदारी व्यवस्था के अत्याचारों का विरोध करना था।*

अधिकारियों तक पहुँचा सकेंगे। लेकिन 1857 के बाद अंग्रेज़ी शोषण और दमन बढ़ता गया। वन क़ानून के माध्यम से जंगल को आरक्षित बनाया गया, पुलिस चौकियाँ स्थापित की जाने लगीं; ऐसे में आदिवासियों को अंग्रेज़ शासकों और मिशनरियों की एकता स्पष्ट नज़र आने लगी थी।

ग़ैर-आदिवासियों और बाहरी लोगों के प्रवेश के कारण परंपरागत जीवनशैली और भूमि-व्यवस्था में बदलाव आने लगा था। खेती योग्य ज़मीन पर बाहरी ज़मींदारों और जागीरदारों का कब्ज़ा होने लगा। जंगल सरकार के अधीन आ गए। सांस्कृतिक ढाँचा टूटने लगा। छोटानागपुर में परंपरागत अर्थव्यवस्था और भूमि व्यवस्था टिक नहीं सकी। आदिवासियों के जीवन में एक तूफ़ान-सा आ गया था।

"उन्नीसवीं शताब्दी के मध्य में छोटानागपुर में लगभग छ: सौ बाहरी जागीरदार थे। उन्हें आधे गाँव से लेकर 150 गाँव तक का स्वामित्व प्राप्त था। मुंडा और उरांव लोगों के पास कुछ भी ज़मीन नहीं बची थी और जो कुछ भी बचा था, वह भी उनके हाथों से निकल रहा था।"[6] आदिवासियों की ज़मीन छल-कपट से छीनी जाने लगी थी। भुइंहारी या खुटकट्टी[7] ज़मीन के मालिक की मृत्यु के बाद ज़मीन हड़प ली जाती थी।

भारत के अधिकांश आदिवासी आंदोलनों का मुख्य कारण ज़मीन की लूट, जंगल से बेदखली, सांस्कृतिक अशुद्धि और बेगारी की व्यवस्था थी। छोटानागपुर के सोनपुर में मुंडाओं और मानकियों के जो पैतृक गाँव थे, उन्हें मुस्लिम, सिख और अन्य ठेकेदारों में बाँट दिया गया।

मिशनरियों ने एक तरफ़ ईसाइयत के ज़रिए साम्राज्यवादी शासन को वैधता और मजबूती प्रदान की, वहीं दूसरी तरफ़ मिशनरी शिक्षण केंद्रों के माध्यम से ज्ञान के साथ ईसाई धर्म का प्रचार-प्रसार किया। अंग्रेज़ी दौर में छोटानागपुर और अन्य आदिवासी इलाक़ों को इन्होंने अपना केंद्र बनाया। परिणामस्वरूप 1895 तक ईसाई धर्म मानने वाले आदिवासियों की संख्या

---

6 अनुज कुमार धान; आधुनिक भारत के निर्माता: बिरसा मुंडा, प्रकाशन विभाग, भारत सरकार, दिल्ली, 2002, पृष्ठ-8

7 *भुईहरी- भूमि पर जोतदार के पास वंशानुगत अधिकार प्राप्त थे और कर मुक्त या कम कर दिया जाता था, इनकी ज़मीन को ज़मींदार या राजा द्वारा नहीं लिया जा सकता था। खुटकट्टी या ख़ुदकास्त के अंतर्गत भू स्वामित्व सामूहिक तौर पर पूरे गाँव के परिवारों के समूह के पास होता था जिसे किसी भी बाहरी को बेचना या देना वर्जित था।*

लगभग चालीस हजार हो गई थी। मिशनरियों ने मुंडारी भाषा, लोक संगीत और मुंडारी प्रथाओं को संरक्षित करने का भी कार्य किया। अंग्रेज़ी शिक्षा से आदिवासियों को शासन के तिकड़मों को सीखने में मदद मिली। लेकिन आदि धर्म को नुकसान पहुँचा।

'छोटानागपुर टेन्योर एक्ट' 1869, 'शिड्यूल डिस्ट्रिक्ट एक्ट' 1874 के कारण आदिवासी बहुल क्षेत्रों को क़ानूनी सुरक्षा प्राप्त हुई। आदिवासियों ने छोटानागपुर के राजा और स्थानीय अफसरों के विरुद्ध मुकदमे दायर किए। भुईहरी ज़मीन को आदिवासियों को लौटाने की प्रक्रिया आरंभ हुई। 1870 से 1880 तक भुईहरी संपत्ति का सर्वेक्षण भी किया गया। 1858 से 1890 के मध्य ईसाई धर्मावलम्बी आदिवासियों ने अपने अधिकारों के लिए आंदोलन किया। सरकार के पास आवेदन भी दिया। लेकिन कोई रियायत नहीं मिली। उनके ईसाई होने का कोई फ़ायदा नहीं मिला।

1890 के दशक में सरदार आंदोलन के नेताओं को समझ में आने लगा था कि उनके खेत और जंगल उनके हाथ से निकल गए हैं। अब उनका मिशनरियों से मोहभंग होने लगा था। विदेशियों और ज़मींदारों के बीच मिलीभगत स्पष्ट नज़र आने लगी थी। उन्हें समझ आने लगा कि आदिवासियों को अपने हितों की रक्षा के लिए स्वयं संघर्ष करना पड़ेगा।

उलगुलान छोटानागपुर के 'मुंडा', 'हो', 'उरांव' जैसे खेतिहर आदिवासी समुदायों का आंदोलन था। छोटानागपुर के जंगलों को काटकर सर्वप्रथम खेती करने का श्रेय मुंडाओं को दिया जाता है। मुंडा समुदाय गणतांत्रिक व्यवस्था पर आधारित समाज था। संपत्ति पर पूरे समाज का सामूहिक अधिकार था। 'पाहन' धार्मिक मुखिया होता था और उसका स्थान समाज में सर्वोपरि था। 'मुंडा' (पदनाम) गाँव का प्रधान था। दोनों के सामंजस्य से समाज चलता था। अंग्रेज़ी शासन ने पाहन की उपेक्षा कर 'मुंडाओं' को अधिक महत्त्व देना प्रारंभ कर दिया था। लालच और शासन के साथ नजदीकियों के चलते 'मुंडा' अपने ही लोगों का शोषण करने लगे थे। बारह से बीस गाँव के समूह को 'पड़हा' कहा जाता था। उसके अध्यक्ष को पड़हा राजा कहा जाता था। गाँव की समस्याओं को सुलझाने का अंतिम निर्णय पड़हा राजा की अध्यक्षता में पड़हा सभा करती थी। बाईस पड़हा के समूह

का एक राजा होता था। राजा का आदेश पाहन और मुंडाओं के लिए मानना अनिवार्य होता था।

मुंडा समुदाय 'सिगबोंगा' का उपासक है और इनके धार्मिक स्थल को 'सरना' कहते हैं। इनके मुख्य पर्व-त्योहार- मागे पर्व, फागु पर्व, सरहुल, होनबा, करम इत्यादि हैं। ये सभी पर्व प्रकृति, खेती से संबंधित हैं। धार्मिक और सामाजिक अवसरों पर हड़िया का प्रयोग प्रचलित था। लेकिन अंग्रेज़ों ने शराब को बढ़ावा देना शुरू किया।

आदिवासी समाज में स्त्री-पुरुष का दर्ज़ा समान होता है परंतु परिवार का मुखिया पिता होता है। मुंडा समुदाय गोत्र पर आधारित है। किली और गोत्र के आधार पर ज़मीन की सामूहिक 'खुटकट्टी' व्यवस्था मुंडा समाज की पहचान थी।

'मुंडा' प्रशासनिक और राजस्व संबंधी निर्णय लेता था। साथ ही गाँव के मामलों में अंतिम फैसले का हक़ रखता था एवं अन्य गाँवों के साथ संबंधों में गाँव का प्रतिनिधित्व भी करता था। धार्मिक अनुष्ठानों में पाहन की भूमिका सबसे महत्त्वपूर्ण थी। वह 'सिंगबोंगा' के समक्ष मुंडाओं का प्रतिनिधित्व करता था। पाहन का स्थान मुंडा से ऊँचा था। पाहन के निर्णयों की अवमानना पर सज़ा का प्रावधान था।

बिरसा मुंडा के उलगुलान के कई कारण थे। मुंडाओं पर ज़मींदारों का शिकंजा, व्यापारियों को मिली हुई छूट, कर्मचारियों का शोषण, बेगार, अंग्रेज़ी क़ानून और अदालत की पेचीदगियाँ। इनके कारण पाहन की भूमिका कमजोर हो गई और 'मुंडा' गाँव का सबसे महत्त्वपूर्ण अधिकारी हो गया था। अंग्रेज़ों ने विवादों में मुंडाओं की भूमिका को स्वीकार कर लिया, वे अब बिचौलिए की भूमिका में थे। लिहाज़ा पाहनों से संघर्ष शुरू हुआ जिसका फ़ायदा ज़मींदारों और अंग्रेज़ों ने उठाया।

उन्नीसवीं सदी के उत्तरार्द्ध में आदिवासी रोज़गार की तलाश में पलायन करने लगे थे। सार्वजनिक स्थलों हाट और बाज़ारों में दलाल अरकाटी घूम-घूमकर नौकरी और पैसे का प्रलोभन देकर के आदिवासियों को बंगाल, असम के चाय बागानों में और गिरमिटिया मज़दूर बनाकर भारत के बाहर भेजने लगे थे।

"उन्नीसवीं सदी के उत्तरार्द्ध में लगभग तेरह हजार आदिवासी, मज़दूर बनकर बाहर जा चुके थे। असम के चाय बागानों में भी सात हजार के करीब आदिवासी मज़दूरी कर रहे थे। इनमें से अधिकतर मुंडा थे।"[8] छोटानागपुर के राजाओं ने 'खोरपोस'[9] की परंपरा शुरू की थी, जिसे अंग्रेज़ों ने बढ़ावा दिया।

मुंडा क्षेत्र में सबसे पहले चाईबासा में जर्मन मिशन(1845) की स्थापना हुई, जिसमें एक विद्यालय और छात्रावास था। अन्य आदिवासी परिवारों की तरह बिरसा मुंडा के पूर्वज ईसाई धर्म को स्वीकार कर चुके थे।

ऐसी विकट परिस्थितियों में बिरसा मुंडा का जन्म 15 नवंबर, 1875 को वर्तमान झारखंड के उलीहातू गाँव में हुआ था। बिरसा के पूर्वज 'पूर्ति' गोत्र के थे, जो कि मुंडाओं की एक प्रमुख शाखा है। बिरसा के पिता का नाम सुगना मुंडा और माँ का नाम करमी था।

जर्मन मिशनरियों के प्रभावस्वरूप बिरसा के पिता सुगना के बड़े भाई कान्हू जर्मन मिशन में ईसाई बन चुके थे। सुगना और उसके छोटे भाई पसना ने भी बाद में बंबा में ईसाई धर्म स्वीकार कर लिया। बिरसा के पिता ईसाई बनने के बाद जर्मन मिशन में धर्म प्रचारक भी बन गए। एक ईसाई के रूप में बिरसा का कन्फर्मेशन[10] सिंहभूम के चाईबासा के लूथरन मिशन चर्च में 7 मई, 1886 को हुआ था। बिरसा का कन्फर्मेशन, रेवरेन्ड डेडलॉक ने किया था। उस समय बिरसा की आयु लगभग ग्यारह वर्ष थी। उस समय जर्मन मिशन के अध्यक्ष रेवरेन्ड नाट्रोट एक प्रतिष्ठित व्यक्ति थे। चाईबासा उच्च शिक्षा का केंद्र था, इसलिए उस समय खूँटी, तमाड़, बुंडू आदि क्षेत्रों से विद्यार्थी वहाँ जाते थे। बिरसा चाईबासा के विद्यालय में 1886-90 तक रहे।

इस समय तक मिशनरियों और सरदारों का एक-दूसरे से मोहभंग होने लगा था। सरदार आंदोलन का केंद्र, बंदगाँव और आसपास के इलाके

---

8 अनुज कुमार धान; आधुनिक भारत के निर्माता: बिरसा मुंडा, प्रकाशन विभाग, भारत सरकार, दिल्ली, 2002, पृ. सं. 20

9 *सुख-सुविधा के साधन तथा सेवा के बदले बाहरी/ ग़ैर आदिवासी लोगों को गाँव के पट्टे देने की प्रथा।*

10 *यह ईसाइयों में बपतिस्मा के बाद किया जाने वाला संस्कार है। इसमें किसी व्यक्ति की आस्था की पुष्टि की जाती है, जिसके बाद वह चर्च का पूर्णकालिक सदस्य बन जाता है।*

चाईबासा से बहुत दूर नहीं थे। लिहाज़ा सरदार आंदोलन का असर उस पूरे इलाक़े पर पड़ा था। बिरसा मुंडा भी उनमें से एक थे। लिहाज़ा बिरसा मुंडा का भी मिशनरियों की तरफ़ से मोहभंग होना शुरू हो गया। बिरसा ने उनकी आलोचना शुरू कर दी। इसलिए बिरसा को हॉस्टल छोड़ना पड़ा। बिरसा मुंडा के परिवार ने मिशनरियों से रिश्ता ख़त्म कर लिया और आदि धर्म में वापस लौट आए।

1890 में ही बिरसा सरदार आंदोलन के केंद्र बंदगाँव (खूँटी और चक्रधरपुर के मध्य में स्थित) चले गए थे। अब मिशनरी और अंग्रेज़ शासकों के साथ-साथ ज़मींदार भी निशाने पर थे। इसी समय अंग्रेज़ों ने जंगल की संपदा से मुंडाओं के पुश्तैनी अधिकारों को ख़त्म करने का प्रयास किया। जुलाई, 1894 में अंग्रेज़ों के एक क़ानून के कारण जंगल पर ज़मींदारों का कब्ज़ा होने लगा था। 1893-94 में बिरसा मुंडा ने बंदगाँव छोड़ दिया। बंदगाँव से बिरसा खटंगा गए और फ़िर चालकद पहुँचे।

बिरसा ने वीर सिंह मुंडा से कहा- “सिंगबोंगा, मुंडाओं के सर्वोच्च ईश्वर, ने मुझे पर्याप्त शक्ति दी है और हमें दूसरी किसी दैवी शक्ति की आराधना नहीं करनी चाहिए। मैं रोगियों को चंगा करूँगा। चुटिया नागपुर मुंडा जाति की धरोहर है और हम सरकार की कोई आज्ञा नहीं मानेंगे। हम कोई मालगुजारी नहीं देंगे, पुलिस, मजिस्ट्रेट और ज़मींदारों की बात नहीं सुनेंगे और बेगार भी नहीं करेंगे।”[11]

बिरसा लोगों की शारीरिक बीमारियों का इलाज करने लगे। धीरे-धीरे लोगों की भीड़ इकट्ठी होने लगी। सांस्कृतिक सुधार कार्यक्रम चलने लगे। इसकी वज़ह से उनकी प्रसिद्धि दूर-दूर के गाँवों में फैलने लगी। लोगों को अब बिरसा में ईश्वरीय शक्ति होने का अहसास होने लगा था। उनके उपदेश सुनने के लिए भीड़ उमड़ने लगी थी। बिरसा ने आम के वृक्ष के नीचे अपना आसन लगाया और प्रवचन करने लगे। अब वे “धरती आबा या धरती के पिता” के नाम से प्रख्यात होने लगे थे। बिरसा अब शारीरिक बीमारियों का इलाज करने के साथ सांस्कृतिक शुद्धिकरण, सामाजिक और राजनैतिक मामलों पर चर्चा करने लगे थे। लिहाज़ा सरकार चौकन्नी हो गई।

---

11 आधुनिक भारत के निर्माता- बिरसा मुंडा, अनुज कुमार धान, प्रकाशन विभाग, दूसरा संस्करण, पृ. सं.- 89

बिरसा का उपदेश अब सांस्कृतिक से राजनैतिक हो चला था। उनके उपदेश और बीमारियों का इलाज करने की शक्ति की चर्चा धीरे-धीरे पूरे आदिवासी इलाकों में आग की तरह फैल रही थी। अपनी जड़ी-बूटियों के माध्यम से चेचक और हैज़ा जैसी बीमारियों के इलाज और मरीज़ों की सेवा के कारण उनकी ख्याति बढ़ने लगी थी। शुरुआत में सरकार ने बिरसा के बढ़ते प्रभाव को अनदेखा किया। लेकिन अक्टूबर, 1894 में चक्रधरपुर थाने के दारोगा की सूचना थी कि बिरसा मुंडा जंगल के बकाए के विरुद्ध रैय्यतों के साथ आवेदन देने चाईबासा आए थे। 1895 में सरकार ने बिरसा की बातों को गंभीरता से लिया।

6 अगस्त, 1895 को चौकीदारों ने तमाड़ के थाने में यह सूचना दी कि बिरसा नामक मुंडा ने 'अंग्रेज़ी राज्य का अंत' की घोषणा कर दी है। लिहाज़ा नौ अगस्त की सुबह पुलिस ने बिरसा को गिरफ़्तार कर लिया। परंतु भीड़ ने बिरसा को छुड़ा लिया। यह अप्रत्याशित घटना थी। लेकिन 13 अगस्त को पुनः बिरसा को गिरफ़्तार कर लिया गया। इस घटना के कारण लोगों में असंतोष फ़ैल गया। लिहाज़ा फ़िर से उन्हें छोड़ना पड़ा।

24 अगस्त, 1895 को प्रातः एक पुलिस दल उपाधीक्षक मेयर्स के नेतृत्व में चालकद की ओर रवाना हुआ। मुरहु के रेवरेन्ड लास्की और बंदगाँव के ज़मींदार जगमोहन सिंह भी साथ थे। 26 अगस्त को बिरसा को गिरफ़्तार कर के बंदगाँव और फ़िर राँची जेल में भेज दिया गया। गिरफ़्तारी के बाद जेल के बाहर उनके समर्थकों की भीड़ उपस्थित होने लगी। कमिश्नर को सेना बुलानी पड़ी।

डिप्टी कमिश्नर ने 18 नवंबर, 1895 को दंड संहिता की धारा 505 के तहत दो वर्षों की क़ैद और पचास रुपए जुर्माने की सज़ा सुनाई। उनके अनुयायियों को बीस रुपए ज़ुर्माना और तीन महीने की सज़ा दे दी गई। सज़ा की अवधि में उन्हें हजारीबाग जेल में रखा गया। दो वर्ष बाद, 30 नवंबर, 1897 को उन्हें रिहा कर दिया गया।

जब बिरसा जेल से बाहर निकले तो उन्हें 'धरती आबा' और भगवान की उपाधि प्राप्त हो चुकी थी। उनकी गिरफ़्तारी, मुकदमे और सज़ा ने आदिवासी बाहुल्य क्षेत्रों पर गहरा प्रभाव डाला। यह पूरी प्रक्रिया उलगुलान

की पृष्ठभूमि बन गई। बिरसा का धर्म एकेश्वरवादी था। सिंगबोंगा की पूजा इसके केंद्र में थी। बिरसा द्वारा प्रचलित धर्म में शाकाहारी होना अनिवार्य था। मादक हड़िया का भी त्याग किया जाना था।

सन् 1896-97 और फ़िर 1899-1900 में इस क्षेत्र में भीषण अकाल पड़ा। वर्ष 1897 के उत्तरार्द्ध में बिरसा मुंडा जेल से बाहर आ गए थे और वे अपने अनुयायियों के साथ अकाल पीड़ितों की सेवा में लग गए। बंगाल के लेफ्टिनेन्ट गवर्नर सर जॉन बूडबर्न नवंबर, 1898 में मुंडा क्षेत्र में आए। उन्होंने मुंडाओं को राहत देने में असमर्थता जताई। बिरसा का व्यक्तित्व अब प्रभावशाली बन चुका था। लोग अनायास ही उनकी ओर आकर्षित हो रहे थे और उनको यह विश्वास हो गया था कि बिरसा उन्हें सरकार द्वारा संरक्षित ज़मींदारों से मुक्ति दिला देंगे। विद्रोह की पृष्ठभूमि इन्हीं परिस्थितियों और कारणों से पूर्णतः निर्मित हो चुकी थी। मिशनरियों से उम्मीद ख़त्म हो चुकी थी। बिरसा मुंडा जाति की प्राचीन संस्कृति, धर्म और अस्मिता को पुनः स्थापित करना चाहते थे।

छोटानागपुर में अत्याचार और शोषण के फलस्वरूप विद्रोह अंग्रेज़ों के इस क्षेत्र में आगमन के पश्चात् ही आरम्भ हो गए थे, लेकिन बिरसा आंदोलन ने धार्मिक और सांस्कृतिक पहलुओं पर अधिक ध्यान दिया जिनमें राजनीति का असर था। सन् 1898-99 के विद्रोह को बिरसा ने "उलगुलान" की संज्ञा दी। "उलगुलान" आज अत्याचार के विरुद्ध संघर्ष और आदिधर्म के प्रति आस्था का पर्यायवाची बन गया है।

बिरसा ने उलगुलान का आरम्भ धार्मिक स्थलों की यात्रा से किया। बिरसा के अनुयायियों की संख्या निरंतर बढ़ती जा रही थी। ये सब 'बिरसैत धर्म'[12] में शामिल हुए थे। बिरसौतों की सभाएँ सामान्यतः बृहस्पतिवार और रविवार को हुआ करती थीं। 'पुरानक' दूसरी श्रेणी में आते थे और वे भूमि आंदोलन से पूरी तरह जुड़े हुए थे। सामान्य श्रेणी के सदस्यों को 'ननक' कहा जाता था। वे कार्यकर्ता थे और गुप्त मंत्रणा में उनकी सहभागिता नहीं थी।

बिरसा ने डोम्बारी की पहाड़ी पर एक सभा फ़रवरी, 1898 में की। वहाँ एकत्रित लोगों के मस्तक पर बिरसा ने टीका लगाया, लाल और सफ़ेद रंग के झंडे फहराए गए। और बाहरी लोगों (दिकु) के विरुद्ध लड़ाई की घोषणा

---

12 *यह 'बिरसा' के नाम से ही बना शब्द है।*

की गई। चूँकि लोग शांतिपूर्ण तरीके से क़ानूनी लड़ाई लड़ने के पक्ष में नहीं थे, अत: विद्रोह को समर्थन मिला।

अब बिरसा आदिवासी समाज के एकछत्र नेता बन चुके थे। सोहराई पर्व के पूर्व अक्टूबर-नवंबर, 1899 में डोम्बारी की पहाड़ी पर बिरसा के अनुयायियों की फ़िर सभा हुई। डोम्बारी के बाद बिरसा के नेतृत्व में खूँटी, बानो, सोनाहातु, पोरहाट, तोरपा इत्यादि स्थानों पर भी सभाएँ हुईं। प्राप्त विवरणों के अनुसार लगभग सोलह सभाएँ हुईं। 19 नवंबर, 1899 की सभा में तय हुआ कि 24 दिसंबर, 1899 को संघर्ष शुरू होगा। हमले की योजना बनी, ठेकेदारों और जागीरदारों के निवास स्थानों को नष्ट करने का निश्चय किया गया।

बिरसा के मुख्य सहायक- गया मुंडा, सुंदर मुंडा, जोहान मुंडा, रीसा मुंडा एवं टिपरू मुंडा थे। योजनाबद्ध ढंग से तय दिन के अनुसार मुंडा विद्रोहियों ने गिरजाघरों पर तीर-धनुष से हमला किया। घरों को आग लगाई गई। आंदोलनकारियों ने मुरहू, बुरजू और सरवदा के ईसाई मिशनरियों पर हमला कर दिया। राँची जिले के तमाड़, खूँटी, कर्रा, तोरपा, बसिया आदि स्थानों पर भी हमले हुए। सोनपुर गाँव में एक विदेशी व्यापारी को मार डाला गया। घटनाओं का केंद्र बिंदु खूँटी था। 22-24 मार्च, 1900 के मध्य आठ व्यक्तियों को मार डाला गया और 24 घरों में आग लगाई गई। खूँटी से गिरफ़्तारी करने गए हेड कांस्टेबल जयराम को भीड़ ने मार डाला गया। तत्पश्चात् राँची के डिप्टी कमिश्नर एटकेडीह पहुँचे। गया मुंडा के घर को आग लगाई गई और गया मुंडा को गिरफ़्तार कर लिए गया।

बिरसा आंदोलन की निर्णायक घटना 9 जनवरी, 1900 को शैलरकब की पहाड़ी पर हुई। यह पहाड़ी डोम्बारी से कुछ दूरी पर स्थित है और दूसरी महत्त्वपूर्ण घटना 7 जनवरी, 1900 को विद्रोहियों ने अंग्रेज़ी शासन के प्रतीक खूँटी थाने पर हमला कर दिया। कांस्टेबल रघुनी राम की विद्रोहियों ने हत्या कर दी। इस घटना से सरकार डर गई। सरकार ने डोरंडा में स्थित कमांडिंग अफसर को फौज की टुकड़ी के साथ खूँटी जाने का आदेश दिया। पूरे क्षेत्र में पुलिस की छोटी-छोटी टुकड़ियाँ विद्रोहियों को पकड़ने के लिए तैनात की गईं। राँची के डिप्टी कमिश्नर स्ट्रीट फील्ड ने आरक्षित पुलिस के साथ प्रस्थान किया।

9 जनवरी, 1899 को डोम्बारी के निकट शैलरकब की पहाड़ी पर विद्रोही एकत्रित हो रहे थे। यह एक सुरक्षित स्थान था। अनेक गुफाएँ थीं। विद्रोहियों के परिवार उलगुलान की शुरुआत से ही यहाँ एकत्रित हो रहे थे। सैनिकों के पहाड़ी के निकट आने का आभास भी विद्रोहियों को हो चुका था। लेकिन विद्रोहियों ने भागने की जगह सैनिकों से लड़ने का तय किया। विद्रोही तीर धनुष और गुलेल से हमले करते रहे। पुलिस की गोलीबारी के सामने टिकना आसान नहीं था। लिहाज़ा विद्रोही पहाड़ी के पीछे की ओर जंगलों में जा छिपे । चार मुंडा विद्रोहियों की घटनास्थल पर मृत्यु हो गई। शैलरकब में बिरसा की उपस्थिति के कोई प्रमाण नहीं हैं।

शैलरकब की घटना के कारण विद्रोहियों का बिखरना आरंभ हो गया था। 11 जनवरी, 1900 की सभा में मुंडा और मानकी शांति प्रस्ताव ले कर आए। सरकार ने विद्रोहियों के डर से मिशनों की सुरक्षा बढ़ा दी थी। बिरसा की गिरफ़्तारी के लिए पाँच सौ रुपए का ईनाम घोषित किया गया। सहयोगियों की गिरफ़्तारी के लिए भी पुरस्कारों की घोषणा की गई।

बिरसा विद्रोह की कुछ प्रमुख घटनाएँ हैं- एटकेडीह में पुलिस पर हमला, खूँटी के पुलिस थाने पर किया गया हमला और शैलरकब की पहाड़ी पर मुठभेड़। ये घटना क्रमशः पाँच जनवरी, सात जनवरी और नौ जनवरी, 1900 को घटित हुईं। तीर-धनुष, गुलेल और कुल्हाड़ियों के सहारे उन्होंने उस समय की सबसे सशक्त साम्राज्यवादी शक्ति को चुनौती दी थी। मुंडाओं की पराजय निश्चित थी, फ़िर भी मुंडाओं ने विद्रोह किया।

बिरसा की गिरफ़्तारी के लिए अनेक गश्ती दल गठित किए गए। जिला पुलिस अधीक्षक जे स्टीफेन्स और उनके सहयोगी मिंडलटन के नेतृत्व में जाट पलटन को गिरफ़्तारी की ज़िम्मेदारी दी गई। पुलिस और सैनिकों की यह टुकड़ी गाँवों की तलाशी लेने लगी। मुंडा समाज पर अत्याचार बढ़ते गए। डर से गाँव के लोगों ने अनेक सरदारों को पुलिस के हाथों सौंप दिया।

एक दूसरा समूह राँची के डिप्टी कमिश्नर स्ट्रीट फील्ड तथा कर्नल वेस्ट मोरलैंड के नेतृत्व में खूँटी और आसपास के इलाकों के सरदारों को गिरफ़्तार करने लगा। कैप्टन राश के नेतृत्व में सेना की टुकड़ी बंदगाँव के इर्द-गिर्द सरदारों और बिरसा के अन्य अनुयायियों को तलाशने में लगी। जनवरी

1900 के अंत तक बड़ी संख्या में बिरसैत और सरदार नेता हिरासत में ले लिए गए।

मुंडा क्षेत्र में डर का माहौल था, लिहाज़ा 28 जनवरी, 1900 को मजिया और डाका दो प्रमुख मुंडा सरदारों ने बत्तीस अन्य लोगों के साथ आत्मसमर्पण किया। पुलिस के साथ ज़मींदारों ने बिरसैतों के प्रति निर्मम अभियान जारी रखा। अब मुंडा स्वयं ही बिरसा के अनुयायियों को अधिकारियों के हाथों सौंपने लगे। बिरसैतों की गिरफ़्तारी के एवज़ में तमाड़ में सत्रह और खूँटी में तैंतीस लोगों को सरकार ने पुरस्कृत किया। बिरसा मुंडा अभी भी गिरफ्त से बाहर थे। सरकार ने 500₹ के ईनाम की घोषणा कर दी।

बिरसा पोड़ाहाट के घने जंगलों में थे। उन्होंने अपने अनुयायियों के साथ अंतिम बैठक रोगोतो में की थी। लेकिन मानमारू और जरीकल के कुछ लोगों ने मिलकर लालच में 3 फरवरी, 1900 को बिरसा और उनकी दो पत्नियों को नींद में पकड़ लिया। उन्होंने बिरसा को बंदगाँव कैम्प में डिप्टी कमिश्नर को सौंपकर ईनाम पा लिया।

बिरसा की गिरफ़्तारी की ख़बर तेज़ी से फैली और बंदगाँव में भीड़ इकट्ठी होने लगी तो बिरसा को राँची ले गए। बिरसा की गिरफ़्तारी ने आंदोलन को ख़त्म कर दिया था। गिरफ़्तारी के लगभग तीन महीने पश्चात् 30 मई, 1900 को अदालत ले जाया गया तो बिरसा अस्वस्थ हो गए। बिरसा तीन दिनों तक बीमार रहे, उन्हें हैज़ा बताया गया। नौ जून की सुबह बिरसा को ख़ून की उल्टी हुई और वह मूर्छित हो गए। मूर्छावस्था में ही बिरसा की मृत्यु हो गई। चुपके से सरकार ने बिरसा की अंत्येष्टि हरमू नदी के किनारे जेल के एक कर्मचारी से करा दी। अंत्येष्टि के समय बिरसा का कोई भी अनुयायी उपस्थित नहीं था।

बिरसा की मृत्यु के बाद भी बिरसैतों पर मुकदमों में कोई कमी नहीं आई। आंदोलन में भाग लेने या समर्थन के आरोपी 482 आदिवासियों में से 98 व्यक्ति दोषी पाए गए। 3 को मृत्युदंड की और 44 व्यक्तियों को आजीवन कारावास की सज़ा हुई। मंझिया मुंडा और डोंका मुंडा एवं सरदार नेताओं में से अन्य चालीस लोगों को देश निकाले की सज़ा दी गई। आंदोलन के बाद सरकार ने छोटानागपुर और आदिवासी जनसमुदाय की समस्याओं

की ओर ध्यान दिया। कमिश्नर के निर्देश पर बेगारी प्रथा को समाप्त किया गया। गुमला 1902 और खूँटी 1905 में एक उप-डिवीजन की स्थापना की गई। छोटानागपुर में सर्वेक्षण और भूमि बंदोबस्ती में शीघ्रता से प्रगति हुई। मुंडाओं के पुश्तैनी अधिकारों भुइंहरी और खुटकट्टी को सरकार की मान्यता मिल गई। छोटानागपुर काश्तकारी अधिनियम (छोटानागपुर टेनेन्सी एक्ट) के तहत मुंडाओं तथा अन्य आदिवासियों की ज़मीन के हस्तांतरण की प्रक्रिया को जटिल बनाया गया।

बिरसा आंदोलन के बारे में कोलकाता से प्रकाशित 'स्टेट्समैन' ने 14 जून, 1900 को अपने संपादकीय में लिखा कि जिन व्यक्तियों को छोटानागपुर की परिस्थिति का ज्ञान था, उन्हें बिरसा का आंदोलन आश्चर्यजनक या अप्रत्याशित नहीं लग सकता। संपादक के अनुसार मुंडाओं की समस्याएँ कम-से-कम बीस वर्ष पुरानी हैं। इन समस्याओं के स्रोत ज़मींदारों के अत्याचार हैं। अंग्रेज़ अधिकारियों ने कभी भी मुंडाओं की समस्याओं को ठीक ढंग से नहीं समझा और पिछले एक दशक में कम-से-कम चालीस मुंडाओं को कारावास की सज़ा मिली। इन क़ैदियों में से सात या आठ जेलों में ही मर गए।

मुंडा समाज के लोक साहित्य में बिरसा मुंडा के बराबर लोकप्रियता किसी को नहीं मिली। लोक साहित्य ही क्यों, उसके बाद पूरे आदिवासी साहित्य में बिरसा मुंडा बार-बार लौटते हैं--

गहन जंगल के बीच चलकड़ गाँव में
धरती के पिता ने जन्म लिया।
तुम चुने गये,
तुम कसौटी पर चढ़ाए गए
तुम सच्चे और खरे उतरे।
तुम लड़ाई के लिए तैयार हो गए।
सुगना मुंडा के प्यारे पुत्र
बचपन में तुम बकरियों के चरवाहे थे
25 की उम्र आते आते
तुम मुंडाओं के चरवाहे बने।

तुमने धर्म शिक्षा दी
कि सबका प्रभु सिंगबोंगा है
तुम पंच की नाईं यहाँ आए।
तुमने ख़ुद को धरती का पिता बतलाया।
हम अंत तक तुम्हारी शिक्षा पर चलेंगे।
सृष्टि के आरंभ में सिंगबोंगा ने हमें ज़मीन दी थी
दुश्मनों ने उसे छीन लिया।
सब एक साथ मिलकर इकट्ठे होंगे
हाथों में तेज़ हथियार लिए।
धर्म का नया सूरज उगा है
उठी हैं पहाड़ियाँ और घाटियों में नया सूरज।[13]

सहायक ग्रंथ

1. कुमार सुरेश सिंह; बिरसा मुंडा और उनका आन्दोलन, वाणी प्रकाशन, दिल्ली, 2003
2. अनुज कुमार धान; आधुनिक भारत के निर्माता- बिरसा मुंडा, प्रकाशन विभाग, भारत सरकार, दिल्ली-2002
3. अनुज कुमार सिन्हा; झारखंड आन्दोलन का दस्तावेज़, प्रभात प्रकाशन, दिल्ली, 2013
4. पी.वी. रसेल; द ट्राइब एंड कास्ट ऑफ़ सेन्ट्रल इंडिया, वॉल्यूम 2, कलकत्ता, 1916
5. कमल नयन चौबे; जंगल की हक़दारी, वाणी प्रकाशन, दिल्ली, 2015

13 कुमार सुरेश सिंह, बिरसा मुंडा और उनका आन्दोलन, वाणी प्रकाशन, दिल्ली

गुंडाधुर

14वीं सदी में काकतीय वंशी बस्तर राज्य की स्थापना हुई थी। बस्तर रियासत ने 1775 में मराठों को कर देना स्वीकार कर लिया था। नागपुर के भोंसले और अंग्रेज़ी कंपनी के मध्य संधि के पश्चात् नागपुर और बस्तर रजवाड़ा अंग्रेज़ों के अधीन आ गया था। अंग्रेज़ों ने बस्तर राजा के अधिकारों में कटौती करना शुरू कर दिया था। लिहाज़ा राजा की जगह दीवान का पद महत्त्वपूर्ण हो गया। सभी प्रशासनिक ज़िम्मेदारियाँ दीवान को दे दी गईं।

बस्तर के राजा अपने नाम में 'देव' शब्द का इस्तेमाल करते थे- भोपाल देव, भैरम देव, रुद्र प्रताप देव इत्यादि। राज परिवार का सबसे करीबी सदस्य ही दीवान होता था, जो अपने नाम के आरम्भ में 'लाल' शब्द का इस्तेमाल करते था, जैसे- लाल दल्गंज सिंह, लाल कालिंदर सिंह। बस्तर रियासत के अंग्रेज़ों के अधीन आने के समय राजा भैरम देव ने अपने चचेरे भाई कालिंदर सिंह को पूरी प्रशासनिक शक्ति सौंप रखी थी।

लेकिन आपसी संबंध ख़राब होने के करण अंग्रेज़ों ने शेर मोहम्मद खान को दीवान का सलाहकार नियुक्त किया। दोनों के मध्य आपसी सामंजस्य नहीं बना। अंततः बस्तर के प्रशासन में गड़बड़ी शुरू हो गई। बस्तर रियासत आर्थिक रूप से दिवालियापन के कगार पर पहुँच गयी। भ्रष्टाचार के आरोपों की कमिश्नर ने जाँच की और दीवान कालिंदर सिंह को पद से हटाये जाने की सिफ़ारिश की। उनके स्थान पर कृष्णा राव को दीवान बनाया गया।

राजा भैरमदेव की मृत्यु के पश्चात् अल्पवयस्क रुद्र प्रताप देव को राजा बनाया गया। राजा के अल्पवयस्क होने के कारण 'डायरेक्ट मैनेजमेंट' (प्रशासन) अंग्रेज़ों के नियंत्रण में आ गया। राजा रुद्र प्रताप देव को राजकुमार कॉलेज रायपुर में पढ़ने के लिए भेज दिया गया। लाल कालिंदर सिंह को प्रशासनिक सहयोग के लिए रख लिया गया। दीवान लाल कालिंदर सिंह आदिवासियों में काफी लोकप्रिय थे।

बस्तर रियासत के इतिहास में 'डायरेक्ट मैनेजमेंट 1892-1908' के दौर को 'रियासत कोर्ट' कहा गया था। प्रशासनिक अधिकारी और अधीक्षक

के रूप में राम कृष्ण राव, आलमचंद, एल.जे. फैगन, जी डब्ल्यू ग्रेयर, राय बहादुर बैजनाथ पांडा को नियुक्त किया गया। रुद्र प्रताप के बालिग होने के बाद दीवान के रूप में राय बहादुर बैजनाथ पांडा की सेवाओं को जारी रखा गया।

राजा रुद्र प्रताप और दीवान बैजनाथ पांडा के अंग्रेज़ों के करीब जाने से आदिवासियों में गहरी नाराजगी थी। पूर्व दीवान लाल कालिंदर सिंह ने इसका फ़ायदा उठाने का भरसक प्रयास किया। लेकिन 1907 में बस्तर रियासत ने जगदलपुर में बिना अनुमति इनके प्रवेश पर रोक लगा दी थी। वर्ष 1908 में अंग्रेज़ों और राजा रुद्र प्रताप देव ने धमतरी से कांकेर होते हुए बस्तर तक तार लाइन बिछाई थी ताकि आपात स्थिति में अंग्रेज़ों को मदद और सूचना पहुँचाई जा सके।

राजा रुद्र प्रताप देव पूरी तरह अंग्रेज़ों द्वारा नियुक्त दीवान की सलाह पर निर्भर थे। अब वे दीवान के अनुसार अपना शासन संचालन कर रहे थे। दूसरी तरफ़ लाल कालिंदर सिंह के रियासत के साथ असहयोग ने स्थिति को अधिक गंभीर बना दिया। हालाँकि रुद्र प्रताप देव के वारिस के तौर लाल कालिंदर सिंह का नाम भेजा जा रहा था लेकिन महारानी के गर्भवती होने से पूर्व दीवान की आखिरी उम्मीद भी ख़त्म हो गयी।

19वीं सदी के उत्तरार्ध में बस्तर में ग़ैर आदिवासियों- अंग्रेज़, महाजन, सूदखोर, ज़मींदार, वन विभाग और पुलिस का हस्तक्षेप बढ़ने लगा था। वन नीतियों के कारण अंग्रेज़ों का वन और वनोपज पर नियंत्रण स्थापित हो गया। जंगल को आरक्षित घोषित कर उनमें आदिवासियों के प्रवेश पर रोक लगा दी गई। उन्हें जल, जंगल और ज़मीन जैसे संसाधनों से वंचित कर दिया गया। इस तरह दमन और शोषण के साथ उनके पारंपरिक ढाँचे में हस्तक्षेप भी शुरू हो गया। लिहाज़ा आदिवासियों में असंतोष बढ़ने लगा।

1857 की क्रांति के पश्चात् अंग्रेज़ों की अप्रत्यक्ष शासन नीति, संसाधनों का शोषण और राजनैतिक अधीनता पर आधारित थी। बस्तर में बाहरियों

का प्रवेश, पुलिस चौकियों की स्थापना, राजा की सौतेली माँ रानी सुवर्ण कंवर की ईर्ष्या एवं राजकार्यों में उनकी उपेक्षा, लाल कालिंदर सिंह की महत्त्वाकांक्षा, राजा रुद्र प्रताप देव से आदिवासियों के मध्य असंतोष, दीवान पांडा बैजनाथ द्वारा आदिवासियों को लेकर बनाई गई नीतियाँ इत्यादि भूमकाल के प्रमुख कारण थे।

पंजाब वाहिनी के कमान्डेंट इम्लेमेंटी ने भूमकाल का कारण बस्तर राज परिवार के अंतर्कलह को माना था। चीफ़ कमिश्नर आर.एच. कोडाम के अनुसार लाल कालिंदर सिंह की तलवार और शाही कोट को विद्रोहियों ने आदिवासियों को एकजुट करने के लिए इस्तेमाल किया था, ताकि विद्रोह में राज परिवार के सहयोग को दिखाया जा सके।

गुंडाधुर का जन्म छत्तीसगढ़ के बस्तर संभाग के जगदलपुर जिले के नेतानार गाँव में हुआ था। वे बस्तर के सबसे प्राचीन आदिवासी कबीलों में से एक धुरवा समुदाय से संबंध रखते थे। उन्हें अंग्रेज़ों द्वारा गुंडाधुर नाम दिया गया था। स्थानीय लोगों के अनुसार कुछ लोग उसे गोडामन के नाम से, तो कुछ सोमारू (सोमवार को पैदा होने के कारण), तो कुछ बागा धुरवा के नाम से जानते हैं। उनकी माँ का नाम जुगोवती और पिता का नाम आयतू था।

गुंडाधुर को सर्वसम्मति से इन्द्रावती नदी के तट पर ताडोकी गाँव की जनसभा में 25 जनवरी, 1910 को भूमकाल का नेता चुना गया। "मावा नाटे, मावा राज" (हमारे गाँव में, हमारा राज) की घोषणा के साथ सांगठनिक तैयारियाँ शुरू हो गईं। बस्तर के विभिन्न परगनों में भूमकाल[1] के विस्तार और अन्य आदिवासी समूहों को एकजुट करने के लिए स्थानीय डिबरीधुर, सोनू मांझी, मुंडी कलार, धानू धाकड़, मुसमी हड़मा, बुधरू और बुटुल को भी अलग-अलग क्षेत्रों की ज़िम्मेदारी दी गई। गाँवों में जाकर इन्होंने लोगों को एकत्रित करना आरम्भ किया।

---

1 *भूमकाल; एक स्थान पर समूह में लोगों का आना जाना/ महाविप्लव*

कंपनी शासन की समाप्ति और अंग्रेज़ी राज की शुरुआत के साथ ही भारतीय रियासतों के साथ 'निष्ठा/वफ़ादारी की शपथ' (एक्नॉलेजमेंट ऑफ़ फियल्टी) का दौर शुरू हुआ। बस्तर रियासत ने अंग्रेज़ी राज के साथ 19 दिसंबर, 1870 को वफ़ादारी की शपथ[2]- "मैं और मेरी प्रजा आयुक्त द्वारा निर्धारित वन अधिकारियों का पालन करेगी", के साथ ही आदिवासियों का भविष्य अंग्रेज़ों के हाथों में चला गया। अंग्रेज़ बस्तर के नीति नियंता बन गए।

बस्तर के आदिवासी पूर्णतया वनों पर निर्भर थे। जंगल उनके जीवन का हिस्सा था। जंगल के बिना आदिवासी परम्परा और जीवन की कल्पना भी नहीं की जा सकती थी लेकिन अंग्रेज़ों और बस्तर रियासत के लिए ये जंगल राजस्व में बढ़ोतरी और मुनाफ़े का जरिया थे।

मध्य प्रान्त के अंग्रेज़ कमिश्नर द्वारा किये गए संशोधनों को लागू करना बस्तर रियासत के लिए अनिवार्य था। अत: वन अधिकार क़ानून 1878-79 के माध्यम से वनों को आरक्षित कर दिया। झूम खेती पर प्रतिबन्ध लगा दिया गया। नाचने गाने अथवा अन्य वज़हों से जंगल के साफ़ किए जाने पर रोक लगा दी गयी।

1891 में 2122 वर्ग किलोमीटर का क्षेत्र आरक्षित घोषित किया गया। वनोपज और जंगल से लकड़ी लेने पर पूर्णतः प्रतिबन्ध लगा दिया गया। कुछ समय बाद 1898 तक अंग्रेज़ी हुकूमत ने झूम खेती पर प्रतिबन्ध लगा दिया। अंग्रेज़ों ने 1907 में आरक्षित वनों को तीन श्रेणियों में बाँटा। पहली श्रेणी में पूर्णतः प्रतिबंधित क्षेत्र आते थे। दूसरी श्रेणी के वनों के सीमित उपयोग की छूट थी। तीसरी श्रेणी में जंगलों के उपयोग की छूट थी।

---

2 *मध्यकालीन यूरोप में जागीरदार, ज़मींदार अपने शासक के प्रति वफ़ादारी/निष्ठा और सेवा की औपचारिक शपथ लेता था जिसमें जागीरदार घुटनों के बल बैठकर राजा के दोनों हाथों के बीच अपना हाथ रखता था या फ़िर हाथों को चूमता था और हमेशा निष्ठावान बने रहने और सेवक रहने का वायदा करता था। इसके उल्लंघन पर जागीरदार की संपत्ति को ज़ब्त करने और उसे सज़ा देने का प्रावधान था।*

अंग्रेज़ी राज की नयी वन नीति से आदिवासियों को जंगल से बेदखल किया जाने लगा। आदिवासियों के परम्परागत अधिकार छीन लिए गए। वनों में प्रवेश ग़ैरक़ानूनी करार दिया गया। ईंधन, जड़ी-बूटी, कंद, मूल, फल एवं विभिन्न वनोपजों से तमाम आदिवासियों को वंचित कर दिया गया।

अंग्रेज़ों द्वारा आदिवासी बाहुल्य इलाकों में मॉडल स्कूलों की स्थापना की जाने लगी। ग़ैर-आदिवासियों और बाहरियों को इन आदिवासी बाहुल्य संवेदनशील इलाकों में प्रवेश कराया जाने लगा। अंग्रेज़ी स्कूलों ने आदिवासियों के सामाजिक, सांस्कृतिक, आर्थिक और राजनैतिक ताने-बाने को तोड़ना शुरू कर दिया था। यूरोपीय मूल्यों और परम्पराओं को थोपा जाने लगा।

19वीं सदी के अंतिम दशक में अंग्रेज़ी सरकार और देशी रियासतों ने आदिवासी बाहुल्य इलाकों की जनसांख्यिकी को बदलने के लिए बाहरियों 'परदेशियों' को स्थायी रूप से बसाना शुरू किया। बाहरियों को व्यापार, खेती और अन्य कामों में लगाया जाने लगा। चांदा से 2176, मद्रास से 5712, हैदराबाद 1168, रायपुर से 7106 लोगों को बस्तर में बसाया गया। इन्होंने आदिवासियों का शोषण शुरू कर दिया।

अंग्रेज़ी शराब का वितरण, ठेकेदारों के अत्याचार, खाद्यान्न वस्तुओं के निर्यात और मँहगाई ने स्थिति को अधिक भयावह बनाया। लिहाज़ा आदिवासियों के मध्य अनाज संकट उत्पन्न हो गया। 1896-97 में 1 रु में 80 किलो चावल मिल रहा था जो 1907 में 1 रु में मात्र 24 किलो पर आ गया था।

आदिवासियों से अंग्रेज़ी हुकूमत, स्थानीय राजा, ज़मींदार, मालगुजार, सेठ, व्यापारी, साहूकार, अधिकारी, कर्मचारी सभी बेगार लेते थे। सड़क निर्माण, रेल निर्माण के लिए बेगारी ली जाने लगी। अंग्रेज़ों के बढ़ते हस्तक्षेप और कम दाम पर सामान खरीदने की पद्धति ने आदिवासियों के असंतोष

को अधिक बढ़ाया। इन्हीं कारणों के चलते 'मावा नाटे, मावा राज' (हमारा गाँव-हमारा राज) के नारे के साथ आदिवासी एकजुट होना शुरू हुए।

बस्तर राजा के पास किसी भी परेशानी का कोई हल नहीं था। लिहाज़ा वे अलोकप्रिय होते चले गए। आदिवासी नेताओं ने तमाम तरह के संकटों को ध्यान में रखते हुए आदिवासियों को एकजुट किया था। फरवरी 1910 तक आते आते सारे आदिवासी संगठन सक्रिय हो गये।

भूमकाल में आदिवासियों ने एकजुटता के प्रतीक के रूप में 'डारा-मिरी' का उपयोग किया, जिसमें आम की टहनी, लाल मिर्च, मिटटी का टुकड़ा, भाले की अनुकृति और तीर था। तीर धनुष, फ़रसा, भाला, कुल्हाड़ी इत्यादि हथियारों से सुसज्जित होकर हीरानार की बैठक के साथ भूमकाल की शुरुआत हो गई। 13 जनवरी से 5 फरवरी तक पॉलिटिकल एजेंट उसी इलाके में दौरे पर थे लेकिन भूमकाल की तैयारी इतनी गोपनीय थी कि किसी को भी इसकी भनक तक नहीं लगी।

बाहरियों और शोषकों पर हमला किया जाना तय किया गया था। पटवारी, वन विभाग के कर्मचारी, व्यापारी, सूदखोर, मालगुजार, परदेशी और शिक्षक इनके सबसे पहले निशाने पर थे। सरकारी स्कूल, जंगल नाका, पुलिस थाना, वन विभाग कार्यालय इत्यादि आदिवासियों के प्रमुख निशाने थे।

गुंडाधुर के नेतृत्व में 2 फरवरी बुधवार के दिन को पुसपाल में साप्ताहिक हाट पर हमले और लूट के साथ ही भूमकाल की शुरुआत हो गई। बाहरी व्यापारियों को लुट लिया गया। लूट का माल विद्रोही आदिवासियों के मध्य बराबर बाँट दिया गया। 4 फरवरी के दिन कुकानार बाज़ार को भी लूट लिया गया। पुलिस चौकी, स्कूल भवन और वन विभाग कार्यालय को आग लगा दी गई। नुसरत खान रूहेला नामक व्यापारी की हत्या का आरोप आदिवासियों पर लगाया गया था। बुन्टू परजा और सामनाथ धाकड़ को इसी ज़ुर्म में पकड़कर दो दिन बाद फाँसी दे दी गई।

5 फरवरी को जगदलपुर और लोहड़ी गुडा मार्ग पर स्थित करेंजी बाज़ार को लूट लिया गया। 8 फरवरी को बस्तर से जा रही टेलीग्राफ लाइन को काट दिया गया लेकिन इसके एक दिन पूर्व राजा रुद्र प्रताप देव चीफ़ कमिश्नर सेन्ट्रल प्रोविंस एंड बरार के नागपुर मुख्यालय सूचना भेज चुके थे।

9 फरवरी तक भूमकाल बड़ा रूप धारण कर चुका था। धुरवा समुदाय के अतिरिक्त माडिया समुदाय के लोग भी इसमें शामिल हो गए थे। 10 फरवरी को मरेंगा एवं तोकपाल में स्कूल भवन, केसलूर में काजी हाउस, और पुलिस चौकी को आग के हवाले कर दिया गया। 13 फरवरी को गीदम बाज़ार को लूटने के बाद स्कूल और वन विभाग कार्यालय को आग लगा दी गई। पूरा दक्षिण पश्चिम बस्तर गुंडाधुर और उसके अन्य आदिवासी साथियों के कब्ज़े में था।

13 फरवरी को बस्तर राजा रुद्र प्रताप देव की सहायता के लिए अंग्रेज़ी सेना कप्तान ग्रेयर के नेतृत्व में गुंडाधुर के नेतृत्व में चल रहे भूमकाल को दबाने के लिए पहुँच गई थी। अंग्रेज़ों ने एक संयुक्त सैन्य अभियान के माध्यम से आदिवासी आंदोलन- भूमकाल को समाप्त करने की रणनीति पर काम करना शुरू कर दिया था। दूसरी तरफ़ दक्षिण बस्तर के बारसूर और दंतेवाड़ा क्षेत्र में संघर्ष फैलने लगा था।

15 फरवरी को भैरमगढ़ से गिरफ़्तार आंदोलनकारी आदिवासियों को जबर्दस्ती छुड़ा लिया गया। जगदलपुर पर गुंडाधुर के साथियों ने कब्ज़ा कर लिया था। आदिवासी आंदोलनकारियों द्वारा दिन रात चौकसी बरती जा रही थी। बस्तर के दीवान और राजा के सलाहकार राय बहादुर बैजनाथ पांडा अपनी जान बचाकर बस्तर से भागकर चांदा (चंद्रपुर, महाराष्ट्र) अंग्रेज़ों की शरण में चले गए।

राजा रुद्र प्रताप देव की गुजारिश पर अंग्रेज़ी सेना की दूसरी टुकड़ी 18 फरवरी को डिब्रे के नेतृत्व में सहायता के लिए पहुँची। कप्तान ग्रेयर के नेतृत्व में चल रहे संयुक्त अभियान के कारण बस्तर के पूर्व दीवान और

आदिवासियों के सहयोगी लाल कालिंदर सिंह सहित लगभग 15 आदिवासी नेताओं को गिरफ़्तार कर लिया गया।

आंदोलनकारियों की गिरफ़्तारी के बाद गुंडाधुर के नेतृत्व में आंदोलन और तेज़ हो गया। दूसरी तरफ़ अंग्रेज़ों और बस्तर राजा ने उसे कुचलने का प्रयास भी तेज़ कर दिया। यह क्रम इसी तरह से चलता रहा। 14-15 दौर की गुरिल्ला मुठभेड़ों के बाद गुंडाधुर ने कप्तान ग्रेयर पर सीधा हमला किया। कप्तान ग्रेयर अपनी जान बचाने में सफल रहा।

अंग्रेज़ी सेना ने दमन चक्र तेज़ कर दिया और बदले की कार्यवाही शुरू हो गई। अंग्रेज़ों ने नेतानार में आंदोलनकारी आदिवासियों के एक शिविर पर हमला कर दिया। लगभग 511 आदिवासियों को गिरफ़्तार कर लिया गया। 26 फरवरी तक जगदलपुर आंदोलनकारी आदिवासियों की पकड़ से बाहर निकल गया। अंग्रेज़ी सेना के सहयोग से बस्तर के राजा ने जगदलपुर को अपने कब्ज़े में ले लिया।

शांति व्यवस्था स्थापित करने के नाम पर जगदलपुर से चारों दिशाओं में सैन्य टुकड़ियाँ भेजी गईं। नागपुर स्थित सेन्ट्रल प्रोविंस एंड बरार[3] चीफ़ कमिश्नर के मुख्यालय के आदेश पर आये जवानों को बस्तर रियासत के उत्तरी भाग- रायपुर की तरफ़ भेजा गया और पंजाब बटालियन को बस्तर के दक्षिणी भाग में चल रहे आंदोलन के दमन के लिए भेजा गया।

बस्तर का दक्षिणी भाग गुंडाधुर के आंदोलन का मुख्य केंद्र था। 9 मार्च को रायपुर की तरफ़ बढ़ती हुई संयुक्त सेना और आदिवासियों मध्य लड़ाई में लगभग 12 आदिवासी शहीद गए। संयुक्त सेना द्वारा आदिवासी गाँवों को आग लगा दी गई। पंजाब सैन्य टुकड़ी के साथ लाल कालिंदर सिंह, रानी सुवर्ण कंवर, मुकुंद देव और रारो पडदा को गिरफ़्तार करके रायपुर भेज दिया गया।

---

3 *पहले सेंट्रल प्रोविन्स की स्थापना हुई। इसमें बरार जोड़कर 'सेंट्रल प्रोविन्स एंड बरार' बना दिया गया।*

तत्पश्चात् ग्रेयर और ट्रेबी के नेतृत्व में संयुक्त सेना ने नेतानार के पास आदिवासियों के ठिकाने पर हमले करना शुरू कर दिया था। 24 मार्च को गुंडाधुर अपने साथियों के साथ अलनार (नेतानार के नजदीक) में मुरिया राज की स्थापना का जश्न मनाने के लिए एकत्रित हुए। नगाड़ों की आवाज़ जंगल में गूँजने लगी थी। महुआ के नशे और थकान से चूर आदिवासी जब सोने के लिए चले गए, तब एक परगने में भूमकाल का नेतृत्व कर रहे सोनू मांझी(आंदोलनकारी) ने पैसे के लालच में इसकी जानकारी संयुक्त सेना का नेतृत्व कर रहे कप्तान ग्रेयर को दे दी।

मुख़बिर की सूचना पर अगली सुबह अंग्रेज़ी सेना कप्तान ग्रेयर के नेतृत्व में अलनार गाँव की तरफ़ आगे बढ़ी। अलनार में घुसते ही पुलिस ने अंधाधुंध गोलीबारी शुरू कर दी थी। गुंडाधुर और उनके साथी महुवे के नशे में खड़े होने की स्थिति में भी नहीं थे। गोलीबारी में 21 आदिवासी शहीद हो गए। एक अंग्रेज़ सिपाही भी मारा गया। डेबरीधुर और अन्य 7 आदिवासी नेताओं को गिरफ़्तार कर लिया गया। कुछ दिन बाद माडिया मांझी को शहर के बीच में इमली के पेड़ से लटका दिया गया। डेबरीधुर को भी फाँसी दे दी गई। गुंडाधुर किसी तरह बचकर जंगल में चला गया। भूमकाल शांत हो गया।

बस्तर के आदिवासी इलाकों में 1910 तक अंग्रेज़ों ने लगभग 60 स्कूल खोल लिए थे, भूमकाल के दौरान इनमें से लगभग 45 को आग लगा दी थी। भूमकाल के बाद बस्तर रियासत के अधिकारियों और अंग्रेज़ कर्मचारियों के शोषण ने लोगों की परेशानियों को अधिक बढ़ा दिया था।

भूमकाल में संयुक्त सेना की कार्यवाही के दौरान सरकारी आँकड़ों के अनुसार लगभग 39 आदिवासी शहीद हो गए। इनमें से अधिकांश को फाँसी पर लटका दिया गया। शेष को बस्तर के बाहर निर्वासित जीवन व्यतीत करने की सज़ा दी गई। आंदोलनकारियों से लगभग 44000 रु. दंड के रूप में वसूल किए गए। आदिवासी गाँवों को आग लगा दी गई। हजारों

को जेल भेज दिया गया, बहुतों को कोड़े मारने की सज़ा सुनाई गई। लेकिन मौखिक स्रोतों और गीतों के अनुसार सरकारी आंकड़ों में दर्ज़ संख्या को बहुत कम करके बताया है, जो हकीकत में बहुत अधिक थी।

जगदलपुर के आसपास का क्षेत्र इससे सबसे अधिक प्रभावित था। दक्षिणी कोडागाँव, छोटे डोंगर के पूर्वी भाग से सुदूर दक्षिण में स्थित चितलनार, सुकमा तक लगभग उत्तर से दक्षिण 135 किलोमीटर और पूर्व से पश्चिम 95 किलोमीटर तक का क्षेत्र प्रभावित था। बस्तर के 84 में से लगभग 48 परगने भूमकाल की चपेट में थे।

भूमकाल की समाप्ति के बाद बैजनाथ पांडा को हटाकर जेम्स को बस्तर रियासत का दीवान बना दिया गया। भूमकाल में बस्तर के सभी आदिवासी समुदायों- धुरवा, मुरिया, माडिया, भतरा, हलवा, परजा, धाकड़, महारा, गांडा इत्यादि ने इसमें बढ़-चढ़कर भाग लिया था।

कप्तान ग्रेयर के नेतृत्व में 13 फरवरी से 3 मई, 1910 के मध्य सेन्ट्रल प्रोविंस से 200, मद्रास प्रेसिडेंसी से 150, पंजाब बटालियन से 170 सिपाही और बस्तर रियासत की सेना ने लगभग ढाई महीनों तक गुंडाधुर के ख़िलाफ़ संयुक्त अभियान चलाया था। दक्षिण बस्तर में आदिवासी गाँवों को जला दिया गया। मुखियाओं को गिरफ़्तार कर लिया गया। इस घटनाक्रम के बाद इस प्रश्न के साथ कि गुंडाधुर कहाँ है? फइलें बंद हो गयीं? लेकिन आम आदिवासी के लोकगीत और आख्यान यहीं से खुलने शुरू हुए।

भूमकाल की समाप्ति के बाद 1911 के वन क़ानून में संशोधन करते हुए आरक्षित वनों से सूखी लकड़ी, घास, पत्ते और कंद-मूल एकत्रित करने की छूट दे दी गई। अंग्रेज़ी स्कूलों की संख्या को कम कर दिया गया। बेगार[4] और बिसाहा[5] से मुक्ति दे दी गई।

---

4 *बेगार- में लोगों को उनकी इच्छा के ख़िलाफ़ बिना मज़दूरी या सिर्फ पेट भरने लायक खाना दे कर काम कराया जाता था।*

5 *बिसाहा एक पारंपरिक व्यवस्था थी जिसके अंतर्गत लोग अपने पारंपरिक कर्तव्यों को पूरा करने के लिए काम करते थे। इसमें लोगों को कुछ वेतन या अन्य लाभ प्राप्त हो सकते थे।*

गुंडाधुर के नेतृत्व में भूमकाल बस्तर के इतिहास का सबसे बड़ा और प्रभावशाली आन्दोलन था। आज भी बस्तर के आदिवासी अपने जल, जंगल और ज़मीन को बचाने की लड़ाई लड़ रहे हैं। गुंडाधुर को राष्ट्र निर्माताओं के मध्य वह स्थान नहीं मिला, जिसके वह हक़दार थे।

एक लम्बे अंतराल के बाद पहली बार किसी आदिवासी ने बस्तर पर अपना प्रभाव स्थापित किया था। भूमकाल का उद्देश्य आदिवासी क्षेत्रों में हो रही अवैध घुसपैठ को रोकना, अत्याचारों का अंत और बस्तर में शांति की स्थापना थी। भूमकाल के बाद आदिवासियों के हाथ में परम्परागत हथियार लेकर चलने पर रोक लगा दी गई। भूमकाल की अभिव्यक्ति स्थानीय लोकगीतों में कुछ इस तरह हुई-

> "1910 बरस होली
> बस्तर में भुमक होली
> मारा मरी पूजा पाजी,
> ठाने ठाने गोली
> चेघता गुंडाधुर नेता नारेया
> बढ़ता तीर चो बना..."

बस्तर इतिहास को ध्यान से देखें तो मालूम होता है कि अंग्रेज़, सामंत, राजा, ज़मींदार, अधिकारी, व्यापारी, साहूकार, राजनेता समय-समय पर आदिवासियों को दीमक के समान खाते रहे हैं। आज़ाद भारत में लोकतांत्रिक तरीके से चुनी हुई सरकारें भी आदिवासियों को छल रही हैं। वर्तमान समय में भी बस्तर के आदिवासी अपने जल, जंगल, ज़मीन और प्राकृतिक संसाधनों को बचाने के लिए लड़ रहे हैं।

सहायक ग्रंथ

1. एडमिनिस्ट्रेटिव रिपोर्ट फॉर बस्तर 1910
2. के एन थुसू; द धुर्वा ऑफ़ बस्तर, एंथ्रोपोलोजिकल सर्वे ऑफ़ इंडिया, कलकत्ता 1965

3. के एस सिंह; द शिड्यूल ट्राइब्स, ऑक्सफोर्ड युनिवेर्सिटी प्रेस, दिल्ली 1994
4. सुधीर सक्सेना; गुंडाधुर, मध्य प्रदेश हिंदी ग्रंथ अकादमी, भोपाल, 2003
5. सेन्ट्रल प्रोविंस एंड बरार गजेटीयर्स, 1910
6. नंदिनी सुंदर; गुंडाधुर की तलाश में, पेंग्विन इंडिया, दिल्ली, 2009
7. अंजनी कुमार झा; मध्य भारत के आदिवासी और स्वतंत्रता आंदोलन, प्रकाशन विभाग, भारत सरकार, दिल्ली, 2014
8. हीरालाल शुक्ल; बस्तर का मुक्ति संग्राम, हिंदी ग्रंथ अकादमी, भोपाल, 2003
9. लाला जगदलपुरी; बस्तर इतिहास एवंसंस्कृति, मध्य प्रदेश हिंदी ग्रंथ अकादमी, भोपाल, 2016

कोमरम भीम

मुग़ल बादशाह औरंगज़ेब की मृत्यु और उत्तराधिकारियों की कमजोरियों का फ़ायदा उठाते हुए मुग़ल सूबेदार निज़ाम-उल-मुल्क ने 1724 में स्वतंत्र हैदराबाद रियासत की स्थापना की थी। राघोजी भोंसले के नेतृत्व में मराठा सैन्य अभियानों (1749-1751) के बाद हैदराबाद रियासत के निज़ाम ने चौथ और सरदेशमुखी कर देना स्वीकार कर लिया। मराठों ने देशमुख और देशपांडे नामक पदाधिकारियों को राजस्व वसूली की ज़िम्मेदारी दे दी। परिणामस्वरूप स्थानीय गोंड मुखिया, जो कि रियासत के तालुकदार के अंतर्गत कार्य कर रहे थे, अपना स्थान खोने लगे।

तत्पश्चात् गराठों ने आदिवासियों से अधिकाधिक टैक्स वसूल करना शुरू किया था। 1803 में मराठा राघोजी भोंसले और ब्रिटिश ईस्ट इंडिया कंपनी के मध्य चल रहे झगड़े के बाद आदिलाबाद का क्षेत्र पूर्णतः हैदराबाद के निज़ाम के अंतर्गत आ गया और इसी के साथ एक बार फ़िर से सामाजिक, आर्थिक और राजनैतिक ढाँचा पूरी तरह से बदल गया।

हैदराबाद के निज़ाम नासिर-उद-दौला ब्रिटिश ईस्ट इंडिया कंपनी से लिए गए कर्ज़ का भुगतान करने में असफल रहे लिहाज़ा 1853 में बरार की संधि तहत आसिफ़ाबाद[1] का क्षेत्र अप्रत्यक्ष तौर पर अंग्रेज़ों के कब्ज़े में आ गया। इसका स्थानीय प्रशासन, कर संग्रह, ज़मींदारी, और वन नियम निजाम के अधीन थे लेकिन निज़ाम के दरबार में अंग्रेज़ रेजिडेंट की देखरेख में सारा काम होता था और यह स्थिति आज़ादी के समय तक बनी रही।

हैदराबाद रियासत औपनिवेशिक भारत में मौजूद सबसे बड़ी रियासतों में से एक थी। आज़ादी के समय आसफजाही वंशी निज़ाम मीर उस्मान अली खान (1911-1948) का शासन था। अंग्रेज़ों ने निज़ाम को सर्वाधिक 25 तोपों की सलामी का अधिकार दे रखा था।

---

1 *जंगम के नाम से पहचाना जाने वाला यह क्षेत्र आसफजाही वंशी शासकों के चलते आसिफ़ाबाद से जाना गया। 1905 में आसिफ़ाबाद को जिला बनाया गया। लेकिन 1913-1941 तक इसे आदिलाबाद में मिला दिया गया। 2016 में एक बार फ़िर से आदिलाबाद से आसिफाबाद को अलग कर जिला बनाया गया। अब इसे कुमुरम भील जिले के नाम से जाना जाता है।*

कोमरम भीम का जन्म तेलंगाना के आदिलाबाद[2] जिले के संकेपल्ली गाँव में 22 अक्टूबर, 1901 को आदिवासी गोंड परिवार में हुआ था। यह वर्तमान में तेलंगाना राज्य के उत्तरी भाग में स्थित कोमरम भीम जिले में स्थित है। औपनिवेशिक दौर में गोंड आदिवासी बाहुल्य यह इलाका चंद्रपुर और बल्लारपुर की गोंड रियासतों के नज़दीक था। गोंड समुदाय बाहरी दुनिया से लगभग कटे हुए थे। ये झूम खेती और जंगल के उत्पादों पर निर्भर थे।

आदिवासी बाहुल्य इलाकों में बाहरी लोगों के प्रवेश से गोंड नाराज थे। रियासत द्वारा ब्राह्मण, मुस्लिम और कोमती लोगों को इन इलाकों में ज़मीनों पर पट्टा दिया जा रहा था जबकि गोंडों को पट्टा नहीं दिया जा रहा था। कोमरम भीम ने रियासत से पट्टा दिए जाने की माँग की लेकिन सफल नहीं हुए।

कोमरम भीम ने अन्य आदिवासियों की तरह व्यापारी, साहूकार, ज़मींदार, जागीरदारों, रियासत के अधिकारियों द्वारा आदिवासियों के शोषण, अंग्रेज़ों की लूट और अत्याचार को नज़दीक से देखा था। फसल का ज़्यादातर हिस्सा निज़ाम के अधिकारियों द्वारा कर के रूप में ले लिया जाता था। वन विभाग के अधिकारी लगातार आदिवासियों के ऊपर अत्याचार कर रहे थे। जंगल से पेड़ काटने अथवा किसी भी तरह के इस्तेमाल पर प्रतिबंध लगाया जा रहा था। वन उपज पर प्रतिबंध लगा दिया गया था। नियमों के उल्लंघन पर गिरफ़्तारी, मारपीट, फर्ज़ी मुकदमे इत्यादि घटनाक्रम सामान्य प्रतिक्रिया थी। कर न देने पर ज़मीन ज़ब्त कर लेने का प्रावधान था।

औपनिवेशिक दौर में हैदराबाद रियासत का 45% भू-भाग जंगलात की श्रेणी में शामिल था। जंगल में पशुओं की चराई पर कर वसूली की जाती

---

2 *तेलंगाना का आदिलाबाद क्षेत्र 10वीं शताब्दी तक एदलवाड़ा/ एड्डुलपुरम (बैलों की भूमि) के नाम से जाना जाता था। बीजापुर सुल्तान अली आदिलशाह के नाम पर इसका नाम आदिलाबाद पड़ा। मुग़ल बादशाह औरंगज़ेब के समय यह क्षेत्र मुग़ल साम्राज्य के अधीन आ गया था। लेकिन 1724 में निज़ाम उल मुल्क द्वारा स्वतंत्र हैदराबाद की स्थापना के साथ ही निज़ाम की रियासत का हिस्सा बन गया। 1905 में जिला बना दिया गया।*

थी। चराई कर के रूप में गाय पर 4 आना, भैंस पर 14 आना, बकरी पर 2 आना वसूल किये जाते थे। हैदराबाद के निज़ाम ने राजस्व की वसूली के लिए पटवारी और पटेलों की नियुक्ति की। लिहाज़ा स्थानीय गोंड मुखिया का महत्त्व और कम हो गया था। जबरन राजस्व वसूली की प्रक्रिया ने असंतोष को जन्म दिया। फसल पर राजस्व को पट्टी कहा जाता था। वन उपज पर डंपा पट्टी लिया जाता था। खेती में हल के इस्तेमाल पर पोल पट्टी, जंगल की लकड़ी से हल बनाने पर अरका पट्टी, बकरियों के पालने पर मेका पट्टी, कागज़ के लिए इस्तेमाल लुगदी पर मांचे लिया जाता था। नए घर के निर्माण पर और शादी के वक्त वर और वधू पक्ष से भी कर वसूल किया जाता था।

ब्रिटिश ईस्ट इंडिया कंपनी ने बरार संधि के बाद वन नीति बनानी शुरू की। वन नीति का मुख्य उद्देश्य मुनाफ़ा कमाना था। वनों को कंपनी के एकाधिकार में लेकर उन्हें अलग-अलग श्रेणियों- आरक्षित, अनारक्षित, चरागाह इत्यादि में बाँटना शुरू कर दिया गया। इससे वनों से आदिवासियों की बेदख़ली प्रारंभ हो गई। वनों और अन्य प्रकार के आरक्षित क्षेत्रों में आदिवासियों के प्रवेश एवं वन उपज के उपयोग पर प्रतिबंध लगा दिया गया।

वनों पर कंपनी के एकाधिकार के चलते झूम खेती पर प्रतिबंध लगा दिया गया। गोंड आदिवासियों को नये वन कानूनों ने बुरी तरह प्रभावित किया। वनों के सीमांकन के पश्चात् 'सिवा-ए-जमाबंदी' की ज़मीन भी इस दायरे में आ गयी। इसके परिणामस्वरूप इस ज़मीन के भविष्य में उपयोग करने से गोंड आदिवासियों को प्रतिबंधित कर दिया गया। सिर्फ़ मालिकाना हक से जुड़े हुए प्रमाणपत्र पेश करने पर ही आदिवासियों के ज़मीन, जंगल पर अधिकारों को मान्यता दी गई। आदिवासियों की बिना सरकारी कागज़ात वाली पैतृक ज़मीन पर वन विभाग के अधिकारियों ने अपना मालिकाना हक जमाना शुरू कर दिया था।

ज़मीन और जंगल पर सामुदायिक और सामूहिक अधिकारों की पुरानी व्यवस्था पर रोक लगा दी गई। आदिवासियों को बंजर, पथरीली और अनुपयोगी ज़मीनों पर खेती के लिए मजबूर किया जाने लगा। जबकि

पूर्व में इन ज़मीनों का उपयोग कभी-कभी किसी विशेष हालात में ही किया जाता था। वन विभाग के अधिकारियों ने मनमाने तरीको से सीमांकन के कार्य को अंजाम दिया। ज़मीनों के मापन, सीमांकन और वनों के विभाजन ने आदिवासियों की बग़ावत को जन्म दिया।

कोमरम भीम के वयस्क जीवन की शुरुआत में ही निज़ाम के अधिकारियों ने आदिवासियों के हक-हुकूक की लड़ाई लड़ रहे उनके पिता की हत्या कर दी थी। लिहाज़ा कोमरम भीम अपना पैतृक गाँव छोड़कर केरिमेल्ला (सुरधापुर) गाँव में जा बसे। लेकिन स्थानीय जागीरदार सिद्दीकी ने आदिवासियों की ज़मीनों पर कब्ज़ा करना शुरू कर दिया था। अधिकारियों ने जबरन करों की वसूली शुरू कर दी। खेती की ज़मीनों पर जागीरदार ने कब्ज़ा कर लिया।

कोमरम भीम की ज़मीन भी जागीरदार के कब्ज़े में थी। ऐसे विकट हालातों में कोमरम भीम ने आदिवासियों को एकजुट कर निज़ाम के अत्याचारों और पोडू खेती पर करों की अवैध वसूली के ख़िलाफ़ छापामार तरीकों से मुहीम छेड़ दी थी। पटवारी लक्ष्मण राव, निज़ाम पट्टेदार सिद्दीकी अपने 10 लठैतों के साथ जबरन आदिवासियों से कर वसूलने और फ़सल ज़ब्ती के लिए गाँव आये। आपसी मुटभेड़ में सुरधापुर गाँव का जागीरदार सिद्दीकी मारा गया। जागीरदार के कब्ज़े से छुड़ाई गई ज़मीन भूमिहीन आदिवासियों में बराबर बाँट दी गई। कोमरम भीम को एक बार फ़िर अपना गाँव छोड़कर अपने दोस्त कोंडल के यहाँ चांदा (चंद्रपुर) जाना पड़ा।

चांदा (चंद्रपुर) में विठोबा से मुलाकात हुई, जो कि अंग्रेज़ी हुकूमत और हैदराबाद रियासत के ख़िलाफ़ पत्रिका निकालते थे। कोमरम भीम ने भाषाई ज्ञान यहीं से प्राप्त किया। कुछ समय बाद विठोबा को पुलिस ने जेल भेज दिया। कोमरम भीम अब यहाँ से असम (1920-25) चले गये जहाँ चाय के बागानों में काम किया। बागान मज़दूरों के हक़ के लिए लड़ने के जुर्म में इन्हें जेल भेज दिया गया। लेकिन वे जेल से फरार हो गये। मद्रास प्रेसिडेंसी में रम्पा विद्रोह से प्रेरित होकर लगभग पाँच वर्ष के अंतराल के बाद 1925 में उन्होंने अपने गाँव सुरधापुर लौटने का फैसला किया।

कोमरम भीम अपनी माँ और भाई के साथ अपने गाँव को छोड़कर काकनघाट की तरफ़ चले गए और सोम बाई से शादी की। भबाजीरी में खेती के लिए जंगल की सफाई शुरू हुई। लेकिन पटवारी, वन विभाग के अधिकारी और पुलिस के सिपाहियों के साथ आकर कोमरम और उसके परिवार को धमकाने लगा। ज़मीन पर निज़ाम के मालिकाना हक का दावा किया। लिहाज़ा कोमरम भीम ने हैदराबाद निज़ाम से मिलने का निश्चय किया लेकिन उसमें भी असफल रहे।

रियासत ने गाँव की ज़मीनों के पट्टे ग़ैर-आदिवासियों के नाम कर दिए। ज़मीनों पर ब्राह्मण और मुस्लिम ज़मींदारों का कब्ज़ा हो गया। इसलिए अपना गाँव छोड़कर भबाजीरी गाँव जाना पड़ा। इस गाँव में मुख्यतः वो लोग रह रहे थे, जिन्हें वन विभाग ने सीमांकन प्रक्रिया के चलते अपनी पैतृक ज़मीन से बाहर निकाल दिया था। भबाज़ेरी गाँव भी वन कानून के तहत राज्य द्वारा आरक्षित वन क्षेत्र घोषित था और यहाँ से भी आदिवासियों को बेदखल करने की प्रक्रिया शुरू कर दी थी।

गाँव को खाली करने की अंतिम तिथि के गुज़र जाने के बाद आदिवासियों के घरों में आग लगा दी गई। आगजनी की घटना के बाद कुछ गोंड और 9 कोलम परिवारों को भबाज़ेरी के पूर्व में जोड़ाघाट में रहने की अनुमति दे दी गयी, साथ ही थोड़ी ज़मीन भी। कुछ समय बाद वन विभाग के अधिकारियों ने 500 रुपये की रिश्वत के एवज में जंगल की ज़मीन साफ़ करके अपने उपयोग में लाने की भी अनुमति दे दी। लेकिन एक बार फ़िर से वन विभाग के कर्मचारियों ने 2000 रुपये की माँग की। पैसा न देने पर गाँव को जला देने और परिवारों को बेदखल करने की धमकी दी गई।

आख़िरकार रियासत के शोषण और ज़मींदारों के अत्याचारों से परेशान आदिवासियों को कोमरम भीम ने निज़ाम के ख़िलाफ़ एकजुट कर, छापामार (गुरिल्ला) युद्ध के लिए तैयार करना शुरू किया। उन्होंने जोड़ाघाट को अपना कार्यक्षेत्र बनाया। उन्होंने आस पास के 12 गाँवों- जोडाघाट (केरमेरी मंडल), पटानपुर (जैनूर मंडल), भबाजीरी (नारनूर मंडल),

टोकानावाडा, जलबदरदी (केरमेरी मंडल), शिवागुडा (तिर्यानी मंडल), सिम्बुगुड़ी (गुडीहाटनूर मंडल), कल्लालगुडा, अनसुरुगुड़ा, नरसगुडा (इचोड़ा तहसील), कोश्रुगुडा (ऊटनूर मंडल), लिंबादगुड़ा को मिलाकर स्वतंत्र गोंड राज्य की घोषणा की और आदिवासियों को एकत्रित करके सेना तैयार की।

गोंड आदिवासी राज्य को मान्यता देने के लिए रियासत से भी पत्राचार हुआ। 1 सितम्बर, 1940 को निज़ाम के साथ आदिवासी राज्य को मान्यता देने के मसले पर बैठक की। लेकिन बैठक असफल रही। कोमरम भीम अपने साथियों के पास हैदराबाद गए ताकि जोड़ाघाट में ज़मीन पर खेती की अनुमति ले सकें, लेकिन फ़िर से रिश्वत की माँग की गयी। उन्होंने उच्च अधिकारियों से मुलाक़ात करके समस्या का समाधान करने की कोशिश की। लेकिन इससे पूर्व ही फॉरेस्ट रेंजर ने अन्य फॉरेस्ट गार्ड के साथ मिलकर के जोड़ाघाट से आदिवासियों के घरों को उजाड़ दिया। पालतू जानवरों के साथ घरों में आग लगा दी गई। आदिवासियों ने इसका विरोध शुरू किया। इसी समय इन वन अधिकारियों ने गोली चला दी, जो कि कोमरम भीम के हाथ पर लगी।

इसके बाद तुडुम (ढोल) की आवाज़ और रागल (तुरही) फ़िराने के साथ आंदोलन शुरू हो गया। कोमरम भीम के नेतृत्व में जोड़ाघाट, भबाजीरी के जागीरदारों पर हमले शुरू हो गए। छीनी गई ज़मीनों को भूमिहीन आदिवासियों में बराबर बाँटा जाने लगा। बग़ावत की ख़बर मिलते ही नवाब ने तत्कालीन आसिफ़ाबाद के कलेक्टर को समझौते के लिए भेजा। समझौते के तहत-आदिवासियों को ज़मीन पर पट्टा दिए जाने का वादा किया गया। इसके अतिरिक्त कोमरम भीम को शासन करने के लिए अतिरिक्त ज़मीन देने का वादा किया गया।

कोमरम भीम ने रियासत के सुझाव को मानने से इनकार कर दिया। फर्ज़ी मुकदमों में बंद आदिवासियों को रिहा करने की माँग की गई। गोंड बाहुल्य इलाके में आदिवासी राज्य की बात की गई। उन्होंने आदिवासियों को अपनी ज़मीन, अनाज और आज़ादी के लिए लड़ने के लिए एकजुट होने

का आह्वान किया। सरकार ने आदिवासियों की माँगों को मानने से इनकार कर दिया। कोमरम भीम ने जल-जंगल-ज़मीन[3] का नारा दिया। इसी के साथ पुलिसिया कार्यवाहियों का दौर भी प्रारंभ हो गया।

कोमरम भीम ने हथियारबंद सैन्य टुकड़ी के दम पर आदिवासियों को हक़ दिलाने का प्रयास किया। 1928 से 1940 तक इसी तरह की गतिविधियाँ चलती रहीं। उन्होंने आदिवासी सेना के माध्यम से लगभग 12 गाँवों पर आदिवासी राज्य की स्थापना की और अगले क़ई सालों तक इन पर राज किया।

रियासत के अधिकारियों ने पुलिस के साथ पहाड़ी को घेरकर खुली फायरिंग शुरू कर दी। बचाव में आदिवासियों ने वन विभाग के अधिकारियों पर हमला कर दिया। किसी तरह अधिकारी अपनी जान बचाकर निकले। अब कोमरम भीम और उसके साथियों ने अत्याचार और शोषण से आज़ादी की माँग को दोहराया और अपनी पैतृक ज़मीन पर मालिकाना हक दिए जाने की माँग की। जब भीम व जिले के अधिकारियों के मध्य समझौते की बातचीत चल रही थी, निज़ाम की पुलिस और सेना ने अंग्रेज़ों के साथ मिलकर उसे गिरफ़्तार करके कुचलने का प्रयास शुरू किया।

रियासत के तहसीलदार अब्दुल सत्तार ने कप्तान अलिराजा को 300 लोगों की सुसज्जित सेना के साथ कोमरम भीम का दमन करने के लिए भेजा। लेकिन उसमें असमर्थ रहे। फ़िर गोंड समूह के कुरडू पटेल को मुख़बिरी के लिए तैयार किया। मुख़बिर की सूचना के आधार पर 1 सितम्बर, 1940 जोड़ाघाट को पुलिस ने चारों तरफ़ से घेर लिया था। कोमरम भीम बीते कई वर्षों से इसी क्षेत्र को केंद्र बनाकर लड़ रहे थे। रियासत तहसीलदार अब्दुल सत्तार के आदेश पर पुलिस ने खुली गोलीबारी शुरू कर दी।

16 अक्टूबर, 1940 को जोड़ाघाट में सेना और आदिवासियों के बीच लड़ाई में कोमरम और 11 आदिवासी शहीद हो गए। सैकड़ों घायल हुए।

---

3 *मावा नाटे मावा राज- जंगल के तमाम अधिकारों पर जंगल में रहने वाले लोगों का पूर्ण अधिकार है।*

घटना के बाद गोंड आदिवासियों का हैदराबाद रियासत के ऊपर से विश्वास हमेशा के लिए ख़त्म हो गया। न केवल गोंड बल्कि भारत का पूरा आदिवासी समाज कोमरम भीम को अपने पुरखे की तरह याद करता है।

सहायक ग्रंथ

1. क्रिस्टोफ, वॉन फुरर हेमिंडोर्फ़; ट्राइब्स ऑफ़ इंडिया: द स्ट्रगल फॉर सरवाईवल, युनिवेर्सिटी ऑफ़ केलिफोर्निया प्रेस, वर्कले, 1982
2. क्रिस्टोफ, वॉन फुरर हेमिंडोर्फ़; द राज गोंडस ऑफ़ आदिलाबाद; ए पीजेंट कल्चर ऑफ़ द दक्कन, इग्नू, दिल्ली 2012
3. क्रिस्टोफ, वॉन फुरर हेमिंडोर्फ़; द गोंड ओद आंध्र प्रदेश; ट्रेडिशन एंड चेंज इन अन इन्डियन ट्राइब, इग्नू , दिल्ली 2012
4. आकाश पोयम; कोमरम भीम; ए फोरगोटन आदिवासी लीडर हू गेव द स्लोगन जल जंगल ज़मीन, आदिवासी रिसेर्जेंस 2016

जयपाल सिंह मुंडा

भारतीय राष्ट्रीय आंदोलन में कांग्रेस के नेतृत्व में भारतीय समाज का कुलीन वर्ग, ख़ासतौर से सवर्ण तबका, मुस्लिम लीग के नेतृत्व में मुस्लिम समुदाय और डॉ. अम्बेडकर के नेतृत्व में दलित समुदाय राजसत्ता पर कब्ज़े को लेकर संघर्षरत था। दूसरी तरफ़ आदिवासी समाज का नेतृत्व जयपाल सिंह मुंडा और आदिवासी महासभा कर रही थी।

मुंडा विद्रोह और भूमकाल के बाद आदिवासी बाहुल्य इलाकों में अंग्रेज़ी साम्राज्य का विस्तार करने एवं उसे स्थायी बनाने के लिए 'छोटानागपुर टेनेंसी एक्ट' 1908 में लागू किया गया। बेगार प्रथा पर रोक लगा दी गई। अलग-अलग प्रयासों से अंग्रेज़ों को आदिवासी हितैषी साबित करने के प्रयास शुरू हुए। बिरसाइत[1] के प्रभाव को ख़त्म कर ईसाइयत के प्रभाव को बढ़ाने की कोशिश शुरू हो गयी।

मरांग गोमके[2] जयपाल सिंह मुंडा का जन्म 3 जनवरी, 1903 को झारखंड के खूँटी जिले के टकरा पाहन टोली गाँव के एक मुंडा परिवार में हुआ था। पिता अमरु पाहन और माँ का नाम राधामुनी था। बचपन का नाम प्रमोद पाहन था लेकिन सेंट पॉल प्राइमरी स्कूल, टकरा राँची में दाखिले के समय जयपाल सिंह[3] लिखा गया।

सेंट पॉल प्राइमरी स्कूल के प्रिंसिपल और गुरु कैनोन कासग्रेव ने उन्हें ईसाइयत की दीक्षा दिलाई। जयपाल सिंह स्कूली पढ़ाई समाप्त करके नवम्बर, 1918 में इंग्लैण्ड चले गए। अगले एक साल कैनोन कासग्रेव के साथ उन्होंने डार्लिंगटन में बिताया। डार्लिंग्टन में ही उन्हें तीन अंग्रेज़ नर्सों ने वित्तीय सहायता प्रदान की।

1919-20 में सेंट आगस्टीन कॉलेज, केंटबरी, इंग्लैण्ड में प्रीस्टहुड(पादरी) की शिक्षा के लिए दाखिला लिया, लेकिन कुछ समय पश्चात् कॉलेज वार्डन बिशप आर्थर मेस्कनाइट ने सेंट जॉन कॉलेज,

---

1 *बिरसा द्वारा चलाया गया पंथ*

2 *सर्वोच्च नायक/ महान नायक/ अगुआ नेता*

3 ऑक्सफ़ोर्ड विश्वविद्यालय के सेंट जोन्स कॉलेज की वेबसाइट पर उनका नाम ईश्वरदास जयपाल सिंह दर्ज़ है।

ऑक्सफ़ोर्ड विश्वविद्यालय में स्कूली शिक्षा के लिए भेज दिया, जहाँ से 1922 में उन्होंने स्कॉलरशिप की परीक्षा पास की। जयपाल सिंह को 40 पौंड की हर्टफोर्डशायर स्कॉलर्शिप मिली। वर्ष 1926 में सेंट जॉन कॉलेज, ऑक्सफ़ोर्ड विश्वविद्यालय से राजनीति विज्ञान, दर्शनशास्त्र और अर्थशास्त्र विषय में स्नातक की डिग्री हासिल की। इसके साथ ही भारत में अंग्रेज़ी शिक्षा व्यवस्था के लागू होने के बाद, जयपाल सिंह मुंडा स्नातक की डिग्री हासिल करने वाले पहले आदिवासी बन गए।

वो कॉलेज की फुटबॉल और हॉकी टीम के स्थायी सदस्य थे। ऑक्सफोर्ड यूनिवर्सिटी हॉकी टीम में 1924 से 26 तक उन्होंने सेंट जॉन कॉलेज का प्रतिनिधित्व किया था। ऑक्सफ़ोर्ड में पढ़ने वाले एशियाई छात्रों के लिए स्पोर्ट्स सोसायटी का निर्माण किया। 1924-25 में हॉकी में कैम्ब्रिज की टीम को हराकर ऑक्सफ़ोर्ड ब्लू का ख़िताब पाने वाले वे पहले भारतीय थे। ऑक्सफ़ोर्ड विश्वविद्यालय में पढ़ाई करने वाले जयपाल सिंह मुंडा दूसरे भारतीय थे। इनके पूर्व सर सैय्यद अहमद खान के सुपुत्र सैय्यद महमूद थे। इस समय ज़्यादातर भारतीय इंग्लैंड के कैम्ब्रिज विश्वविद्यालय में ही पढ़ते थे। उन्होंने सेंट जॉन कॉलेज से ही अर्थशास्त्र विषय में वर्ष 1929 में एम.ए की पढ़ाई पूरी की।

1927 में इंडियन सिविल सर्विसेज (आईसीएस) की लिखित परीक्षा पास करने वाले वे पहले आदिवासी थे और उन्होंने साक्षात्कार में उस वर्ष सर्वाधिक अंक प्राप्त किया। प्रोबेशनर के तौर पर आईसीएस जॉइन किया। लेकिन एम्सटर्डम हॉकी ओलंपिक खेलों में व्यस्तताओं के चलते आईसीएस की ट्रेनिंग में देरी होने लगी थी। नस्लीय भेदभाव के बाद उन्होंने1928 में आईसीएस से इस्तीफ़ा दे दिया।

नीदरलैंड की राजधानी एम्सटर्डम में वर्ष 1928 में आयोजित समर विश्व हॉकी ओलम्पिक में भारतीय टीम की कप्तानी की। अंग्रेज़ मैनेजर ए.बी. रोजियर से नस्लीय भेदभाव झेलने के चलते जयपाल सिंह ने नवम्बर ,1928 में सेमीफाइनल मैच के बाद कप्तानी छोड़ दी। जयपाल सिंह की जगह उप-कप्तान ब्रूम एरिक पिन्निगर को फ़ाइनल मैच में हॉलैंड के ख़िलाफ़

कप्तान की ज़िम्मेदारी दी गई। भारतीय टीम ने तमाम मैच जीते और देश को पहला गोल्ड मेडल मिला। ये जयपाल की बदौलत ही था कि भारतीय टीम ओलंपिक का सफ़र पूरा कर पाई थी।

ओलंपिक खेलों की समाप्ति के बाद जयपाल ने बर्मा में एक कंपनी में मर्केंटाइल असिस्टेंट के बतौर पदभार ग्रहण किया। लंदन में कंपनी ने एक साल के प्रशिक्षण के बाद उन्हें कलकत्ता भेज दिया। जहाँ उन्होंने 1929-1932 के मध्य कार्य किया। इसी दौरान वर्ष 1931 में कांग्रेस के संस्थापक अध्यक्ष व्योमेश चन्द्र बनर्जी की नातिन और पी.के मजूमदार एवं जानकी एग्नेस पेनलोप मजूमदार की बेटी तारा मजूमदार के साथ उनकी शादी हुई।

कंपनी की नौकरी छोड़ने के बाद उन्होंने 1933-34 में प्रिंस ऑफ़ वेल्स कॉलेज, घाना, अफ्रीका में बच्चों को कॉमर्स विषय की शिक्षा प्रदान की। वर्ष 1937 में वो छत्तीसगढ़ के रायपुर स्थित राजकुमार कॉलेज में बतौर प्रिंसिपल नियुक्त हुए। उस समय राजकुमार कॉलेज रायपुर में राजा, महाराजाओं, सामंतों और ज़मींदारों के बच्चे पढ़ते थे। लेकिन सरगुजा महाराज रामानुज शरण सिंह देव एक आदिवासी शिक्षक एवं प्रिंसिपल के तौर पर जयपाल सिंह को कॉलेज में स्वीकार नहीं कर पा रहे थे। लिहाज़ा जयपाल सिंह मुंडा ने अपने पद से इस्तीफ़ा दे दिया।

वर्ष 1938 ई. में बीकानेर रियासत के महाराजा गंगा सिंह ने जयपाल सिंह मुंडा को कॉलोनाइजेशन मिनिस्टर, रैवेन्यू कमिश्नर और उनकी योग्यता एवं रियासत में उनके योगदान को देखते हुए उन्हें विदेश सलाहकार के पद पर पदोन्नति दे दी। गंगनहर के निर्माण (पंजाब की सतलुज नदी का पानी नहरों के ज़रिए बीकानेर तक लाया गया था) के दौरान की गई आर्थिक गड़बड़ियों (पटियाला रियासत और बीकानेर रियासत के अधिकारी शामिल थे) को जयपाल सिंह ने उजागर किया था।

पटियाला रियासत के तत्कालीन विदेशमंत्री के. एम. पणिक्कर ने प्रधानमंत्री सिकंदर हयात खान के ज़रिए बीकानेर के महाराजा से शिकायत करके उनकी नियुक्ति का विरोध किया। लिहाज़ा जयपाल सिंह ने इसे

स्वाभिमान पर चोट माना और अपने पद से इस्तीफ़ा दे दिया। जयपाल सिंह ने कश्मीर के महाराजा हरिसिंह के बेटे कर्णसिंह के निजी शिक्षक के रूप में भी अपनी सेवाएँ दीं।

लेकिन जल्द ही शिक्षण गतिविधियों और ग़ैर-आदिवासियों के यहाँ कार्य छोड़कर आदिवासियों के हक़-अधिकारों की लड़ाई की ख़ातिर राजनीति की ओर मुड़ गये।

आदिवासी बाहुल्य क्षेत्रों में आदिवासी संगठन लंबे समय से कार्य कर रहे थे। इनमें 'छोटानागपुर उन्नति समाज' 1920 सबसे प्रमुख था। 1928 में साइमन कमीशन जब भारत आया था तब आदिवासियों के लिए अलग प्रान्त बनाने की माँग को लेकर 'छोटानागपुर उन्नति समाज' ने उसे ज्ञापन दिया था। इसके अतिरिक्त छोटानागपुर कैथोलिक सभा, मुंडा सभा, खड़िया सभा, किसान सभा इत्यादि संगठनों के 255 प्रतिनिधियों ने 30-31 मई, 1938 को दो दिवसीय एक सम्मेलन आयोजित कर अखिल भारतीय 'आदिवासी महासभा' की स्थापना की घोषणा की। थियोडोर सुरीन इसके अध्यक्ष निर्वाचित हुए। इनमें निम्नलिखित 6 सूत्री माँगों का एक प्रस्ताव पास किया गया-

1. छोटानागपुर और संथाल परगना को मिलाकर एक नया प्रान्त बनाया जाए।
2. सरकारी वकीलों और विलीन रियासतों के कामों में आदिवासियों की नियुक्ति की जाए।
3. राँची में एक डिग्री कॉलेज खुले।
4. आदिवासी छात्रों को स्कॉलरशिप दी जाए।
5. सरकारी बोर्ड, नगर पालिका और कारखानों में आदिवासियों को नौकरी दी जाए।
6. पुलिस और रेजिमेंट में आदिवासियों को भर्ती किया जाए।

जयपाल सिंह मुंडा ने 20 जनवरी, 1939 को आदिवासी महासभा की सदस्यता ग्रहण की। थियोडोर सुरीन और जूलियस तिग्गा ने उन्हें अध्यक्ष बनाये जाने का प्रस्ताव पेश किया। जयपाल सिंह अध्यक्ष चुने गए। उन्होंने 'आदिवासी सकम' नामक पत्रिका आरम्भ की।

जयपाल सिंह मुंडा की अध्यक्षता में आदिवासी महासभा ने 1939 के जिला परिषद् के चुनावों में राँची की 25 में से 16 सीट और सिंहभूम की 25 में से 22 सीटों पर जीत दर्ज़ की। 16 जनवरी, 1939 को राजेंद्र प्रसाद को पत्र लिखते हुए उन्होंने कहा कि "आदिवासियों को विकास का कोई लाभ नहीं मिला है जबकि उन्हें इसकी सबसे अधिक ज़रूरत है। आदिवासी सरकार पर अपना विश्वास खो चुके हैं। शब्दों से वह अब नहीं बहकने वाले, वे सरकार से कुछ ठोस चाहते हैं। हम आदिवासियों को न्याय चाहिए।"[4]

आदिवासी महासभा के प्रयासों को ध्वस्त करते हुए 1940 में कांग्रेस ने अपना वार्षिक अधिवेशन रामगढ़ में बुलाया। इसके विरोध में आदिवासी महासभा ने रामगढ़ में ही एक बड़ी सभा आयोजित की, जिसे सुभाषचंद्र बोस ने संबोधित किया। भारत छोड़ो आन्दोलन में भी आदिवासी महासभा ने भागीदारी की और उसके नेता जेल गये। जयपाल सिंह मुंडा के निर्देश पर लगभग 7200 आदिवासी अंग्रेज़ी फ़ौज में भर्ती हुए थे।

आदिवासी महासभा के बढ़ते प्रभाव को रोकने के लिए कांग्रेस ने ठक्कर बप्पा और डॉ. राजेन्द्र प्रसाद के नेतृत्व में 8 जून, 1946 को 'आदिम जाति सेवक मंडल' का गठन किया। अगले एक वर्ष में कांग्रेस ने आदिवासियों को वन जाति और आदिम जाति मानते हुए 50 से अधिक संगठन बनाये। गांधी जी आदिवासियों के लिए 'गिरिजन' शब्द का इस्तेमाल करते थे। 1948 में इन सभी को मिलाकर 'भारतीय आदिम जाति सेवक संघ' गठित किया गया। राजेंद्र प्रसाद अध्यक्ष और ठक्कर बप्पा उपाध्यक्ष बनाये गए। इन्होंने आदिवासियों के संस्कृतिकरण को अपना लक्ष्य बनाया।

---

4 डॉ. राजेन्द्र प्रसादः कॉरस्पोंडेंस एंड सिलेक्टेड डॉक्यूमेंट, फर्स्ट एडिशन, पृष्ठ- 253

द्वितीय विश्व युद्ध की समाप्ति के बाद कैबिनेट मिशन योजना के अनुसार 1946 में संविधान सभा की 389 सीटों के लिए अप्रत्यक्ष निर्वाचन प्रणाली के तहत प्रांतीय विधान सभाओं, रियासतों, चीफ़ कमिश्नर प्रोविंस से नामांकन हुआ। धार्मिक आधार पर हिंदू, मुस्लिम, सिख को जनसंख्या के अनुपात में प्रतिनिधित्व दिया गया।

कैबिनेट मिशन के भारत आगमन के समय जयपाल सिंह मुंडा बिहार विधानसभा के निर्वाचित सदस्य थे। लिहाज़ा जुलाई, 1946 में आदिवासियों के प्रतिनिधि एवं आदिवासी महासभा के सदस्य के तौर पर संविधान सभा के सदस्य नामांकित हुए। संविधान सभा की 'पूर्णतः वर्जित एवं आंशिक वर्जित जनजाति क्षेत्र समिति' के स्थायी सदस्य बनाये गए और कांग्रेसी ठक्कर बप्पा को उस समिति का अध्यक्ष बनाया गया।

मौलिक अधिकारों पर चर्चा, विशेषतः अनुच्छेद 13 पर बहस, को जयपाल सिंह मुंडा स्थगित करना चाहते थे क्योंकि आदिवासी मामलों की समितियों ने अभी अपनी रिपोर्ट सभा के सामने पेश नहीं की थी और जयपाल सिंह मुंडा आदिवासियों के ज़मीन पर अधिकार को संविधान के मौलिक अधिकारों में शामिल कराना चाहते थे।[5]

भारतीय संविधान सभा में प्रधानमंत्री जवाहरलाल नेहरू द्वारा प्रस्तुत उद्देश्य प्रस्ताव का समर्थन करते हुए जयपाल सिंह मुंडा ने कहा था कि "एक जंगली और आदिवासी होने के नाते इस संकल्प की जटिलताओं में हमारी कोई विशेष दिलचस्पी नहीं है लेकिन हमारे समुदाय का कॉमन सेंस कहता है कि हम में से हर एक ने आज़ादी के लिए संघर्ष की राह में एक साथ मार्च किया है। मैं सभा से कहना चाहूँगा कि अगर इस देश में सबसे ज़्यादा दुर्व्यवहार का शिकार कोई हुआ है तो वे हमारे लोग हैं। पिछले छः हजार साल से हमारी उपेक्षा हुई है और उनके साथ अपमानजनक व्यवहार हुआ है। मैं जिस सिन्धु घाटी सभ्यता का वंशज हूँ इसका इतिहास बताता है कि आप में से अधिकांश लोग जो यहाँ बैठे हैं; घुसपैठिए हैं, बाहरी हैं, जिनके

5 वाद विवाद; संविधान सभा, 30 अप्रैल, 1947

कारण हमारे लोगों को अपनी धरती छोड़कर जंगल में जाना पड़ा। इसलिए यहाँ जो संकल्प पेश किया जा रहा है, वह आदिवासियों को लोकतंत्र नहीं सिखाने जा रहा है। आप आदिवासियों को लोकतंत्र नहीं सिखा सकते। बल्कि आपको ही उनसे लोकतंत्र सीखना होगा। आदिवासी इस धरती पर सबसे लोकतांत्रिक लोग हैं।"[6]

भारतीय संविधान निर्माण की प्रक्रिया के दौरान ही 16 मार्च, 1947 को 'आदिवासी लेबर फेडरेशन' की स्थापना की गई। इसका मुख्य उद्देश्य आदिवासी बाहुल्य क्षेत्रों में पनप रहे औद्योगिक क्षेत्रों (जमशेदपुर इत्यादि) में आदिवासी मज़दूरों के लिए उचित मज़दूरी, सामाजिक अधिकारों की रक्षा करना और मज़दूरों को एकजुट करके राजनैतिक चेतना का विकास करना था। जयपाल सिंह मुंडा संगठन के अध्यक्ष और बृजमोहन बारी सचिव चुने गए।

आज़ादी के बाद नये राज्यों के गठन और सीमांकन की प्रक्रिया के तहत छोटानागपुर क्षेत्र के आदिवासी बाहुल्य सरायकेला और खरसावां रियासत को उड़ीसा में विलय किए जाने का आदिवासी महासभा ने तीव्र विरोध किया। 1 जनवरी, 1948 को सत्ता के औपचारिक हस्तांतरण के दिन आदिवासी महासभा ने खरसावां में विरोध में एक सभा का आयोजन किया। साप्ताहिक गुरुवार हाट के चलते बाज़ार में लोगों की संख्या अधिक थी और जयपाल सिंह मुंडा द्वारा सभा को संबोधित करना तय था लेकिन उनके आगमन से पूर्व ही अचानक उड़ीसा पुलिस ने गोलीबारी शुरू कर दी। सैंकड़ों आदिवासी शहीद हुए। राम मनोहर लोहिया ने इसे आज़ाद भारत का "जलियाँवाला बाग़ हत्याकांड" की संज्ञा दी। 5 महीने बाद गृह मंत्रालय ने रियासतों के उड़ीसा में विलय के प्रस्ताव को वापस ले लिया।

डॉ. भीमराव अंबेडकर द्वारा संविधान सभा में 'आदिवासी' शब्द के स्थान पर 'अनुसूचित जनजाति' शब्द को संविधान में शामिल किए जाने के प्रस्ताव पर जयपाल सिंह मुंडा ने अपनी आपत्ति दर्ज़ की। जयपाल सिंह मुंडा और 'शेड्यूल एरिया समिति' की सिफ़ारि शपर अनुसूची 5 और अनुसूची 6

---

6 वाद विवाद; संविधान सभा, 19 दिसंबर 1946

को संविधान में शामिल किया गया। डॉ. राजेंद्र प्रसाद के राष्ट्रपति बनते ही झारखंड पार्टी के विरोधियों को नयी ताकत मिली।

आदिवासी महासभा के जमशेदपुर में आयोजित दो दिवसीय अधिवेशन में महासभा को राजनैतिक स्वरूप- 'झारखंड पार्टी' का नाम दिया गया। जयपाल सिंह मुंडा देश की पहली आदिवासी पार्टी के अध्यक्ष निर्वाचित हुए। पार्टी ने आदिवासियों के लिए अलग झारखंड राज्य की माँग को अपना लक्ष्य बनाया। ग़ैर-आदिवासियों को भी पार्टी की सदस्यता देने का निर्णय लिया गया। प्रथम आम चुनाव 1952 में झारखंड पार्टी ने बिहार विधान सभा की 32 सीट और लोकसभा की 3 सीटों पर जीत दर्ज़ की। इस जीत के साथ झारखंड पार्टी बिहार की सबसे बड़ी विपक्षी पार्टी बन गई।

पहले चुनाव में झारखंड पार्टी की सफलता के बाद पंडित नेहरू ने तमिल मूल के आईसीएस अधिकारी और मध्य प्रदेश सरकार के मुख्य सचिव जयरत्नम की बेटी जहाँआरा को जयपाल सिंह का निजी सचिव बनाया। कुछ समय पश्चात् 7 मई, 1952 को जयपाल सिंह मुंडा ने शादी कर ली। इस शादी से बिरसा, जयंत और जानकी का जन्म हुआ। पूर्व पत्नी तारा मजूमदार तलाक लेकर अपने बच्चों अमर, ज़ोया और सीता के साथ इंग्लैंड चली गईं।

प्रधानमंत्री जवाहरलाल नेहरू ने वर्ष 1953 में सैय्यद फैज़ल अली के नेतृत्व में राज्य पुनर्गठन आयोग का गठन किया। आयोग के 2 फरवरी, 1955 के राँची दौरे के समय कांग्रेस ने साज़िश रची। बिहार के तत्कालीन मुख्यमंत्री श्रीकृष्ण सिंह, कृष्ण वल्लभ सहाय और विवेकानंद झा ने दौरे के एक दिन पूर्व जयपाल सिंह मुंडा को कहा कि 'आपको प्रधानमंत्री नेहरू ने तत्काल झारखंड के मुद्दे पर बातचीत के लिए दिल्ली आमंत्रित किया है।' उन्हें सरकारी एयरक्राफ्ट से दिल्ली भेज दिया गया, जहाँ वे अगले 3 दिन तक प्रधानमंत्री से मिलने का इंतज़ार करते रहे। जब मुलाकात हुई तो पीएम नेहरू ने बताया कि ऐसी कोई मीटिंग नहीं है। उन्हें धोखे का अहसास हो गया। चौथे दिन कोई फ्लाइट नहीं थी। वे पाँचवें दिन राँची पहुँचे। तब

तक आयोग जा चुका था। हालाँकि पार्टी के अन्य सदस्यों थियोडोर बोदरा, नागनाथ महतो, सुशील कुमार बागे ने आयोग को अपना ज्ञापन दिया। लेकिन कांग्रेस सरकार के इस धोखे के ख़िलाफ़ पार्टी ने बिहार विधानसभा में अविश्वास प्रस्ताव पेश किया।

वर्ष 1959 में उत्तरी अमेरिका की यात्रा के दौरान चिक्सॉ नेशन (स्थानीय आदिवासी समुदाय) ने जयपाल सिंह मुंडा को ऑनरेरी पेलिची (चीफ़) की उपाधि और नेटिव अमेरिकन हेडगियर से सम्मानित किया। अमेरिकी आदिवासियों की तरफ़ से ये सर्वोच्च सम्मान उस व्यक्ति को दिया जाता था, जिसने आदिवासियों के लिए महत्त्वपूर्ण कार्य किया हो।

झारखंड पार्टी 1957 के आम चुनावों में बिहार विधानसभा में 31 सीट और लोकसभा में 6 सीट जीती। 1962 के आम चुनावों में बिहार विधानसभा में 20 और लोकसभा में 3 सीटों पर जीत दर्ज़ की। 20 जून, 1963 को झारखंड पार्टी का कांग्रेस में विलय कर दिया गया। जयपाल सिंह मुंडा ने 3 सितम्बर को बिहार सरकार में पंचायत एवं सामुदायिक विकास विभाग के मंत्री की ज़िम्मेदारी सँभाली लेकिन 2 अक्टूबर, 1963 को पद से इस्तीफ़ा दे दिया।

झारखंड पार्टी का कांग्रेस में विलय इस समझौते पर हुआ था कि 'कांग्रेस आदिवासियों के लिए झारखंड को अलग राज्य बनाये जाने की पहल करेगी'। लेकिन जयपाल सिंह को अलग आदिवासी राज्य के सवाल पर फ़िर से धोखा मिला। कांग्रेस ने उनकी पत्नी जहाँआरा जयरत्नम को राज्यसभा भेज दिया। वह आगामी वर्षों में उड्डयन, पर्यटन और शिक्षा राज्यमंत्री बनीं।

जयपाल सिंह अब अपना अधिकांश समय संसद सदस्य के तौर पर बिताने लगे और संसदीय कार्यवाहियों में लगातार व्यस्त रहने लगे थे लेकिन लगातार मिलने वाले धोखों ने उन्हें थका दिया था। 1967 में महीनों बीमार रहने के बाद एक बार फ़िर यूरोप चले गये। अपने अंतिम दिनों में झारखंड पार्टी और आंदोलन को फ़िर ज़िंदा करने का प्रयास करने में लगे थे। इसी कड़ी में 13 मार्च, 1970 को राँची में झारखंड पार्टी का सम्मेलन आयोजित

कर वापस पार्टी में आने की सार्वजनिक घोषणा की। लेकिन ये सब कुछ साकार होता, उससे पहले ही 20 मार्च, 1970 की सुबह उनकी मृत्यु हो गई। रिपोर्ट में बताया गया कि मस्तिष्क में रक्तस्राव हुआ था।

औपनिवेशिक काल से वर्तमान तक जयपाल सिंह मुंडा की वैचारिकी आदिवासी राजनीति का मुख्य आधार बन गई। वे प्रखर बुद्धिजीवी और दूरदृष्टिसंपन्न राजनेता थे। वे लेखक, सफल हॉकी कप्तान, कुशल वक्ता, एक शिक्षक, मज़दूर और आदिवासियों के हितों के लिए सब कुछ दाँव पर लगाने वाले पुरखा थे।

सहायक ग्रंथ

1. जयपाल सिंह; लो बीर सेंद्रा: ए हंटर इन द बर्निंग फॉरेस्ट, नवयाना प्रकाशन, दिल्ली, 2025
2. संविधान सभा में जयपाल सिंह; अश्वनी कुमार पंकज, प्यारा केरकेट्टा फाउंडेशन, राँची 2020
3. संतोष कीड़ो; द लाइफ़ एंड टाइम्स ऑफ़ जयपाल सिंह, प्रभात प्रकाशन, दिल्ली 2018
4. बलवीर दत्त; जयपाल सिंह: एक रोमांचक अनकही कहानी, प्रभात पेपरबैक्स, दिल्ली 2017
5. अनुज कुमार सिन्हा; झारखंड आन्दोलन का दस्तावेज़; शोषण, संघर्ष, शहादत, प्रभात प्रकाशन, दिल्ली, 2013
6. कमल नयन चौबे; जयपाल सिंह मुंडा और आदिवासी राजनीति, प्रतिमान अंक, 17-18, जनवरी-दिसंबर 2021

काली बाई भील

अंग्रेज़ी साम्राज्यवाद के ख़िलाफ़ भारत की आज़ादी और आदिवासी स्वायत्तता की लड़ाई में आदिवासी महिलाओं की भूमिका भी बेहद महत्त्वपूर्ण रही है। संथाल विद्रोह में अहम भूमिका अदा करने वाली फूलो और झानो हों या मिज़ोरम में अपने साम्राज्य की रक्षा के लिए शहीद रानी रोपुइलियानी, नागालैड में रानी गैदिनल्यू हो या फ़िर दक्षिणी राजस्थान में अपने शिक्षक को बचाते हुए अंग्रेज़ों की गोलियों की शिकार काली बाई भील।

भारतीय इतिहासलेखन में महिलाओं के योगदान को मर्दों के मुक़ाबले कम करके ही आंका गया है। ज़्यादातर उन्हें मर्दों की सहयोगी, किसी पुरुष की माँ, बहन, बेटी या बीवी के तौर पर ही दर्ज़ किया गया। इस तरह उनके स्वतंत्र अस्तित्व को नकार दिया गया। इतिहासलेखन की औपनिवेशिक परंपरा में महिलाओं की अनदेखी एक सामान्य परिघटना थी लेकिन आज़ादी के बाद भी यह परंपरा जारी रही। इस सबके बीच स्थिति तब विकट हो जाती है जब महिलाएँ आदिवासी तबके से हों; उनके योगदान को तो बिल्कुल ही नज़रअंदाज़ किया गया। भारतीय इतिहास लेखन में आदिवासी महिलाओं के योगदान की चर्चा हाशिए पर भी नहीं है।

राजस्थान में अंग्रेज़ी सरकार और देशी रियासतों के ख़िलाफ़ आज़ादी के आंदोलन की लड़ाई में भीलों की भूमिका बेहद महत्त्वपूर्ण रही है। स्थानीय रियासतों के साथ सहायक संधियों के बाद से ही भीलों ने अंग्रेज़ों, स्थानीय रियासतों और महाजनों के गठबंधन के ख़िलाफ़ जो लड़ाई 19वीं सदी की शुरुआत में शुरू की थी, वह आज़ादी और सामंती शासन व्यवस्था के ख़ात्मे के साथ पूरी हुई।

डेढ़ सौ वर्षों के इस संघर्ष में भीलों ने अपनी स्वतंत्रता और स्वायत्तता को बचाए रखने के लिए मानगढ़ हत्याकांड (बांसवाड़ा, 1913), लीलूडी-बड़ली (सिरोही, 1922) जैसे जनसंहारों का दर्द भी झेला था। काली बाई भील का बलिदान भारत की आज़ादी के महत्त्वपूर्ण पड़ावों में से एक है। इनका ज़िक्र किए बिना आज़ादी के आंदोलन में आदिवासी नौजवानों और ख़ासकर महिलाओं के पक्ष को स्पष्ट नहीं किया जा सकता।

भारतीय राष्ट्रीय आन्दोलन के दौरान राजस्थान में प्रजामंडल[1] आंदोलन के नेता आम लोगों को अपने अधिकारों और लोकतांत्रिक मूल्यों के बारे में शिक्षित कर रहे थे। अंग्रेज़ और उनकी सहयोगी रियासत, सामंत, महाजन, सूदखोरों की लूट के ख़िलाफ़ जनता को एकजुट करने का कार्य करे रहे थे। इसके लिए संगठनों का निर्माण करना, लोगों को जोड़ना, सभा आयोजित करना, भाषण देना, पर्चे बाँटना, स्कूल खोलना, प्रभात फेरी लगाना इत्यादि प्रमुख कार्य थे। प्रेस और अन्य लोकतांत्रिक तरीक़े से वे अपनी माँगें उठा रहे थे। वर्ष 1945 में भोगी लाल पंड्या, गौरी शंकर उपाध्याय, शिव लाल कोटड़िया और हरि लाल जोशी ने डूंगरपुर राज्य प्रजामंडल की स्थापना की थी।

1818 की सहायक संधि के बाद से ही अंग्रेज़ अप्रत्यक्ष तौर पर डूंगरपुर रियासत पर शासन कर रहे थे। तत्कालीन महारावल लक्ष्मण सिंह 'ब्रिटिश चैंबर ऑफ़ प्रिंसेज' की स्टैंडिंग कमेटी के एक महत्त्वपूर्ण सदस्य थे। आदिवासी बाहुल्य डूंगरपुर में नाना भाई खांट 'भील' अपने संगठन 'राजस्थान सेवा संघ' के नेतृत्व में इस गठजोड़ के ख़िलाफ़ ग्रामीण क्षेत्रों में शिक्षा का प्रचार प्रसार करने का कार्य कर रहे थे। शिक्षा के प्रचार-प्रसार को अंग्रेज़ सरकार और डूंगरपुर महारावल लक्ष्मण सिंह ग़ैर-क़ानूनी गतिविधि के तौर पर देख रहे थे। डूंगरपुर महारावल ने 'पिछले पच्चीस वर्षों से चलाने वाले वागड़ सार्वजनिक छात्रावास से सभी आदिवासी छात्रों को निकाल दिया। ये छात्र पढ़ाई के लिए कहीं राज्य से बाहर न चले जाएँ, इसके लिए भी पुलिस को सूचित कर दिया गया। सेवा संघ के विद्यालय तथा छात्रावासों को बंद कराने के आदेश तो पहले ही निकाल दिए गए थे। महारावल के आदेशों को न मानने वालों को परेशान किया जाने लगा था।'[2]

डूंगरपुर के रास्तापाल गाँव में नाना भाई खांट 'भील' आदिवासियों के मध्य शिक्षा का प्रचार-प्रसार करने के लिए स्थानीय शिक्षक सेंगा भाई रौत की मदद से एक पाठशाला प्रारंभ की। पाठशाला में आदिवासी बच्चों

---

1 *कांग्रेस द्वारा 1930 के दशक में उन स्थानीय रियासतों में आज़ादी का आंदोलन 'प्रजामंडल' के नाम से शुरू किया गया था जिनकी मदद से अंग्रेज़ शासन कर रहे थे। इसका मुख्य उद्देश्य अहिंसात्मक तरीक़े से लोकतांत्रिक अधिकारों की माँग करना, उत्तरदायी शासन की माँग करना और राजनैतिक चेतना विकसित करना था।*

2 राजस्थान के प्रकाश स्तंभ: लक्ष्मी चंद गुप्त, खंड तीन, राजस्थान हिंदी ग्रंथ अकादमी, जयपुर, 2002, पृ. सं.- 77

को शिक्षित करने का कार्य डूंगरपुर महारावल और अंग्रेज़ों को पसंद नहीं आया। महारावल लक्ष्मण सिंह और अंग्रेज़ों को डर था कि आदिवासी पढ़-लिखकर इस गठजोड़ के ख़िलाफ़ खड़े हो जाएँगे और अपने हक़-अधिकारों की माँग करेंगे। लिहाज़ा सरकार ने 'पाठशाला बंद करो' अधिनियम लागू कर दिया।

सरकार के आदेश पर 30 मई, 1947 को पूनवाड़ा पाठशाला बंद करने के उद्देश्य से पाठशाला के शिक्षक शिवराम को पकड़कर जंगलों में छोड़ दिया गया। मास्टर शिवराम की खोज में जुटे साथियों को पुलिस ने गिरफ़्तार कर लिया। भोगीलाल पंड्या और गौरीशंकर के घर को आग लगा दी गई। उनके परिवार वालों को भी परेशान किया गया। मास्टर शिवराम के पक्ष में एकजुट हो रहे भीलों को अलग-अलग तरह से प्रताड़ित किया जाने लगा था। डूंगरपुर रियासत ने पाठशाला संचालन नियम और छात्रावास क़ानून निर्मित किए। इनका मुख्य उद्देश्य भीलों के मध्य शिक्षा के बढ़ते प्रचार प्रसार को रोकना और आज़ादी के आंदोलन में उनकी बढ़ती भूमिका को नियंत्रित करना था। वागड़ सार्वजनिक छात्रावास को डूंगरपुर रियासत ने सीधे अपने अधिकार में ले लिया।

इन्हीं क़ानूनों के अंतर्गत 19 जून, 1947 को डूंगरपुर के तत्कालीन मजिस्ट्रेट और पुलिस अधीक्षक पुलिस को लेकर रास्तापाल गाँव पहुँचे। उनका मुख्य उद्देश्य गाँव की एकमात्र पाठशाला को बंद कराना था। यह कोई सरकारी विद्यालय नहीं बल्कि राजस्थान सेवा संघ और प्रजा मंडल आंदोलन के नेता नाना भाई खांट 'भील' के घर में आदिवासी बच्चों को एकत्रित करके अक्षर ज्ञान देने की पाठशाला थी। मजिस्ट्रेट और पुलिस अधीक्षक जब रास्तापाल गाँव पहुँचे तब सुबह का वक्त था। पाठशाला संरक्षक नाना भाई खांट 'भील' अपने स्थानीय शिक्षक सेंगा भाई रौत 'भील' के साथ मिलकर पाठशाला खोलने की तैयारी कर रहे थे। बच्चों के पाठशाला आने का वक्त अभी नहीं हुआ था।

मजिस्ट्रेट ने नाना भाई खांट को पाठशाला की चाबियाँ सौंपने का आदेश दिया जिसे उन्होंने ठुकरा दिया। प्रजामंडल के नेताओं और रियासती शासन एवं अंग्रेज़ों के मध्य तकरार लंबे समय से चली आ रही थी। मजिस्ट्रेट

को चाबियाँ न देने का निर्णय सरकार के साथ असहयोग था। यह एक अहिंसात्मक प्रतिरोध था। मजिस्ट्रेट ने डूंगरपुर महारावल लक्ष्मण सिंह के आदेश का हवाला दिया और आदेश न मानने पर धमकी दी। लेकिन नाना भाई खांट ने महारावल के आदेश की अवहेलना की।

महारावल का हुक्म न मानने पर मजिस्ट्रेट और अधीक्षक के आदेश पर पुलिस ने नाना भाई खांट और सेंगा भाई रौत को मारना शुरू कर दिया। पुलिस बंदूक के हत्थे से दोनों को मारने लगी। थोड़ी देर बाद दोनों को बाँधकर घसीटते हुए पुलिस थाने की तरफ़ चलने लगी। इसी बीच नाना भाई खांट को बंदूक की चोट लगी और वो गिर गए। ख़ून से लथपथ उनके शरीर ने थोड़ी देर में उनका साथ छोड़ दिया। उनकी वहीं मौत हो गई। उनका शव खेत में पड़ा रहा। घायल सेंगा भाई रौत भी जब चलने की स्थिति में नहीं रहे तब उनकी कमर में रस्सी बाँध दी गई और उन्हें पुलिस जीप से घसीटते हुए ले जा रहे थे। महारावल के हुक्म को न मानने की सज़ा क्या हो सकती है, इसका सार्वजनिक प्रदर्शन करने के लिए उन्हें गाँव के बीच से ले जाया गया। गाँव वालों के सामने ही पुलिस ने सेंगा भाई रौत के साथ एक बार फ़िर से मारपीट की गई।

ऐसी परिस्थितियों में काली बाई भील अपने शिक्षक की रक्षा के लिए पुलिस के सामने खड़ी हो गईं। काली बाई का डूंगरपुर महारावल की पुलिस, मजिस्ट्रेट, अधीक्षक और अंग्रेज़ी सरकार के सामने खड़े हो जाना, आज़ादी के आंदोलन की एक बहुत बड़ी घटना है। यह कुछ इस तरह का था जैसे ईसा पूर्व रोमन के गुलामों ने स्पार्टाकस के नेतृत्व में कापुआ के अमीरों के ख़िलाफ़ बग़ावत का झंडा बुलंद किया था।

काली बाई, नाना भाई खांट द्वारा संचालित पाठशाला की 12-13 वर्षीय छात्रा थी। उनके पिता सोमा भाई और माँ नवली बाई ने गोविन्द गुरु के आंदोलन के प्रभाव स्वरूप अपनी बेटी काली बाई को स्कूल भेजा था, जिसे सेंगा भाई रौत शिक्षा देने का काम कर रहे थे।

उस दिन के पूरे घटना क्रम से अनजान काली बाई पाठशाला के शुरू होने के पहले अपने पालतू जानवरों के लिए घास काट कर ला रही थी। जब

उसने देखा कि उसके शिक्षक को पुलिस कमर में रस्सी बाँधकर घसीटते हुए ले कर जा रही है तो उसने महारावल की पुलिस को चुनौती देते हुए पूछा, "मेरे मास्टर को क्यों घसीट रहे हो ? उन्हें क्यों मार रहे हो ? इन्हें कहाँ ले कर जा रहे हो?"[3] पुलिस की जिस गाड़ी से सेंगा भाई को बाँधा गया था, उसके पीछे निडर दौड़ने लगी। उसे न महारावल के पाठशाला को बंद करने के आदेश की परवाह थी और न पुलिस की बंदूकों का डर।

काली बाई के बढ़ते हुए हौसले को देखकर पुलिस के सिपाही उसे डराने, धमकाने लगे। उसे अपने शिक्षक का पीछा करने से मना करने लगे। सिपाहियों की बात न सुनने पर बंदूक दिखायी जाने लगी। लेकिन वो सब कुछ अनसुना करके बिना डरे अपने शिक्षक के साथ साथ दौड़ने लगी। उसने घास की गठरी से अपनी दराँती निकाली और जिस रस्सी से सेंगा भाई रौत को बाँधकर घसीटा जा रहा था, उसे काट दिया। काली बाई द्वारा रस्सी काटना डूंगरपुर महारावल को सीधे चुनौती थी। महारावल की शान में मजिस्ट्रेट के आदेश पर पुलिस ने काली बाई के ऊपर गोलियाँ बरसाना शुरू कर दिया। ख़ून से लथपथ काली बाई अपने गुरु के साथ ज़मीन पर गिर पड़ी। पुलिस की गोलियों से नवल बाई, मोगीबाई, होमली बाई, लाली बाई, नानी बाई इत्यादि महिलाएँ भी घायल हो गई थीं।

महिलाओं पर गोली चलते देख भीलों ने परंपरागत ढोल बजाना शुरू कर दिया। ढोल की आवाज़ के साथ ही घटनास्थल पर भीलों का इकट्ठा होना शुरू हो गया। पुलिस और अधिकारी गाँव वालों को एकजुट होते हुए देख तुरंत भाग खड़े हुए। तीर कमान और अन्य परंपरागत हथियारों के साथ भील मृत नाना भाई खांट के शव, काली बाई कलासुआ, शिक्षक सेंगा भाई रौत एवं अन्य घायलों को लेकर डूंगरपुर अस्पताल की तरफ़ चलने लगे। रास्ते में और भी लोग शामिल होते गए। डूंगरपुर पहुँचते ही एक बड़ा समूह बन गया। घायल काली बाई भील ने अगले दिन 20 जून, 1947 को दम तोड़ दिया। शिक्षक सेंगा भाई रौत की जान बच गई। काली बाई की शहादत ने भीलों एकजुट कर दिया। शिक्षा के प्रति जो अलख उन्होंने जगाई थी, वो

3 राजस्थान के प्रकाश स्तंभ: लक्ष्मी चंद गुप्त, खंड तीन, राजस्थान हिंदी ग्रंथ अकादमी, जयपुर, 2002, पृ. सं. 79

आज भी भीलों में जल रही है। काली बाई भील के योगदान के लिए भील समाज उनका आजीवन ऋणी रहेगा।

काली बाई की शहादत के मात्र दो महीनों के भीतर ही देश आज़ाद हो गया। डूंगरपुर महारावल ने भारत में विलय की घोषणा कर दी। महारावल ने प्रजा मंडल के नेताओं को रिहा कर दिया। सरकार ने आज़ादी के बाद महारावल को प्रिंसेज कमेटी में अहम ज़िम्मेदारी दे दी। भीखा भाई भील और गौरी शंकर उपाध्याय को डूंगरपुर राज्य सरकार में मंत्री बना दिया गया। आज़ादी के बाद गौरी शंकर उपाध्याय को डूंगरपुर का प्रधानमंत्री बना दिया गया। मार्च, 1948 में डूंगरपुर में उत्तरदायी शासन की स्थापना हो गई जिसका पूरा श्रेय काली बाई भील की शहादत को जाता है। महारावल लक्ष्मण सिंह को राजस्थान के एकीकरण के दौर में उप-राज प्रमुख बना दिया गया।

भील आज काली बाई को शिक्षा की देवी के रूप में पूजते हैं। आज़ादी की लड़ाई में भीलों के योगदान को अगली पीढ़ियों तक सहेजने के उद्देश्य से डूंगरपुर शहर के बाहर गेंजी घाटा नामक आदिवासी प्रेरणा स्थल पर काली बाई कलासुआ, सेंगा भाई रौत और नाना भाई खांट की प्रतिमा स्थापित की गई है।

सहायक ग्रंथ

1. राजस्थान के प्रकाश स्तंभ: लक्ष्मी चंद गुप्त; खंड तीन, राजस्थान हिंदी ग्रंथ अकादमी, जयपुर, 2002

2. वासवी किडो; भारत की क्रांतिकारी आदिवासी औरतें, रमणिका फाउंडेशन, दिल्ली 2014

3. रीमा हूजा; राजस्थान ए कंसाइज हिस्ट्री, रूपा प्रकाशन, दिल्ली, 2018

भारत के आदिवासी विद्रोह

क्रमांक	वर्ष	विद्रोह और क्षेत्र
1	1766	पहाड़िया विद्रोह (जंगल तराई – झारखंड)
2	1766	कोल्या-रंपा विद्रोह (रंपा हिल्स – आंध्र प्रदेश)
3	1769	चुआड़ विद्रोह (छोटानागपुर – झारखंड)
4	1772	सेनी (विजयगढ़ राज्य का) विद्रोह (पलामू – बिहार)
5	1773	खासी विद्रोह (खासी हिल्स – पूर्वोत्तर)
6	1773	हाल विद्रोह (झारखंड)
7	1778-79	कुकी विद्रोह (बिचानगांग हिल्स – पूर्वोत्तर)
8	1779	हल्बा–आधी विद्रोह (बस्तर)
9	1780	पहाड़िया विद्रोह (जंगल तराई – झारखंड)
10	1783	खासी विद्रोह (पांडुआ–खासी हिल्स – पूर्वोत्तर)
11	1784	तिलका मांझी का विद्रोह (जंगल तराई – झारखंड)
12	1785	कोली बग़ावत (महाराष्ट्र)
13	1787	कुकी (रामहुइम का) विद्रोह (पूर्वोत्तर)
14	1789	तमाड़ विद्रोह (झारखंड)
15	1789	खासी विद्रोह (सिलहट – पूर्वोत्तर)

16	1797–1805	कुर्जट्टया आदिवासी (पसासी राजा का) विद्रोह (केरल)
17	1795	तमाड़ विद्रोह (झारखंड)
18	1795	भोपालपट्टनम विद्रोह (बस्तर)
19	1798	पंचेक का संपीन विद्रोह (बिहार)
20	1800	चेरी (भूतम सिंह का) विद्रोह (पलामू – बिहार)
21	1801	तमाड़ विद्रोह (झारखंड)
22	1801	रामो (रामभूपति का) विद्रोह (आंध्र प्रदेश)
23	1802	कोल्या विद्रोह (आंध्र प्रदेश)
24	1812	कोला विद्रोह (उड़ीसा)
25	1812	कुर्चिया–कुरुंबर आदिवासी विद्रोह (वायनाड – केरल)
26	1810–18	पिंडारियों (मीणा–मेव) के विद्रोह (धौलपुर–मेवात, राजस्थान)
27	1818	भील विद्रोह (मेवाड़ – राजस्थान)
28	1818	कोली बग़ावत (महाराष्ट्र)
29	1819	पारलकोट विद्रोह (बस्तर)
30	1819–20	तमाड़ विद्रोह (झारखंड)
31	1821	लरका विद्रोह (कोलेहान – झारखंड)
32	1821	कोल विद्रोह (सिंहभूम – उड़ीसा)
33	1825	सिंफोंग विद्रोह (पूर्वोत्तर)
34	1827	मिश्मी विद्रोह (पूर्वोत्तर)
35	1828	सिंतिओ (गोमधर कंवर) विद्रोह (जयंतिया हिल्स – पूर्वोत्तर)
36	1828	भूटिया विद्रोह (पूर्वोत्तर)
37	1830	सिंफोंग विद्रोह (पूर्वोत्तर)
38	1830	खासी (का फन नांगटे का) विद्रोह (पूर्वोत्तर)
39	1830	खासी (यू तिरोत सिंह का) विद्रोह (मेघालय – पूर्वोत्तर)
40	1831–32	कोल विद्रोह (झारखंड)
41	1832	भूमिज विद्रोह (झारखंड)
42	1832	भागा (ऊंचे बुद्धू भगत का) आंदोलन (झारखंड)
43	1832	कोल्या विद्रोह (आंध्र प्रदेश)
44	1832	खोंड/कोंध (डोरा बिसोई का) विद्रोह (घुम्सार – उड़ीसा)

45	1834	तुसाई विद्रोह (पूर्वोत्तर)
46	1835	जयंतिया विद्रोह (पूर्वोत्तर)
47	1836	कुकी विद्रोह (पूर्वोत्तर)
48	1836	डफला विद्रोह (पूर्वोत्तर)
49	1839	मिश्मी विद्रोह (पूर्वोत्तर)
50	1836–50	नाईका विद्रोह (गुजरात)
51	1838	भूटिया विद्रोह (पूर्वोत्तर)
52	1839	कोली (रामोजी का) विद्रोह (महाराष्ट्र)
53	1839	कोली विद्रोह (खांदेश – महाराष्ट्र)
54	1839	खाम्पा विद्रोह (पूर्वोत्तर)
55	1839	सिंगफो विद्रोह (आसाम – पूर्वोत्तर)
56	1842	तालपुर विद्रोह (बस्तर)
57	1842	मारिया विद्रोह (बस्तर)
58	1842	तुसाई विद्रोह (पूर्वोत्तर)
59	1843	सिंगफो (मिंगा फिक का) विद्रोह (पूर्वोत्तर)
60	1844	लुसाई (लालसुकाला का) विद्रोह (पूर्वोत्तर)
61	1860–88	टंट्या भील का विद्रोह (निमाड़ – मध्य प्रदेश)
62	1846	भील विद्रोह (गुजरात)
63	1846–48	कंध/कोंध विद्रोह (घुम्सार, कंधमाल – उड़ीसा)
64	1848	सिंगफो विद्रोह (पूर्वोत्तर)
65	1849–50	खड़िया (तेलंगा खड़िया का) विद्रोह (झारखंड)
66	1850	कंध/कोंध (चक्र बिसोई) विद्रोह (कालाहांडी – उड़ीसा)
67	1854	भूटिया विद्रोह (पूर्वोत्तर)
68	1855	महान संथाल हूल (संथाल परगना – झारखंड)
69	1856	भील विद्रोह (झाबुआ–अलीराजपुर, राजस्थान)
70	1857	गारो हिल्स विद्रोह (पूर्वोत्तर)
71	1857	'गदर' में विद्रोहियों को सहयोग (चेरी, खड़वार, बोगता आदिवासी, पलामू – बिहार)
72	1857	'गदर' में विद्रोहियों को सहयोग (गोंड, गौंड़ आदिवासी जलगाँव – मध्य प्रदेश)

73	1857	‘गदर’ में विद्रोहियों को सहयोग (भील, मालवा – मध्य प्रदेश)
74	1857	‘गदर’ में विद्रोहियों को सहयोग (भील, मीणा आदिवासी, राजस्थान)
75	1858	बेड़र विद्रोह (कर्नाटक)
76	1857–58	भील (भीमा नायक का) विद्रोह (गुजरात)
77	1858–90	अखोरी (केनगू–पासी–बोर–मैयंग अबोर) के आपसी संघर्ष (पूर्वोत्तर)
78	1859	कोई विद्रोह (बस्तर)
79	1859	अंडमान की लड़ाई (अंडमान)
80	1860	लुसाई विद्रोह (पूर्वोत्तर)
81	1860–99	भगत/बेषराजधामी (मावजी का) आंदोलन (दक्षिण राजस्थान)
82	1860–1862	जयंतिया (यू किंगम निनाका का) विद्रोह (पूर्वोत्तर)
83	1861	कोलवर जाति लड़ाई (छोटानागपुर – झारखंड)
84	1862	कोल विद्रोह (आंध्र प्रदेश)
85	1862	जयंतिया विद्रोह (जॉयंट – पूर्वोत्तर)
86	1867–68	भगत (नायक आदिवासी–जोरिया भगत) आंदोलन (पंचमहाल, देवगड़ बारिया – गुजरात)
87	1868	भुइयां (धरमसिंह का) विद्रोह (क्योंझर – उड़ीसा)
88	1869–70	संथाल विद्रोह (टुंडी – झारखंड)
89	1879	नागा “आंगामी–खोनोमा” संग्राम (पूर्वोत्तर)
90	1870	डफला विद्रोह (पूर्वोत्तर)
91	1870–72	शाहजादपुर (फेसलाल मीणा का) विद्रोह (मेवाड़ – राजस्थान)
92	1870–1947	खड़वार–संपतिया (भागीरथ मांझी, दुनिया गोसाईं का) आंदोलन (संथाल परगना – झारखंड)
93	1872	गारो (पा तोमग सांगमा का) विद्रोह (मेघालय – पूर्वोत्तर)
94	1875	‘ज़मीन अधिग्रहण कानून’ का विरोध (मीणा क्षेत्र – राजस्थान)
95	1876	मुरिया विद्रोह (बस्तर)

96	1878–82	रानी विद्रोह (बस्तर)
97	1879	नागा विद्रोह (पूर्वोत्तर)
98	1879	कोया (धम्माडोरा का) विद्रोह (आंध्र प्रदेश)
99	1880	अंगो विद्रोह (अंडमान)
100	1870–80	भगत (गारासिया भीलों का) आंदोलन (माहीकांठा – गुजरात)
101	1881	भील विद्रोह (राजस्थान)
102	1881–82	कछारी नागा (शायमधन का) विद्रोह (आसाम – पूर्वोत्तर)
103	1883	सेन्टेनेल विद्रोह (अंडमान/निकोबार द्वीप समूह)
104	1891–99	टिकेन्द्र सिंह का विद्रोह (मणिपुर – पूर्वोत्तर)
105	1895–99	भील सुधार (लालसिंह का) आंदोलन (माहीकांठा–डूंगरपुर, गुजरात–राजस्थान)
106	1892	लुसाई विद्रोह (पूर्वोत्तर)
107	1893	मिजो (रानी रोपुइलियानी का) विद्रोह (मिज़ोरम – पूर्वोत्तर)
108	1893	अहोम आंदोलन (आसाम – पूर्वोत्तर)
109	1895	कुडुख धर्म (ऊरांव भाइयों का) आंदोलन (झारखंड)
110	1896	संथाल (फुतेन संथाल का) विद्रोह (झारखंड)
111	1900	बिरसा मुंडा का विद्रोह – "उलगुलान" (झारखंड)
112	1906	ब्रूज (गालियानांग का) आंदोलन (डोंग–चानमारी क्षेत्र – पूर्वोत्तर)
113	1907–14	भील (आलखा के राज के बेटे का) विद्रोह (डांग – गुजरात)
114	1911	भूमकल (गुंडाधुर का) विद्रोह (धमतरी, मारिया आदिवासी – बस्तर)
115	1911	भील (सोमाजी बागरी का) विद्रोह (डांग – गुजरात)
116	1913	मालवा के भील आदिवासियों द्वारा "भगत" (राजस्थान)
117	1914	भील विद्रोह (सीम – गुजरात)
118	1915	टुंडा–उरांव "जेमिनदारी क्रांति" का संघर्ष (झारखंड)
119	1916	भगत आंदोलन (सागवाड़ा – राजस्थान)
120	1914–1947	ताना भगत आंदोलन (झारखंड)
121	1920	संथाल विद्रोह (मयूरभंज – उड़ीसा)

122	1917–19	कुकी विद्रोह (पूर्वोत्तर)
123	1920	झारखंड आंदोलन (झारखंड)
124	1921	जारवा विद्रोह (अंडमान)
125	1921	संथाल (सेल्जानाथ सेन का) विद्रोह (मिदनापुर – प. बंगाल)
126	1921	कोलम/रंप (अल्लूरीसीताराम राजू का) विद्रोह (आंध्र प्रदेश)
127	1922	गरासिया–भील (मोतीलाल तेज़ावत का) "एकी" आंदोलन (राजस्थान)
128	1922–23	देवी (सलालबाई का) आंदोलन (गुजरात)
129	1923	लोंग्का कांस्टीचू के आंदोलन (नागा क्षेत्र – पूर्वोत्तर)
130	1924	संथाल जाति संथाल का विद्रोह (बालासोर – प. बंगाल)
131	1924–38	हलपत्ती आंदोलन (गुजरात)
132	1925	"मोक्ष मार्गीका" का आंदोलन (सूरत, वलसाड – गुजरात)
133	1928	अखो कांर्स्टीचू के आंदोलन (नागा क्षेत्र – पूर्वोत्तर)
134	1928	"सत केवल" (कुबेरस्वामी का) आंदोलन (गुजरात)
135	1935-50	मैती लिपि आंदोलन, (मणिपुर)
136	1930-50	जरायम पेशा विरोधी कानून (राजस्थान)
137	1941	गोंड असहयोग आंदोलन (आंध्रप्रदेश)
138	1945	वारली आंदोलन (महाराष्ट्र)
139	1949-63	झारखंड पार्टी आंदोलन (झारखंड)

स्रोत: केदार प्रसाद मीणा; आदिवासी विद्रोह, अनुज्ञा बुक्स, 2018

■ ■